Exploraciones
en
literatura

Exploraciones en literatura

Reading for Comprehension, Communication, and Literary Appreciation

Kenneth Chastain
University of Virginia

National Textbook Company
NTC a division of *NTC Publishing Group* • Lincolnwood, Illinois USA

Published by National Textbook Company, a division of NTC Publishing Group.
© 1994 by NTC Publishing Group, 4255 West Touhy Avenue,
Lincolnwood (Chicago), Illinois 60646-1975 U.S.A.

3 4 5 6 7 8 9 0 VP 9 8 7 6 5 4 3 2 1

Índice

Prefacio

The purpose of this reader is to teach students to utilize word comprehension strategies as a means of improving their reading skills, to read purposefully and efficiently, to increase reading speed, to understand and to appreciate selected samples of Hispanic literature, to react to universal themes relevant to their lives, and to consider and to discuss them in Spanish. Both the content and the format have been chosen to respond to specific needs of intermediate-level students. An entire chapter, the *Capítulo preliminar,* orients students toward improving their reading strategies. In each subsequent chapter prereading activities prepare students to read the selection with less difficulty and frustration as well as with greater satisfaction and retention. Postreading activities increase students' comprehension and appreciation of the selections and help them develop their oral and written communications skills.

The format of each chapter is shown below. A more detailed explanation of the purposes of each activity is included in the *Prefacio al profesor.*

Antes de leer
   Introducción
   Vocabulario
   Preguntas

La obra misma

Después de leer
   Resumen
   Uso de palabras
   Pensar y comentar
   Temas

The content and the format of this reader are based on the following assumptions: Students can learn to use their knowledge to comprehend vocabulary. They can learn to read with a purpose. They can learn to read much faster. They can learn to improve their reading strategies. They can learn to understand, to interpret, and to like what they read and to relate the ideas in the selections to their own lives. With practice in self-expression they can improve their communication skills. They can handle complex intellectual ideas presented at manageable linguistic levels. They can learn to approach language from a communicative point of view. And they can learn to make unique and worthwhile comments as they participate in exciting classroom discussions.

The author hopes that other Spanish instructors share similar goals for their students and offers this collection, *Exploraciones en literatura: Reading for Comprehension, Communication, and Literary Appreciation,* as an aid in attaining such goals.

Prefacio al profesor

The potential of intermediate-level classes is tremendously exciting. The students have a base of vocabulary and grammar from which to develop their functional language skills. They know enough language to read interesting and intellectually stimulating materials written for native speakers, judiciously selected, of course, and they know enough to begin discussing these readings in Spanish. However, the realization of this potential is not automatic. The instructor and the text must assist them if the course goals are to be achieved.

GOALS

Teaching a class is somewhat like being the director for a tour. Careful planning prior to departure is the key to a pleasant and successful experience for all. Please consider the following goals for this text. Add to them or delete from them in line with your own objectives for your class, but be sure you have a plan before you begin the readings.

Acquiring word comprehension skills

Students can avoid most use of the dictionary by learning to examine word parts, words, and sentence context for clues to meaning. English-speaking students of Spanish can recognize thousands of Spanish words if they know and apply a few basic concepts of word formation and word relationships. This expanded potential adds to the Spanish words they have already learned in elementary-level courses, enabling them to comprehend most of what they read. In his introduction to *A Standard List of Spanish Words and Idioms* (Boston: D.C. Heath and Co., 1941, p. *ix*) Keniston states, "If a student has mastered all the materials in the *List* he will be familiar with over 90% of

the words and phrases which he will meet in reading an
average text."

Reading purposefully and efficiently

One of the common complaints voiced by intermediate-
level students is that they cannot understand the selections
they are being required to read. Even many who do
manage to comprehend what they have read complain
of the time required to decipher the reading.

This reader is aimed directly toward the alleviation
of the comprehension and efficiency problems faced by
intermediate-level students. First, the selections increase
progressively in length in a corresponding relationship
to the improvement in students' reading skills. Thus, the
readings become longer, but the time required to complete
the assignment should remain relatively stable. Second,
a preliminary chapter gives the students various hints and
suggestions for improving reading efficiency and speed.
Third, each selection is preceded by an *Antes de leer*
section containing a brief overview of the reading
selection, vocabulary-building exercises, key questions on
the content of the reading, and a brief introduction to the
author. Fourth, all words and idiomatic expressions that are
not included in Keniston's *A Standard List of Spanish
Words and Idioms* are glossed in the margin. Fifth,
guessable words are so labeled in the end vocabulary.

Increasing reading speed

Intermediate-level students should be gradually brought
to the point at which they can read fast enough to make
reading in Spanish a viable skill. If they spend thirty
minutes per page, most of the time looking up words in the
dictionary, they are not likely to continue studying Spanish
nor to read Spanish after their forced association via a
language requirement has ended. Throughout this text the
selections are purposefully increased in length in order
to force students to increase their reading speed, which
they can do if they are taught word comprehension

and reading skills and if they are encouraged to read for meaning.

Interpreting literature

Before students can appreciate literature and benefit from the author's message, they must learn to deal with it as literature. That is, they must learn not only to read the words, the phrases, and the sentences and to give them a literal meaning but also to interpret the author's deeper, and sometimes hidden, meaning.

The selections and the activities in this reader were chosen with this goal in mind. All contain examples of interpretation that, with guidance, the students can comprehend and appreciate. Of course, some possibilities may not be obvious. The activities in the text lead students to make the appropriate associations to arrive at justified and plausible interpretations.

Levels of meaning, theme, and symbolism, important concepts in the interpretation of literature, are introduced in the *Capítulo preliminar.* Also, in the *Introducción* students are introduced to the work and to the topic, and leading questions in the *Pensar y comentar* sections serve as stimuli to assist students in understanding, interpreting, and appreciating the selections.

This stress on literary interpretation and appreciation is directed toward two groups of students: those who plan to study literature at a more advanced level and those who deserve some exposure to Hispanic literature before they complete their study of Spanish. For the former, the work in this text will help to prepare them for their literature courses; and for the latter, it will add an extra dimension to their liberal arts education.

Appreciating selected Hispanic literature

Obviously, students must be able to read and to interpret a work of literature before they can appreciate it. However, comprehension and interpretation alone do not insure appreciation. Another factor is the content of the work itself. Because of the pessimistic nature of much contemporary literature, intermediate-level students often react negatively even though they understand the selection perfectly.

In choosing the selections for this reader, the editor sought readings that would stimulate students and produce a positive reaction. True, they are not always light, but neither are they morbid or depressing.

Considering intellectual concepts in Spanish

The charge is often made that there is a lack of intellectual excitement in foreign-language classes. Students seem to feel that their minds are not challenged, and on course/instructor evaluations they often give low ratings to "intellectually stimulating."

Responding to and eliminating this negative student reaction is not easy. University students are intellectually quite mature. In foreign-language classes, however, they are forced by linguistic insufficiency to operate with a language system that does not match their intellectual capabilities. Through vocabulary building and interpretation of symbols, these materials help to involve the students in discussions that are consistent with both their intellectual and their linguistic development. The readings gathered here can lead to stimulating discussions couched in relatively simple language. Certainly, instructors should not avoid intellectually challenging literary works in intermediate-level courses, although the works and the discussions must be conveyed in language that is manageable to the students.

In the typical intermediate Spanish classroom, discussions of a reading selection are rarely discussions. Instead, they tend to deteriorate into interrogation sessions in which the instructor attempts to determine who has prepared the assignment, and the students seek to foil that attempt. Each *Pensar y comentar* section in this text prepares students to participate in a genuine discussion and exchange of ideas in Spanish. The instructor and students

can express opinions about the major headings and
questions without having to resort to the more traditional
teacher question-student answer format.

Reading selections with relevant themes

Another selection criterion was to choose stories with
themes to which students can relate. "Los dos reyes y los
dos laberintos" deals with several such themes. Those of
faith, pride, nature versus man, and revenge are all
familiar to students. "El buen ejemplo" has to do with an
education system in which students merely memorize what
the instructor or text says. "Juan Darién" describes what
can happen in a prejudiced community to someone
perceived as different. "Las abejas de bronce" concerns
the possible negative effects of technology. In "Héctor
Max" the protagonist wrestles with the question of what
constitutes success.

Each of the selections has at least one theme to which
students can relate and about which they can talk. In
order to encourage students to do their own thinking, these
themes are not stated specifically. However, they are
indispensable aspects of each reading, and the questions
in the *Pensar y comentar* sections help students discover
the themes on their own and discuss them with other
members of the class. The instructor should feel free to
raise additional questions or to state the theme overtly.
Each theme should be brought to the students' attention
before proceeding to the next reading selection.

ORGANIZATION OF THE TEXT

The *Capítulo preliminar* introduces the students to several
important considerations which, successfully imple-
mented, will contribute significantly both to their reading
efficiency and to their literary appreciation of the included
selections. Systematically and straightforwardly teach-

ing "How to Read the Selections," "How to Understand
What the Author Says," "How to Understand What the
Author Means," "How to Test Your Understanding," and
"How to Comprehend Words" gives the students specific
approaches and enables them to proceed confidently. In
order to encourage students to pursue word comprehension
skills on their own, the answers to the word exercises in
this chapter are included in the appendices. The instructor
can provide valuable assistance, however, by discussing
the *Capítulo preliminar* with the students and by encourag-
ing them to study it carefully.

The *Antes de leer* section that precedes each reading
selection contains several different exercises designed
to facilitate the students' successful completion of the
readings and related activities in the chapter.

In the *Introducción* the students are introduced to the
selection and to the theme. The purpose of the introduction
to the selection is for the students to gain an initial
understanding of the focus of the selection, to be able
to complete the reading task more easily, and to be able to
appreciate the selection more. The purpose of the introduction to the theme is for the students to become oriented
to the author's purpose, to activate related background
knowledge, and to improve oral communication skills
during brainstorming sessions about the topic.

To improve word comprehension strategies, the
Vocabulario includes practice with *Palabras afines, Palabras con raíces similares,* and *Palabras relacionadas.*
Later, *Palabras a adivinar* provides examples of inferring
meaning from context. (Answers to these prereading
vocabulary-building exercises are given in the appendices,
and the instructor can do them in class or expect and/or
require that the students complete them on their own prior
to reading the selection.) The goals for the *Vocabulario*
are for the students to learn beforehand many words that
occur in the story, to understand the importance of learning
vocabulary as a means of improving reading speed and
comprehension, to learn to follow slightly different
processes for arriving at word meaning, and to become
as independent of the dictionary as possible.

The last prereading exercise is a list of *Preguntas*
covering the factual content of the work. The goals to be

accomplished in answering these questions are to read more purposefully and more efficiently and to increase comprehension. Students should know the meaning of all the words in the questions and understand them prior to reading the work. The vocabulary in the questions and in the answers to the questions contains most of the key vocabulary words that students have to know in order to understand the reading. These words may serve as a basic list for vocabulary quizzes.

At appropriate points during the reading students will find interactive reading questions at the bottom of the page. The goal of these questions is for students to be able to comprehend the "big picture." They stimulate students to stop and to focus either on what has happened up to that point or on what may happen in the rest of the work. Answering the questions will encourage them to focus on meaning and relationships among characters and actions within the work.

In the reading text itself all words and idioms not found in Keniston's standard list are indicated in the text and glossed in the adjacent margin. Words that are comprehensible without the use of a dictionary are identified in the end vocabulary as an instructional device and also as an encouragement to students to activate and exhaust their own knowledge of words and word formation prior to resorting to the dictionary for an English definition. All irregular verb forms found in the readings are included in the end vocabulary to assist students who may not remember the meaning or the infinitive verb form.

The *Después de leer* section that follows each selection contains several different activities designed to stimulate understanding, interpretation, appreciation, and communication.

The *Resumen* requires sufficient knowledge of the vocabulary, grammar, and content of the selection to give an oral or written summary in Spanish. The goals for the *Resumen* are for the students to be able to put the various elements of setting, characterization, and plot together and to summarize them in their own words.

In *Uso de palabras* students use the vocabulary to convey meaning in some way. The goal for the *Uso de*

palabras is for the students to use some of the important
words in the text in a related and meaningful way.

Guiding questions in the *Pensar y comentar* section
encourage students to draw conclusions about the main
points of the work before coming to class, thus giving
them the opportunity to come to class prepared to make
worthwhile contributions to the discussion. The goals for
the *Pensar y comentar* are for students to be able to
interpret the meaning of the work, to share their reactions
and opinions with each other, and to improve their oral
communication skills.

Each section of postreading activities ends with *Temas,*
which promote further consideration of themes in the
reading selection and provide additional topics for oral
and written expression. The goals for the *Temas* are for the
students to communicate their thoughts on universal
themes relevant to their lives; to improve their oral and
written communication skills; and to draw conclusions as
they analyze, compare, and contrast a related aspect of two
or more of the selections.

One of the principal goals of this text is to encourage
students to develop strategies to determine the meaning
of words without using the dictionary. The content and the
format of the *Glosario* reflects this basic orientation.
Words and forms glossed in the margin, easily recognized
cognates, articles, possessives, personal pronouns,
demonstratives, numbers, and adverb forms ending in
-mente have been omitted. If there was some doubt about
any word, it was included. Words that are cognates,
relatable to an English word with a similar root, or
relatable to another Spanish word are followed by a PA
(*palabra afín*), RS (*raíz similar*), or PR (*palabra
relacionada*) along with the related word. Often this assist
clarifies the word's meaning, and the definition is omitted. If needed, the definition(s) follow. In addition,
the number of the chapter in which the word first occurs
is indicated.

VOCABULARY CONTENT

The following vocabulary information is presented for instructor interest and use. Guess words include *palabras afines, raíces similares, palabras relacionadas,* and *palabras a adivinar.* Gloss words include those words not found in Keniston's *A Standard List of Spanish Words and Idioms.* New words are those words from Keniston's list encountered for the first time if the selections are read in order.

Although each story is slightly longer than the one preceding, the vocabulary load decreases throughout the text, and student reading speed should gradually increase. Thus, the study time required to complete the preparation for each chapter should remain relatively constant.

Capítulo 1   Los dos reyes y los dos laberintos
   Guess words: approximately 47 in 30 lines or 1.57 per line
   Gloss words: approximately 23 in 30 lines or 1.3 per line

Capítulo 2   El buen ejemplo
   Guess words: approximately 150 in 127 lines or 1.2 per line
   Gloss words: approximately 42 in 127 lines or 1 per 3 lines

Capítulo 3   La caja de oro
   Guess words: approximately 184 in 126 lines or 1.50 per line
   Gloss words: approximately 45 in 126 lines or 1 per 2.8 lines

Capítulo 4   Selecciones de *Don Quijote*
   Guess words: approximately 189 in 278 lines or .7 per line
   Gloss words: approximately 37 in 278 lines or 1 per 7.5 lines

Capítulo 5   Héctor Max
   Guess words: approximately 260 in 286 lines or 1.1 per line
   Gloss words: approximately 80 in 286 lines or 1 per 3.6 lines

Capítulo 6   Algunas *Rimas* de Bécquer
Guess words: approximately 66 in 60 lines or 1 per line
Gloss words: approximately 13 in 60 lines or 1 per 4.6
lines

Capítulo 7   Una señora
Guess words: approximately 217 in 215 lines or 1 per 1.14
lines
Gloss words: approximately 91 in 215 lines or 1 per 2.4
lines

Capítulo 8   El mejor lugar
Guess words: approximately 386 in 344 lines or 1.1 per
line
Gloss words: approximately 49 in 344 lines or 1 per 7
lines

Capítulo 9   Las abejas de bronce
Guess words: approximately 385 in 340 lines or 1.14 per
line
Gloss words: approximately 115 in 340 lines or 1 per 3
lines

Capítulo 10   Selecciones de *La dama del alba*
Guess words: approximately 178 in 337 lines or 1 per 1.9
lines
Gloss words: approximately 52 in 337 lines or 1 per 6.5
lines

Capítulo 11   La poesía de Martí
Guess words: approximately 67 in 89 lines or 1 per 1.33
lines
Gloss words: approximately 20 in 89 lines or 1 per 4.45
lines

Capítulo 12   El guardagujas
Guess words: approximately 373 in 275 lines or 1.36 per
line
Gloss words: approximately 63 in 275 lines or 1 per 4.37
lines

Capítulo 13   El despojado
Guess words: approximately 224 in 345 lines or 1 per
1.54 lines
Gloss words: approximately 80 in 345 lines or 1 per 4.31
lines

Capítulo 14   El caballo de coral
Guess words: approximately 159 in 412 lines or 1 per 2.59 lines
Gloss words: approximately 76 in 412 lines or 1 per 5.42 lines

Capítulo 15   Pastoral
Guess words: approximately 184 in 433 lines or 1 per 2.35 lines
Gloss words: approximately 118 in 433 lines or 1 per 3.67 lines

Capítulo 16   Juan Darién
Guess words: approximately 352 in 487 lines or 1 per 1.38 lines
Gloss words: approximately 108 in 487 lines or 1 per 4.5 lines

Capítulo 17   La poesía de Neruda
Guess words: approximately 38 in 64 lines or 1 per 1.7 lines
Gloss words: approximately 17 in 64 lines or 1 per 3.7 lines

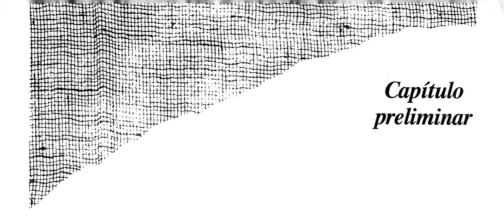

Introduction

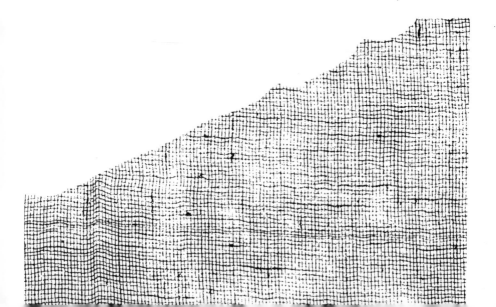

As many of you already know, reading in a foreign
language is not like reading in your own language.
Authors often have ways of expressing themselves that are
unfamiliar to you, and you may encounter so many vaguely
remembered verb forms and unknown vocabulary items
that you feel you cannot understand anything the authors
are saying. In fact, you may become so concerned with
verb endings and word definitions that you fail to visualize
the beautiful word pictures the authors are painting, the
deep emotions they are describing, or the messages they
are sending. Thus, you fail to make contact with the
authors and, as a result, you cannot enjoy the authors'
insights into important aspects of human existence.

The reader will help you overcome some of the
problems typically encountered by intermediate-level
Spanish students. Exercises placed before the story introduce you to the author and to the story, help you learn
to comprehend many words without using a dictionary, and
present basic plot questions to help you understand the
story as you read. Also, words not found in Keniston's
Standard List of Spanish Words and Idioms are glossed in
the adjacent margins.

The selections were chosen because they all use
symbols to convey the authors' messages, and they all
deal with one or more themes that are relevant to you. You
will learn to look for symbols and themes as you read, and
will be encouraged to consider your reactions to both. As
you read, you will encounter questions (found in footnotes
in the text). The questions are designed to help you focus
on key points in the story and to see how well you are
understanding the story and can predict what will happen.

Activities after the stories have several focuses:
summarizing the plot, using vocabulary from the story
in meaningful contexts, discussing the story to understand
it completely, and writing about a topic related to a point
raised in the reading selection. In each activity you will be
using Spanish to express yourself.

Doing all the exercises and activities and following the
suggestions in "How to Read the Selections," "How to
Understand What the Author Says," and "How to
Comprehend Words" will help you read more efficiently
and increase your understanding and appreciation of the
stories.

HOW TO READ THE SELECTIONS

Read for the message.

The first and most important task is to determine what the
selection is about and what is being said about that topic.
Is it about people, or nature, or the nature of people?
Assume that the authors know something that will be
interesting and meaningful to you, and try to determine
if the message is about people, about society, about
government, or about other aspects of life. These stories
have been selected carefully, and they all deal with a topic
that sooner or later will affect you.

Read with a purpose.

Productive and efficient reading is reading with a purpose.
Reading involves accompanying the authors on a mental
trip to some selected destination, not a purposeless
wandering through an unintelligible maze. Look for guides
and signs that give you a clue as to what may be happen-
ing, and remember what has already happened. Carefully
study the introduction and the content questions prior
to reading the story. These will give you some idea of the
information to look for as you read. Read, too, with the
idea of being able to summarize in Spanish the principal
parts of the plot after you have finished reading.

Read without looking up every unknown word.

Reading progress in foreign-language classes is often
hindered because students feel they have to look up every
word and translate tediously every important and
unimportant detail in the reading. Take a chance! You do
not have to know the meaning of every single word to
comprehend the message. The same can be said at times
of complete sentences or even of entire paragraphs. Try to
anticipate and to decide what is important and what is

unimportant with respect to the message and which words or sentences or paragraphs are essential to comprehending that message. Then stress the important. The unimportant can be safely ignored.

The guideline outlined in the previous paragraph may be somewhat difficult for you to follow at first. Try this. The introduction to the story will orient you to what is to happen. Study it carefully. The prereading content questions cover the basic facts in the plot. Study them carefully. Before starting to read, you should know the meaning of each question and have it clearly in mind. Then read rapidly, keeping in mind those questions. The author is heading toward the final destination. However, at any particular point, there may be a digression to describe the scenery or some event not directly related to the principal purpose. Learn to bypass these digressions, especially in the first reading, in which your attention should be focused on the nouns and verbs in those sentences dealing directly with the progression of the plot. Later you can return to other elements in the story that help you fully comprehend the symbol(s) and/or theme(s) and to appreciate the story completely.

Read efficiently.

Reading efficiently means less time spent on homework. Therefore, these recommendations will help you help yourself. Although it may seem that these suggested procedures will take more time, they do not, and they lead to greater and greater efficiency and higher achievement as you become more proficient.

Read in Spanish.

Try to keep English translations out of your mind. Try to absorb meaning as you read Spanish words and avoid slipping into English. With practice you will be able to read much faster, and you will be better prepared to discuss the reading in Spanish.

Read the story more than once.

Authors build sentences or paragraphs or stories much as carpenters build houses. They start with a plan, the **theme;** they prepare the foundation, the **setting** and **characters;** and then they construct the frame, the **plot.** The first reading should be to determine the foundation and the framework of the story. When and where does the story take place? Who is involved? What are the basic elements of the plot? Who does what, when, and where? The purpose of the first reading, which should be fast, is to understand the plot, and in so doing to answer the content questions provided in this text just before the story. The purpose of subsequent readings, which should also be fast, is to go beyond the plot to explore answers to the more profound and detailed questions in the *Pensar y comentar* section at the end of the story.

Use the dictionary only as a last resort.

Your reading will be much easier and faster if you learn to recognize meanings of words in ways other than looking them up in the dictionary.

Be aware of the vast number of **cognates.** English speakers know thousands of Spanish words before they begin to study Spanish, since many words are very much alike in both languages. The meaning of words such as *arquitecto, entrar,* and *prudente* should be recognized immediately.

Words may belong to **word families.** Knowing one word such as *cocinar,* "to cook," keeps the alert guest from going hungry when it is announced that breakfast is served in the *cocina.*

There are also relationships between the **stems** of related English and Spanish words. Parts of words, such as the stem, prefixes, and suffixes, can be almost as important as the entire word. Thus, your knowledge of English can help you infer the meaning of many Spanish words. For example, a mandate is an order. Therefore, the astute student wanting to save some dictionary-thumbing time will not have to look up the Spanish verb *mandar* which means "to order" or "to command."

The **context** in which the word is used will often
indicate the meaning. It would be rather simple to
complete the following sentence, "Many Americans use
a credit _____ instead of cash." Obviously, a dog does
not "read" the mailman, just as a mailman does not
deliver the "honesty." Language is normally logical, and
you can usually expect sentence content to conform to your
perceptions and expectations.

If something that you are reading does not make sense,
and if you have determined that you do need to use the
dictionary, look up only the most important words, usually
nouns and verbs. When you use the dictionary, never write
the English meaning directly above the Spanish word.
This linguistic crutch makes it much more difficult to learn
the meaning of the word. A more productive system for
learning vocabulary is to put a number over the word and
to put the meaning of that word by the same number in the
margin or at the bottom of the page.

Read all or part of the story aloud.

Reading aloud has several benefits. Obviously, such
practice can improve pronunciation and the speed and
facility of speech. Often the sound of an unknown word
provides a clue to its meaning. And most important from a
literary point of view, reading aloud helps you get into the
story, to recreate it for yourself, and to feel the emotions
being expressed by the author.

Expect word order to vary at times.

As they write, authors often deviate from the common
word order in the language. At times these changes
are traditional. At times they are peculiar to one author or
to Spanish itself, or they are used to create a special effect.

For example, Borges begins "Los dos reyes y los dos
laberintos" with the words "Cuentan los hombres . . ."
even though the typical order is to put the subject before
the verb, as in "Los hombres cuentan. . . ."

Nor is it uncommon in Spanish, particularly that of past literature, for object pronouns to follow the verb and to be attached to it. The typical word order for "Repugnábame . . ." is "Me repugnaba . . ."

Also, Spanish sentences tend to be longer than those in English. Commas and connector words are used liberally to build lengthy, complex sentences that tend sometimes to become linguistic labyrinths to entrap unwary readers. The first sentence in "Los dos reyes y los dos laberintos," a rather short, simple story, has fifty-six words including eight verbs. The secret is to continue reading for ideas. Thus, you will not become entangled by such long sentences.

HOW TO UNDERSTAND WHAT THE AUTHOR SAYS

Reading can be interesting and beneficial. Whether or not it is depends upon you, the reader. Knowing what to look for will help you understand what the author is saying. As you read the stories in this book, consider carefully each of the following concepts.

Components of a short story

Most authors tend to focus on certain things as they write. They normally describe people, or personifications of animals or things; they place them in a given locale and at a particular time; and they describe what they do.

Setting
Setting (*la escena*) refers to the time and place of the action of the story. When and where does everything happen?

Characters

The characters (*los personajes*) may be described in detail
or only slightly. Their characteristics may be described
specifically or merely implied through dialogue or actions.
The author may deal with characters just like those you
know or may use fantasy characters or even animals to
make a point. People and their personalities may be
emphasized, or people may not be very important at all.
Concentrate on getting to know each character in this
book, and consider how each is similar to or different from
real people you have known.

Who is involved in the plot? What role does each
have?

Plot

The plot (*el argumento*) is the action of the story. Knowing
the plot is a necessary basis for understanding the author's
message.

What happens when to whom?

Organization of a short story

Like people, short stories come in all types and sizes.
However, the traditional pattern contains three parts: the
introduction (*la introducción*), the plot development or
main part (*el desarrollo*), and the conclusion (*el
desenlace*). In the introduction, the author attempts to
capture the reader's interest and presents the information
needed to understand the remainder of the story. To do
this, the author normally describes the setting and
introduces the necessary characters, typically planting
the seeds of the plot. The main part of the story consists
basically of the plot. Here the reader finds out what
happens as the characters interact with each other and with
their particular situation. The emotional peak of interest
in the story, the climax (*el punto culminante*), occurs right
at the end of the main part of the story and at the beginning
of the third part, the conclusion (*el desenlace*). After
authors reveal what happens in the climax, they hasten to
solve the problems and conflicts contained in the story and
to conclude.

At what point does the story move from the introduction to the action and on to the end? At what point does
the climax occur?

HOW TO UNDERSTAND WHAT THE AUTHOR MEANS

Theme

The first step in understanding what an author has written
is to understand what he/she said. The second is to
consider what he/she meant. Obviously, in some cases the
two are identical while in others they are not. For example,
in some circumstances when one person asks another,
"Do you have a watch?" that is what the questioner really
wants to know. However, in many other instances the
question really implies that the concern of the first person
is not about the ownership of a watch but about the time.
The real question is "What time is it?"

In the case of ironic comments speakers may actually
say the direct opposite of what they mean. For example,
upon hearing that someone who is less than diligent has
been criticizing someone else for not working, they may
respond with an indignant tone of voice, "Well, he/she
is a fine one to talk!" when their true meaning is that that
person has no right to criticize someone else for having
his/her own faults. As a consequence of these common
communications, speakers of all languages have learned
that speakers and writers often do not say what they
mean, and they learn to interpret meaning based on the
communicative context.

The theme (*el tema*) has to do with the author's
meaning. In order to understand what the author means,
the reader must ask interpretative questions such as the
following: What is the author's purpose? What are the im-
plications of the setting, the characters, and the plot? What
does he/she want the reader to think or to believe after
reading the selection? That is, the theme is the author's

intended message rather than what he/she actually said. It is analogous to the thesis statement of a composition or to the topic sentence in a paragraph.

Symbolism

Symbolism (*el simbolismo*) is a much-used device in literature. Authors often do not tell the reader directly what they have in mind. Instead, they use symbols (*los símbolos*) to symbolize (*simbolizar*) their ideas.

There are many symbols in any culture. White is the symbol of purity and good, and black represents the opposite. In old-time westerns, the hero always wore a white hat and rode a white horse while the villain preferred black. This same color scheme to identify the forces of good and evil is used by Tolkien in *Lord of the Rings* and by the producers of the movie, *Star Wars*.

Not all authors use symbols, but many do. Soon you will easily recognize how authors use symbols as an efficient but emotionally charged literary device for conveying their ideas.

What are the symbols in the reading and what does each represent?

Levels of interpretation

Some stories can be interpreted on various levels (*los niveles de interpretación*). Orwell's book, *Animal Farm*, is a good example. Although he is describing the actions of farm animals, the adult reader quickly recognizes that his message goes far beyond the farmyard.

When reading selections in this anthology, think about each one and consider whether or not the author may actually be talking about something other than what the surface level of the story indicates. Turn your creative insights loose, play with the possibilities, and see what ideas you can generate. What does the author say, and what does he or she mean?

HOW TO TEST YOUR UNDERSTANDING

After you have prepared yourself to read the stories efficiently and for meaning and have considered the various aspects of a short story, the following two additional activities are recommended.

Summary in Spanish

Be sure that you know the setting, the characters, and the plot of each story well enough to give an oral or written description of each in Spanish.

Personal conclusion

Never permit yourself to leave a story until you have some personal opinions about it. You will have just been some place, met some people, and witnessed some events through the mind of the author. What did they mean to you? Be prepared to share these views with your instructor and your classmates. You may have had insights that they did not.

HOW TO COMPREHEND WORDS

In order to understand and appreciate what you read and hear in a foreign language, you must be familiar and comfortable with the basic tools of communication—words. Just as there is a system to comprehending a short story, there is also a system to comprehending words. The following sections of this chapter will introduce, or perhaps review, the components of this system and, through practice exercises, will help you develop your word comprehension skills. You may check your progress by referring to the Answer Key at the end of this textbook.

Easily recognizable words

You should be aware of the fact that many Spanish and
English words are cognates, that is, they are similar in
form and meaning. Remember that there are false cognates
to confuse the situation, but that you can determine from
the context whether or not the Spanish word actually
means what it appears to, based on its resemblance to
English.

You should also develop the habit of searching through
your English vocabulary for words that may give you
some clue to the meaning of Spanish words. The root word
often provides a key to the general meaning of the word.
For example, *vivir* means "to live." A related English
word is "*viv*acious." You should also learn the unique
features of the Spanish spelling system that differ from
those used in similar words in English. Attention to these
factors will enable you to expand greatly your vocabulary.
In fact, in one list of the 500 most common words in
Spanish there are 100 words that you would likely know
or be able to guess.

A. Some words have the same meaning and are spelled
   exactly alike in both languages, although the pronunciation is usually different. Some examples are *animal,
   formal, altar, regular, tenor, superior, horrible, radio,
   hotel,* and *chocolate.*

B. Other words have only slight spelling differences and
   are easily recognizable. Give the English equivalent of
   each of the following cognates:

Jesús	atractivo	entusiasmo	característico
comercial	ocasión	terraza	química
afirmativo	tanque	especial	retórica
asesino	ataque	hora	frecuente
ocupante	teléfono	sistema	
aparente	ejecutivo	tema	

C. Some words look or sound like an English word but
   have a different meaning in Spanish. Select appropriate
   words from the following list of false cognates to
   complete correctly the sentences below.

flor	ropa	distinto	desgracia
grande	sopa	miles	lectura

campo	vaso	educada	conferencia
largo	mar	pariente	ignora

1. La rosa es una _____.
2. El elefante es un animal _____.
3. Este restaurante es conocido por su buena _____.
4. Juan no vive en la ciudad. Vive en el _____.
5. Van a pasar sus vacaciones en el _____ Mediterráneo.
6. ¡Qué chica tan cortés! Es una persona bien _____.
7. La jirafa tiene un cuello muy _____.
8. A los jóvenes les gusta llevar la _____ de última moda.
9. El dialecto hispanoamericano es _____ de el de España.
10. Sí, es un _____ mío. Es mi tío.
11. Todos deben preparar la _____ de la página diez para mañana.
12. Hay un _____ de agua en la mesa.
13. ¡Qué _____! Perdió toda su familia en un solo accidente.
14. El distinguido profesor va a dar una _____ mañana.
15. El señor _____ lo más fundamental.
16. Hay _____ de libros en la biblioteca.

D. Some words may be both a cognate and a false cognate depending upon the meaning. Distinguish between the following pairs and give the English meanings.

dirección   a. ¿En qué dirección está el centro?
             b. Su dirección es: calle State, 721.

título   a. ¿Cuál es el título de ese libro?
         b. El profesor recibió un título de la universidad.

estación   a. El tren llega a la estación a las seis.
           b. El verano es mi estación favorita.

público   a. Sí, es un edificio público.
                   b. El público reaccionó con entusiasmo
                      cuando terminó ella la canción.
historia   a. La historia es una asignatura
                      interesante.
                   b. Ese viejo sí sabe relatar una historia.

E. Common roots of Spanish words are related to known
   English counterparts, and you can learn to infer the
   meaning from this relationship. Match the following
   words and then give the general meaning of the
   Spanish word.

1. carne _____   A. scribe, transcribe
2. útil _____   B. coronary
3. cantar _____   C. carnivorous
4. escribir _____   D. sentiment, sentimental
5. encontrar _____   E. amorous
6. creer _____   F. dormant, dormitory
7. mano _____   G. utility, utensil, utilize
8. vender _____   H. manual
9. dormir _____   I. pensive
10. pensar _____   J. cantata
11. sentir _____   K. vend, vending, vendor
12. amor _____   L. encounter
13. corazón _____   M. creed, credence

Word formation

Words are formed by adding either prefixes or suffixes to
the basic root words, or stems. A prefix is added before the
stem. For example, in the word *convert* the prefix is *con*.
A suffix is added to the end of a stem. In the word *sadness*
the suffix is *ness*. Words are also formed by slightly
varying the word itself or by combining words.

   Some of these additions or changes alter the meanings
of words; others change the grammatical function of
words. For example, *work* names an action. *Worker* names
a person. The suffix *er* changes the meaning of the word.

Using the verb *work* we say "I work," but "He works." The suffix *s* changes the verb to agree with a different subject. An example of combining two words to make a new word with a different but related meaning is *workbook*.

By using the clues given in the section "Easily recognizable words" on page 12 and by learning to recognize prefixes and suffixes, you should know more than 5,000 Spanish words. Fortunately, the Spanish system of prefixes and suffixes is almost identical to that of English. Therefore, your task is primarily one of becoming aware of these similarities and applying them.

Prefixes

The Spanish system of prefixes is for all practical purposes the same as that of English.

Pattern: prefix + stem   **Example:** re + view

Twenty of the most common prefixes are listed here along with their meanings and examples of their use in Spanish and in English. By focusing on these prefixes and recognizable words used as the stem, it is often possible to arrive at a general meaning for any given word. For example, the Spanish word *atraer* is made up of the prefix *ad* and the stem *traer* and literally means "to bring to" or "to bring toward." The Spanish word *distraer* means "to bring or pull away or in different directions." Thus, we have the verbs *attract* and *distract*.

Prefix	*Meaning*	*Spanish example*	*English example*
a, ab	from, away from	abstenerse	abstain
ad	to, toward, at	admirar	admire
bi	twice, double, two	bilingüe	bilingual
contra	against, contrary to	contradecir	contradict
cum (*Also* co-, com-, con-)	with, together with	cooperar comparar	cooperate compare
de	down, off, away	depender	depend

dis	apart, away, in different directions	distribuir	distribute
e, ex	out of, away from	exportar	export
in (*Also* ig-, il-, im-, ir-, en-)	in, into, upon; not	iluminar inofensivo instalar	illuminate inoffensive install
inter, intra, intro	between, among, within, inside	intercambio introvertido	interchange introvert
ne, non	not, no	negativo	negative
ob	against	obstáculo	obstacle
per	through, by	permanente	permanent
post	after, behind	posterior	posterior
pre	before	preparar	prepare
pro	before, on behalf of, forth, for-ward, for	proclamar	proclaim
re, red	again, back	reconocer	recognize
sub	under, beneath, below	subterráneo	subterranean
sobre, super	above, over	sobrenatural superintendente	supernatural superintendent
trans	across, beyond, through	transitorio	transitory

A. Based on the prefix and its meaning and the stem and its meaning, what is the literal meaning of the following Spanish words?

	Word	Stem	Meaning	Literal meaning of word
1.	reconocer	conocer	to recognize	to know again
2.	contradecir	_____	_____	_____
3.	subterráneo	_____	_____	_____

4. abstener   _____ _____   _____

5. intercambio _____ _____   _____

6. introvertido _____ _____   _____

7. exportar   _____ _____   _____

8. predecir   _____ _____   _____

9. inesperado _____ _____   _____

10. importar   _____ _____   _____

11. coexistir   _____ _____   _____

12. revolver   _____ _____   _____

13. posguerra   _____ _____   _____

14. promover   _____ _____   _____

B. Based on the prefixes, what are the literal meanings of the following words that have *poner,* "to put", as their root?

a. reponer   e. interponer   i. sobreponer

b. disponer   f. componer   j. imponer

c. oponer   g. proponer   k. transponer

d. exponer   h. deponer

Suffixes

The use of suffixes to change meaning and form new words is as basic in Spanish as it is in English.

Pattern: stem + suffix   **Example:** good + ness

Although the suffixes are not so similar as the prefixes, learning the equivalent forms is a simple matter. Once you know, for example, that *ción* in Spanish is the equivalent of *tion* in English, then *ración* and *nación* are easily recognized and understood. Many of these equivalent suffix forms you already recognize.

Give the English for the following words, noticing the endings.

1. forma   6. palacio   11. divino

2. instante   7. adversario   12. activo

3. conducto   8. vicario   13. eterno

4. fama   9. censo   14. verboso

5. caso   10. museo   15. centro

16. ceremonia	24. potencial	32. mover
17. abundancia	25. sociedad	33. servir
18. agricultura	26. multitud	34. meditar
19. lógica	27. frágil	35. clasificar
20. orador	28. extender	36. comunismo
21. ornado	29. limitar	37. comunista
22. nación	30. confundir	38. personalmente
23. nacional	31. curar	

Compound words

In addition to adding prefixes or suffixes to a root stem, other words are formed by putting two words together to form one new word.

Pattern: stem + stem   **Example:**   type + writer

Although this type of word formation is not so common in Spanish as in English, such combinations do occur. Try to guess the meaning of the following examples.

1. *Quitar* means to take away and *sol* means sun. What is a *quitasol?*
2. *Parar* means to stop and *caer* means to fall. What is a *paracaídas?*
3. *Portar* means to carry and *moneda* means coin. What is a *portamonedas?*
4. *Salvar* means to save and *vida* means life. What is a *salvavidas?*
5. *Tocar* means to play and *disco* means record. What is a *tocadiscos?*
6. *Abrir* means to open and *lata* means can. What is an *abrelatas?*
7. *Sin* means without and *vergüenza* means shame. What is a *sinvergüenza?*
8. *Que* means that or what and *hacer* means to do. What are *quehaceres?*

Word families

Word families consist of a series of words formed by adding various prefixes, suffixes, and/or other words to the stem. Forming the habit of looking for the key stem in a word will often enable you to guess the meaning of an unknown word in Spanish just as you regularly do in English. By knowing one word, you probably know others as well.

The following two examples of word families illustrate the use of all the above-mentioned devices to change the meaning of words. Match the English words with the Spanish words by putting the letter of the English word in the blank.

tierra (earth, land)

1. aterrar _____	A. to disinter
2. aterrizar _____	B. terrain
3. desenterrar _____	C. to exile
4. desterrar _____	D. territorial
5. enterrar _____	E. to throw to the ground
6. terreno _____	F. territory
7. territorio _____	G. to land
8. territorial _____	H. to bury

creer (to believe)

1. credencial _____	A. creed
2. credibilidad _____	B. to accredit
3. crédito _____	C. belief
4. credo _____	D. credential
5. creencia _____	E. believable
6. creíble _____	F. unbelievable
7. acreditar _____	G. credit
8. increíble _____	H. credibility

Additional practice exercises

1. **Estudiante**   *Estudiante* means _____.
   In English there are many words beginning with an *s* plus a consonant. This combination of letters does not occur in Spanish. Spanish equivalents begin with the letter *e*.

What are the English equivalents of the following words?

español   espiral   estimulante
espíritu   escándalo   estampa

Too, other words look similar to *estudiante*, but the ending on the word indicates that the meaning is slightly different. For example, the same base word is used in different ways in the sentence, *El* estudi*ante* *es* estudi*oso*. The student is studious. Many word endings are also similar in Spanish and English. Estudi*ante* is to stud*ent* as particip*ante* is to

_____; dist*ante* is to _____; and perman*ente* is to _____.

Estudi*oso* is to studi*ous* as fam*oso* is to _____; as curi*oso* is to _____; and industri*oso* is to

_____.

2. **Día** *Día* means _____. The same base word may be used in English to express a similar idea. For example, many families receive both the _____ and the Sunday paper. He looked at the _____ of his watch to see what time it was. She writes every night in her _____.

3. **Libro** *Libro* means _____. The same base word is used with the idea of *book* in familiar English words. For example, I like to read, so I often go to the _____ to check out some interesting books. While I am there, the _____ helps me find what I want.

4. **Hora** *Hora* means _____. Similarly, a worker who works by the hour receives an _____ wage. Before clocks were invented, an _____ glass was used to measure time.

5. **Pesa** *Pesar* means "to weigh" as in the sentence: *El libro pesa mucho.* The book is heavy. Consider the meaning of the following related Spanish words.

   a. Would a *pesadilla* be a good or a bad dream?

   b. What is the English word for *pesadilla?*

   c. How would you feel if you were filled with *pesadumbre,* lighthearted and happy or heavyhearted and sad?

    d. Would you extend *pésame* to a person who had just
       scored a success or someone who had just suffered
       a serious loss?

    e. Can you explain the use of *peso* and *peseta* to refer
       to money?

    f. What is the relationship between *pesa* and the words
       pesimismo and *pesimista?*

6. **Joven**   *Joven* means _____. We also have a
   related word in English that is very familiar. In fact, we
   hear a great deal about _____ delinquency. If an
   adult thinks something is childish, he refers to it as
   _____; yet for ages man has searched for ways to
   re_____ himself.

7. **Espera**   *Espera* means _____. *Sala* means room.
   What is a *sala de espera? Esperar* also carries the
   meaning of hope in certain contexts. The use of the
   word with this meaning is quite common in English.
   For example, what does it mean to live in despair?
   What is the literal meaning of the word desperate? We
   even have a related Spanish word in our language,
   desperado. What is a *desperado?* How has the meaning
   of the word changed as it has been incorporated into
   our language?

8. **Escribir**   *Escribir* means _____. Try to guess the
   meaning of the related Spanish words in the following
   sentences.
   *El escritor está escribiendo en el escritorio. La escritura
   es una invención importante del ser humano.*
   There are several related English words that have
   similar meanings and forms. What is a scribe? What is
   someone doing who is scribbling? I cannot read this.
   The script is not clear. What is the script? What are the
   Scriptures?

TEIXEIRA, Alberto. *Movimento Curvilíneo (Curvilinear Movement)*. 1969. Oil on canvas. 29 x 39 (73 x 100 cm). Art Museum of the Americas, OAS, Washington, DC. Purchase Fund, 1969.

Los dos reyes y los dos laberintos

ANTES DE LEER

Introducción

«Los dos reyes y los dos laberintos» es un cuento cortísimo
que se puede leer rápidamente y sin ninguna dificultad.
Por eso, es fácil comprender lo que describe el autor y lo
que sucede en la narración.

Como su título lo indica, éste es un relato sobre dos
reyes y dos laberintos en el que se describe la visita de un
rey al otro, lo que ocurre durante esta visita, y las
consecuencias.

Aunque el cuento es corto, el tema es profundo. Este
cuento no consiste solamente en la descripción de dos
reyes de personalidades muy distintas y de dos laberintos
diferentes, sino que representa algo más universal—
distintos tipos de gente y distintos conceptos respectiva-
mente. A causa de esta combinación de sencillez y
complejidad, esta narración breve es interesante y
estimulante.

1. Define las palabras «rey» y «laberinto».

2. ¿Cuáles son las características de un rey y de un
   laberinto?

Vocabulario

A. Palabras afines
Muchas palabras en español y en inglés tienen el mismo
origen lingüístico. Por lo tanto, ya sabes el significado de
muchas palabras que se encuentran en esta obra. Da el
equivalente en inglés de las siguientes palabras afines.

arquitecto, construir, laberinto, perplejo, sutil, prudente,
aventurar, entrar, escándalo, confusión, maravilla,
operaciones, corte, simplicidad, penetrar, implorar, divino,
servir, regresar, capitán, fortuna, camello, desierto,
substancia, bronce, galerías, abandonar, gloria

B. Palabras con raíces similares

En el caso de otras palabras de esta obra, la palabra española y la palabra inglesa tienen raíces muy parecidas en cuanto a la forma y al significado. Estudia las tres siguientes listas. Para cada palabra española de la lista a la izquierda, escoge de la segunda lista la palabra asociada inglesa. Luego, de la tercera lista escoge el significado en inglés de la palabra española. Por ejemplo, la palabra asociada inglesa de contar es C. *recount,* y el significado en inglés es g. *to tell, relate.*

1.	contar	A.	primary, primer	a.	days, times
2.	digno	B.	perdition	b.	ruler, king
3.	primero	C.	recount	c.	to order
4.	días	D.	reign	d.	magician
5.	rey	E.	magic	e.	to wander
6.	mago	F.	vagabond	f.	worthy
7.	mandar	G.	demonstrate	g.	to tell, relate
8.	perder	H.	dignify	h.	to show
9.	vagar	I.	dial, diary	i.	first, early
10.	mostrar	J.	mandatory	j.	to lose

C. Palabras relacionadas

En el caso de aun otras palabras de esta obra, se puede deducir el significado pensando en otras palabras relaciona-das en español. Por ejemplo, si no entiendes la palabra *encuentro,* puedes deducir su significado pensando en el verbo *encontrar.* Busca las palabras relacionadas con las de la siguiente lista. ¿Qué significan en inglés la palabra dada y la palabra relacionada?

1. Una palabra relacionada con «burlarse de», en la página 27 línea 10

2. Con «frente», en la página 27 línea 11

3. Con «quejarse», en la página 27 línea 14

4. Con «junto», en la página 27 línea 17

5. Con «rey», en la página 27 línea 18

6. Con «caballo», en la página 27 línea 21

7. Con «fatiga», en la página 28 línea 1

8. Con «atar», en la página 28 línea 3

Preguntas

Es más eficiente leer con propósito, en especial la primera
vez. Por eso, lee buscando las respuestas a las siguientes
preguntas. Si no sabes el significado de una palabra y
si no puedes deducirlo pensando en palabras afines,
palabras con raíces similares, ni palabras relacionadas,
búscalo en el glosario.

El vocabulario de las preguntas y de las respuestas
incluye la mayoría de las palabras claves para entender la
obra.

1. ¿Qué quería construir el rey de Babilonia?
2. ¿Por qué congregó a sus arquitectos y magos?
3. ¿Quién vino a visitar a este rey?
4. ¿Con qué objetivo lo hizo entrar en su laberinto el rey
   de Babilonia?
5. ¿Qué le pasó en el laberinto al rey de los árabes?
6. ¿Qué le dijo al rey de Babilonia al salir?
7. ¿Por qué juntó a sus capitanes y sus alcaides al
   volverse a Arabia?
8. ¿A quién hicieron cautivo los capitanes y alcaides
   árabes?
9. ¿A dónde llevaron a este cautivo?
10. ¿Qué le pasó allí?

Los dos reyes
y los dos laberintos

Jorge Luis Borges

*Argentino del siglo veinte. Su padre era profesor en un «English School»
y Borges aprendió inglés antes del español. De joven leía muchísimo*

en la biblioteca de su padre. Al principio de la Primera Guerra Mundial fue
a Suiza donde aprendió alemán y francés. Después, fue a España donde
fue miembro de un grupo literario ultraísta. En 1921 volvió a la Argentina
donde publicó su primer libro, una colección de poemas. Para ganarse
la vida aceptó un puesto en una biblioteca. En 1938 su padre se murió.
El mismo sufrió una herida grave en la cabeza y como consecuencia, perdió
la vista. Durante los próximos ocho años produjo sus mejores cuentos
de fantasía. Durante la última parte de su vida fue director de la Biblioteca
Nacional y siguió dedicándose al escribir. Se murió en Suiza.

Cuentan los hombres dignos de fe (pero Alá° sabe más) **Alá** *Dios*
que en los primeros días hubo un rey de las islas de
Babilonia que congregó a sus arquitectos y magos y les
mandó construir un laberinto tan perplejo y sutil que los
5   varones más prudentes no se aventuraban a entrar, y los
que entraban se perdían. Esa obra era un escándalo, porqué la confusión y la maravilla son operaciones propias de
Dios y no de los hombres. Con el andar del tiempo vino a
su corte un rey de los árabes, y el rey de Babilonia (para
10 hacer burla de la simplicidad de su huésped) lo hizo
penetrar en el laberinto, donde vagó afrentado° y confun-   **afrentado** *insultado*
dido hasta la declinación de la tarde.[1] Entonces imploró
socorro° divino y dio con° la puerta. Sus labios no profi-   **socorro** *ayuda*
                                                              dio con *encontró*
rieron° queja ninguna, pero le dijo al rey de Babilonia que   **profirieron**
15 él en Arabia tenía un laberinto mejor y que, si Dios era   *pronunciaron*
                                                               daría a conocer
servido, se lo daría a conocer° algún día.[2] Luego regresó a *presentaría*
Arabia, juntó sus capitanes y sus alcaides° y estragó° los   **alcaides** *guardianes*
                                                              de una fortaleza
reinos de Babilonia con tan venturosa° fortuna que de-   **estragó** *arruinó*
rribó° sus castillos, rompió sus gentes e hizo cautivo al   **venturosa**
                                                              afortunada
20 mismo rey.[3] Lo amarró° encima de un camello veloz y lo   **derribó** *demolió*
llevó al desierto. Cabalgaron tres días, y le dijo: «¡Oh, rey **amarró** *ató con*
del tiempo y substancia y cifra del siglo!, en Babilonia me   *cuerdas*
                                                              cifra *número*
quisiste perder en un laberinto de bronce con muchas   **muros** *paredes*
escaleras, puertas y muros°; ahora el Poderoso° ha tenido   **Poderoso** *Dios*
                                                              ha ... bien *lo ha*
25 a bien° que te muestre el mío, donde no hay escaleras que   *hecho posible*

1   *Pregunta:* En tu opinión, ¿qué va a pasar?
2   *Pregunta:* ¿Qué piensa hacer el rey árabe?
3   *Pregunta:* ¿Qué va a hacer el rey árabe con el rey de Babilonia?

subir, ni puertas que forzar, ni fatigosas galerías que reco-

veden *impidan*   rrer, ni muros que te veden° el paso.»

ligaduras *vueltas de*   Luego le desató las ligaduras° y lo abandonó en mitad
las cuerdas   del desierto, donde murió de hambre y de sed. La gloria

Aquél ... muere *Dios*   sea con Aquél que no muere.°   5

DESPUÉS DE LEER

Resumen

Escribe en español un resumen de este cuento, y ven a
clase preparado(a) a presentárselo oralmente a un(a) com-
pañero(a) de clase. Tu compañero(a) te dirá si te equivocas
o si omites algún dato importante.

Uso de palabras

Con las palabras que siguen, escribe por lo menos doce
oraciones—tres descripciones del rey de Babilonia, tres del
rey árabe, tres del laberinto de Babilonia, y tres del
laberinto árabe. En clase, lee las oraciones a un(a) com-
pañero(a) para ver si sabe identificar lo que describes.

prudente, escándalo, afrentado, queja, hacer cautivo,
escaleras, orgulloso, sutil, perderse, hacer burla, implorar
socorro divino, derribar, de bronce, muros, perplejo, no
aventurarse a entrar, simplicidad, confundido, mejor, rey
del tiempo y substancia, puertas

Pensar y comentar

Organización del cuento
¿Con qué línea termina la introducción? ¿Qué información
le presenta el autor al lector en la introducción?
       ¿Con qué línea termina el desarrollo? Describe el
argumento, o el conflicto, presentado en esta sección.

El resto del cuento es el desenlace, la conclusión
o la solución al conflicto presentado en el desarrollo del
argumento. ¿Cómo resuelve el autor el conflicto?

Los dos reyes
¿En qué son similares? ¿En qué son diferentes?
¿Con cuál te identificas más? Describe tus reacciones
cuando el rey árabe estaba perdido en el laberinto, cuando
el rey árabe le hizo cautivo al rey de Babilonia, y cuando
el rey de Babilonia se murió de hambre y de sed en el
desierto. ¿Crees que fue justo lo que le pasó al rey de
Babilonia? ¿Por qué crees así?

Los dos laberintos
¿Cuáles son las características principales de un laberinto?
¿En qué son similares los dos laberintos de este cuento?
¿En qué son diferentes? Contrasta el aspecto complejo y
sencillo de ambos. En este cuento, ¿cuál de los dos
laberintos es superior? ¿Qué datos del cuento puedes citar
para justificar tu conclusión?

Simbolismo
¿Qué tipo de persona representa cada rey? ¿Qué simboliza
cada laberinto?

Tema
A un nivel, este cuento trata de dos reyes orgullosos, pero
hay otros posibles niveles de interpretación. ¿De qué
habla en realidad el autor? Piensa en los siguientes temas,
y trata de asociar cada uno con lo que pasa en este cuento.
¡Y por favor, menciona otros en que hayas pensado tú!

1. El buen trato hacia todo el mundo

2. El respeto hacia los demás y no hacer burla de nadie

3. La ayuda de Dios

4. La necesidad de recibir ayuda y cooperación en este
   mundo complejo

5. El triunfo de lo divino sobre lo humano

6. La venganza

7. El orgullo

8. La naturaleza y la civilización

9. Los astutos urbanos ("city slickers") y los paletos ("country bumpkins")

La fe
¿En qué tenía fe el rey de Babilonia? ¿En qué tenía fe el rey de Arabia? ¿Cómo demostraba su fe cada uno?

Otros puntos de discusión
¿Qué te parece el comentario en el cuento de que «Esa obra era un escándalo, porque la confusión y la maravilla son operaciones propias de Dios y no de los hombres»? ¿Qué quiere decir el autor? ¿Cuáles son las implicaciones de esta frase para la sociedad contemporánea?

El autor terminó el cuento diciendo «La gloria sea con Aquél que no muere.» Explica lo que esta frase quiere decir. En tu opinión, ¿por qué terminó el cuento así?

Reacción personal
¿Qué piensas de este cuento? Explica por qué te gusta o por qué no te gusta. ¿Tienes otra(s) idea(s) que quieras relatar a la clase?

Temas

A. Pensando en un laberinto como algo complejo en que es fácil perderse y difícil encontrar la salida, escribe sobre los laberintos en tu vida y sobre lo que haces para no perderte. Algunas cosas que pueden ser laberintos son la vida, la sociedad, la universidad, una clase, una amistad, o un pariente.

B. ¿Hay obras propias de Dios en las que no deben meterse los seres humanos? ¿Hay actividades o investigaciones científicas en las que no debe participar el ser humano? Considera cuestiones como explorar el espacio, controlar el tiempo, usar drogas para cambiar la mente y la personalidad, utilizar la energía nuclear, manipular los genes, controlar los nacimientos, y desarrollar los calcos.

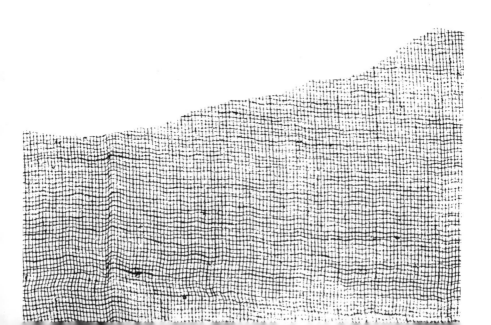

El buen ejemplo

TORAL, Mario. *Cubo y Rostro (Cube and Face)*. 1973. Acrylic on canvas. 60 x 60 (152.5 x 152.5 cm). Art Museum of the Americas, OAS, Washington, DC. Purchase Fund, 1974.

ANTES DE LEER

Introducción

El autor describe una escuela rural mexicana, al maestro y a los estudiantes. Nos dice cómo es la escuela, el maestro y los estudiantes. Oímos a los estudiantes mientras estudian. Los vemos salir al fin del día. También, participamos en el descanso del fatigado maestro al fin del día escolar. Aprendemos que el maestro tiene un estudiante favorito. Pasan muchas horas juntos, y se entienden perfectamente. El maestro tiene mucha confianza en su mejor estudiante. Por eso, nos sorprende al saber lo que hace el estudiante al fin del cuento.

Para entender el cuento y el propósito del autor es necesario prestar atención a las descripciones y al tono así como el argumento.

1. Define las palabras «ejemplo», «maestro», «escuela», «estudiante», y «loro».

2. Prepara una lista de las características de un maestro y de un estudiante.

3. Describe lo que pasa en una escuela.

4. Nombra tres personas dignas de imitación. ¿Hay animales que sean dignos de imitación? ¿Cuáles? ¿Por qué?

Vocabulario

A. Palabras afines
Muchas palabras en español y en inglés tienen el mismo origen lingüístico. Por lo tanto, ya sabes el significado de muchas palabras que se encuentran en esta obra. Da el equivalente en inglés de las siguientes palabras afines.

ejemplo, razón, crédito, narración, parte, refugiarse, rayos, obligación, mártir, necesitar, especie, coro, letras, doctrina, cristiana, diaria, entusiasmado, trémulo, acompañar, fatiga, respetable, materno, confianza, grano, persecución, distinguido, escolar, ingratitud, cortés, distancia, inmovilidad, silencio, alucinación, claro, majestuosamente, vértigo

B. Palabras con raíces similares

En el caso de otras palabras de esta obra, la palabra española y la palabra inglesa tienen raíces muy parecidas en cuanto a la forma y al significado. Estudia las tres siguientes listas. Para cada palabra española de la lista a la izquierda, escoge de la segunda lista la palabra asociada inglesa. Luego, de la tercera lista escoge el significado en inglés de la palabra española.

1. anciano	A. testify	a. old
2. testigo	B. pertinent	b. lit
3. encendido	C. ancient	c. to belong to
4. vecino	D. incendiary	d. neighbor
5. pertenecer	E. vicinity	e. witness
6. comenzar	F. commence	f. to stir up
7. agitar	G. calorie	g. to begin
8. calor	H. agitate	h. heat

C. Palabras relacionadas

En el caso de aun otras palabras de esta obra, se puede deducir el significado pensando en otras palabras relacionadas en español. Por ejemplo, si no entiendes la palabra *encuentro,* puedes deducir su significado pensando en el verbo *encontrar.* Busca las palabras relacionadas con las de la siguiente lista. ¿Qué significan en inglés la palabra dada y la palabra relacionada?

1. Una palabra relacionada con «peso», en la página 36 línea 24
2. Con «lejos», en la página 37 línea 10
3. Con «débil», en la página 37 línea 22
4. Con «correr», en la página 37 línea 32
5. Con «sentarse», en la página 38 línea 18
6. Con «olvidar», en la página 38 línea 22
7. Con «silla», en la página 38 línea 25
8. Con «obscuro», en la página 39 línea 22

Preguntas

Es más eficiente leer con propósito, en especial la primera vez. Por eso, lee buscando las respuestas a las siguientes preguntas. Si no sabes el significado de una palabra y si no puedes deducirlo pensando en palabras afines, palabras con raíces similares, ni palabras relacionadas, búscalo en el glosario.

El vocabulario de las preguntas y de las respuestas incluye la mayoría de las palabras claves para entender la obra.

1. ¿Cómo trata el autor de convencer al lector que este cuento es verdad?

2. ¿Dónde tiene lugar?

3. ¿Cómo es el trabajo de maestro de una escuela rural?

4. ¿De qué manera estudiaban los estudiantes?

5. Describe los sentimientos del maestro al observar la salida de los estudiantes.

6. ¿Cómo se portaban los estudiantes fuera de la escuela?

7. ¿Qué hacía el maestro después de las clases?

8. ¿Quién era su mejor discípulo y mejor amigo?

9. ¿Adónde fue este discípulo?

10. ¿Qué hacía este estudiante allí?

El buen ejemplo

Vicente Riva Palacio

Mexicano. Como ciertos otros hombres de letras españoles e hispanoamericanos, no se dedicó solamente a escribir sino que también fue general, político, y diplomático. Vivió durante la época en que Maximiliano fue declarado emperador de México por Napoleón III.

Conoció bien la historia de México y escribió unas novelas en las que
combina realidad y ficción en aventuras históricas. Pero es menos conocido
por sus novelas que por sus cuentos, en los que escribió sobre la vida
de su época. Fue uno de los iniciadores del cuento mexicano.

fidedigno *digno de fe*
certidumbre *de cierto*

tejas tiles

enhiestos tall and straight
cocoteros *árboles de coco*
copudos thick-topped
tamarindos tamarinds
crujientes rustling
platanares *planta de banana*
arroyuelos streams
retozando *saltando*
macizos plots

Si yo afirmara que he visto lo que voy a referir, no faltaría, sin duda, persona que dijese que eso no era verdad; y tendría razón, porque no lo vi, pero lo creo, porque me lo contó una señora anciana, refiriéndose a personas a quienes daba mucho crédito y que decían ha- 5 berlo oído de una persona que llevaba amistad con un testigo fidedigno,° y sobre tales bases de certidumbre° bien puede darse fe a la siguiente narración:

En la parte sur de la República Mexicana, y en las faldas de la Sierra Madre, que van a perderse en las aguas 10 del Pacífico, hay un pueblecito como son en general todos aquéllos: casitas blancas cubiertas de encendidas tejas° o de brillantes hojas de palmera, que se refugian de los ardientes rayos del sol tropical a la fresca sombra que les prestan enhiestos° cocoteros,° copudos° tamarindos° y 15 crujientes° platanares° y gigantescos cedros.

El agua en pequeños arroyuelos° cruza retozando° por todas las callejuelas, y ocultándose a veces entre macizos° de flores y de verdura.

En este pueblo había una escuela, y debe haberla 20 todavía; pero entonces la gobernaba don Lucas Forcida, personaje muy bien querido por todos los vecinos. Jamás faltaba a las horas de costumbre al cumplimiento de su pesada obligación. ¡Qué vocaciones de mártires necesitan los maestros de escuela de los pueblos![1]   25

En esa escuela, siguiendo tradicionales costumbres y uso general en aquellos tiempos, el estudio para los mu- chachos era una especie de orfeón, y en diferentes tonos, pero siempre con desesperante monotonía, en coro se estudiaban y en coro se cantaban lo mismo las letras y las 30

---

1   *Pregunta:* ¿Qué quieren decir las expresiones «pesada obligación» y «vocaciones de mártires»?

sílabas que la doctrina cristiana o la tabla de multiplicar.[2]
Don Lucas soportaba con heroica resignación aquella
ópera diaria, y había veces que los chicos, entusiasmados,
gritaban a cual más y mejor;° y era de ver° entonces la
5 estupidez amoldando las facciones° de la simpática y
honrada cara de don Lucas.

Daban las cinco de la tarde; los chicos salían esca-
pados de la escuela, tirando pedradas, coleando° perros y
dando gritos y silbidos, pero ya fuera de las aguas jurisdic-
10 cionales de don Lucas, que los miraba alejarse, como diría
un novelista, trémulo de satisfacción.[3]

Entonces don Lucas se pertenecía a sí mismo: sacaba
a la calle una gran butaca de mimbre;° un criadito le traía
una taza de chocolate acompañada de una gran torta° de
15 pan, y don Lucas, disfrutando del fresco de la tarde y
recibiendo en su calva° frente el vientecillo perfumado
que llegaba de los bosques, como para consolar a los
vecinos de las fatigas del día, comenzaba a despachar su
modesta merienda,° partiéndola cariñosamente con su
20 loro.°

Porque don Lucas tenía un loro que era, como se dice
hoy, su debilidad, y que estaba siempre en una percha a la
puerta de la escuela, a respetable altura para escapar de los
muchachos, y al abrigo del sol por un pequeño cobertizo°
25 de hojas de palma. Aquel loro y don Lucas se entendían
perfectamente. Raras veces mezclaba sus palabras, más o
menos bien aprendidas, con los cantos de los chicos, ni
aumentaba la algazara° con los gritos estridentes y desen-
tonados que había aprendido en el hogar materno.

30 Pero cuando la escuela quedaba desierta y don Lucas
salía a tomar su chocolate, entonces aquellos dos amigos
daban expansión libre a todos sus afectos. El loro recorría
la percha de arriba abajo° diciendo cuanto sabía y cuanto
no sabía; restregaba° con satisfacción su pico en ella, y se
35 colgaba de las patas,° cabeza abajo, para recibir la sopa de
pan con chocolate que con paternal cariño le llevaba don
Lucas.

a cual … mejor each
one the loudest
and the best
era de ver it was
something to see
facciones *partes del
rostro humano*
coleando pulling
dogs' tails

mimbre wicker
torta loaf

calva *sin cabello*

merienda *comida
ligera que se toma
por la tarde*
loro parrot

cobertizo *de cubrir*

algazara *gritería*

de … abajo up and
down
restregaba rubbed
patas *pies de animal*

---

2 *Pregunta:* ¿Qué quieren decir «desesperante monotonía» y
«lo mismo las letras y las sílabas que la doctrina cristiana o la
tabla de multiplicar»?
3 *Preguntas:* ¿Cómo son los estudiantes? ¿Cómo es don Lucas?

Y esto pasaba todas las tardes.

Transcurrieron *pasaron*   Transcurrieron° así varios años, y don Lucas llegó a tener tal confianza en su querido *Perico,* como lo llamaban los muchachos, que ni le cortaba las alas ni cuidaba de

calza fetter   ponerle calza.°   5

Una mañana, serían como las diez, uno de los chicos,

casualmente by chance   que casualmente° estaba fuera de la escuela, gritó espantado: «Señor maestro, que se vuela Perico».[4] Oír esto y lanzarse en precipitado tumulto a la puerta maestro y

fue ... uno all at the same time   discípulos, fue todo uno;° y, en efecto, a lo lejos, como un   10

esmalte enamel   grano de esmalte° verde herido por los rayos del Sol, se veía al ingrato esforzando su vuelo para ganar cuanto

cuanto antes lo más pronto que posible   antes° refugio en el cercano bosque.

Como toda persecución era imposible, porque ni aun

filiación señas personales   teniendo la filiación° del prófugo° podría habérsele distin-   15

prófugo fugitivo   guido entre la multitud de loros que pueblan aquellos bosques, don Lucas, lanzando de lo hondo de su pecho un

sea ... Dios it's God's will   «sea por Dios»,° volvió a ocupar su asiento, y las tareas escolares continuaron, como si no acabara de pasar aquel terrible acontecimiento.   20

Transcurrieron varios meses, y don Lucas, que había echado al olvido la ingratitud de Perico, tuvo necesidad de

circunvecinos cercanos   emprender un viaje a uno de los pueblos circunvecinos,° aprovechando unas vacaciones.

de madrugada temprano por la mañana   Muy de madrugada° ensilló su caballo, tomó un ligero   25 desayuno y salió del pueblo, despidiéndose muy cortésmente de los pocos vecinos que por las calles encontraba.

En aquel país, pueblos cercanos son aquéllos que sólo están separados por una distancia de doce o catorce leguas, y don Lucas necesitaba caminar la mayor parte del   30 día.

Eran las dos de la tarde; el sol derramaba torrentes de

penachos crests   fuego; ni el viento más ligero agitaba los penachos° de las

dibujaban sketched   palmas que se dibujaban° sobre un cielo azul con la inmovilidad de un árbol de hierro. Los pájaros enmudecían   35

follaje conjunto de hojas   ocultos entre el follaje,° y sólo las cigarras° cantaban

cigarras insectos   tenazmente en medio de aquel terrible silencio a la mitad del día.

4   *Preguntas:* ¿Por qué se vuela Perico? ¿A dónde va?

El caballo de don Lucas avanzaba haciendo sonar el acompasado° golpeo de sus pisadas con la monotonía del volante° de un reloj.

    Repentinamente don Lucas creyó oír a lo lejos el
5 canto de los niños de la escuela cuando estudiaban las letras y las sílabas.

    Al principio aquello le pareció una alucinación producida por el calor, como esas músicas y esas campanadas° que en el primer instante creen oír los que sufren un
10 vértigo; pero, a medida que avanzaba, aquellos cantos iban siendo más claros y más perceptibles; aquello era una escuela en medio del bosque desierto.

    Se detuvo asombrado y temeroso, cuando de los árboles cercanos se desprendió,° tomando vuelo, una ban
15 dada de loros que iban cantando acompasadamente *ba, be, bi, bo, bu; la, le, li, lo, lu;* y tras ellos, volando majestuosamente un loro que, al pasar cerca del espantado maestro, volvió la cabeza, diciéndole alegremente:

    «Don Lucas, ya tengo escuela.»
20 Desde esa época los loros de aquella comarca,° adelantándose a su siglo, han visto disiparse las sombras del obscurantismo y la ignorancia.

acompasado *rítmico*

volante balance wheel

campanadas *toques de campana*

desprendió *salió*

comarca *región*

DESPUÉS DE LEER

Resumen

Escribe un resumen en español de este cuento, y ven a clase preparado(a) a presentárselo oralmente a un(a) compañero(a) de clase. Tu compañero(a) te dirá si te equivocas o si omites algún dato importante.

Uso de palabras

De las siguientes palabras, escoge las palabras que describen, en tu opinión, a un(a) profesor(a) ideal y una clase ideal. Compara tus listas con las de un(a) compañero(a) de clase.

querido, estudio en voz alta, débil, estupidez, pesado,
desesperante monotonía, respetable, espantado,
tradicional, en coro, cortés, silencio, modesto, cariñoso,
resignación, simpático, ingrato, claro, entusiasmado,
honrado, fatigado, tumulto

Pensar y comentar

Organización del cuento
Comenta en qué momento termina la introducción y
cuando empieza y termina el desarrollo. ¿Qué información
da el autor al lector en cada sección, incluso en el
desenlace?

Los maestros
¿Cómo describe el autor a don Lucas? ¿Qué tipo de
maestro era? ¿Por qué te gustaría o, de lo contrario, por
qué no te gustaría ser discípulo de don Lucas? ¿Qué tipo
de maestro era Perico?

La escuela
¿Cómo era la escuela? ¿Qué efecto tenía la escuela en los
estudiantes? ¿Por qué te gustaría o si no, por qué no te
gustaría ser estudiante de esta escuela? ¿Qué tipo de
escuela estableció Perico en el bosque?

Los estudiantes
¿Cómo eran los estudiantes? ¿Cómo estudiaban?
        En tu opinión, ¿qué aprendían en la escuela? ¿Cómo
estudiaban los discípulos de Perico?

Simbolismo
¿Qué representan don Lucas y Perico? ¿Qué representan
los estudiantes y las escuelas? ¿Cuáles son las semejanzas
entre don Lucas y Perico, entre los estudiantes de los dos,
y entre las dos escuelas? ¿En qué sentido es don Lucas
«el buen ejemplo»? ¿O no lo es?

Tema
¿Cuál es el tono del cuento? ¿Cuál es la actitud del autor?
¿Es sincero, realista, cínico, sarcástico, crítico, mal-

humorado, amargado, o qué? Indica descripciones y
palabras del cuento que justifican tu opinión.
    ¿Cuál es el tema del cuento? ¿Qué quiere expresar el
autor a través de Perico y la escuela? ¿Tienen estos
importancia en este sentido? En tu opinión, ¿por qué
escogió el autor el título «El buen ejemplo»? ¿Por qué
escogió un loro como el mejor amigo y discípulo de don
Lucas y como maestro de la escuela del bosque?

Otros puntos de discusión
Lee otra vez el último párrafo del cuento.
    Aunque no lo dice directamente, ¿qué quiere decir el
autor? ¿Cuál es su actitud aquí? ¿Cuál es tu reacción al leer
este párrafo?

Reacción personal
¿Criticas o defiendes el sistema de educación aquí en los
EE. UU.? ¿Qué experiencias positivas y/o negativas has
tenido?
    En un grupo de cuatro compañeros(as) de clase prepara
una lista de tus críticas del sistema, de tus gustos, y de tus
recomendaciones sobre nuestro sistema de educación.
¿Tienes otra(s) idea(s) que quieras relatar a la clase?

Temas

A. Ataca la actitud del autor y el tema de este cuento.

B. Defiende la actitud del autor y el tema de este cuento.

ORLANDO, Felipe. *Mujer Sentada (Seated Woman).* 1976. Oil on canvas. 44 x 57
(112 x 145 cm). Art Museum of the Americas, OAS, Washington, DC. Purchase Fund,
1977.

La caja
de oro

ANTES DE LEER

Introducción

En esta obra la autora relata una historia interesante y
misteriosa que trata de una mujer, un hombre, y una caja
de oro. La mujer guarda la caja de oro y su contenido
con mucho cuidado. Nunca le dice a nadie lo que contiene,
ni al hombre, a quien quiere mucho. Es obvio que a ella le
es importantísimo el contenido de la caja, pero claro está
que le importa muchísimo también el amor del hombre.
Por otro lado, el hombre quiere aclarar este misterio y
eliminar todos los secretos entre los dos. Este misterio le
molesta al hombre y su curiosidad natural es cada día más
fuerte.

1. Define las palabras «caja», «oro», «secreto»,
   «curiosidad», «enamorado», y «superstición».

2. ¿Para qué sirve una caja?

3. ¿Cuáles son las características de oro o de algo hecho
   de oro?

4. Da ejemplos del conflicto entre un «secreto» y la
   «curiosidad».

5. ¿Qué hará un «enamorado» por su «amor»?

6. ¿Cómo puede influir la superstición en la vida de una
   persona? Da ejemplos, si sabes algunos.

Vocabulario

A. Palabras afines

Muchas palabras en español y en inglés tienen el mismo
origen lingüístico. Por lo tanto, ya sabes el significado de
muchas palabras que se encuentran en esta obra. Da el
equivalente en inglés de las siguientes palabras afines.

melancólico, objeto, crimen, emplear, fuerza, exaltado,
inspiración, comedia, sentimiento, sinceridad, solemnemente, irritante, artístico, inofensivo, historia, conducta,
conceder, triunfo, Paraíso, conciencia, ciencia, farsa,
angustia, síntomas, monstruo, criatura, pasión, compensa,
disimular, satisfecho, castigar

B. Palabras con raíces similares

En el caso de otras palabras de esta obra, la palabra
española y la palabra inglesa tienen raíces muy parecidas
en cuanto a la forma y al significado. Estudia las tres
siguientes listas. Para cada palabra española de la lista a la
izquierda, escoge de la segunda lista la palabra asociada
inglesa. Luego, de la tercera lista escoge el significado en
inglés de la palabra española.

1.	visto	A.	affinity	a.	eagerness
2.	afán	B.	vista	b.	view
3.	voluntad	C.	menace	c.	rule
4.	amenaza	D.	regulation	d.	will
5.	regla	E.	volunteer	e.	threat
6.	fingido	F.	debilitate	f.	sick
7.	vender	G.	frigid	g.	to be worth
8.	enfermo	H.	feign	h.	to sell
9.	débil	I.	infirmary	i.	cold
10.	valer	J.	vendor	j.	weak
11.	frío	K.	value	k.	pretended

C. Palabras relacionadas

En el caso de aun otras palabras de esta obra, se puede
deducir el significado pensando en otras palabras relacionadas en español. Por ejemplo, si no entiendes la palabra
encuentro, puedes deducir su significado pensando en el
verbo *encontrar.* Busca las palabras relacionadas con las de
la siguiente lista. ¿Qué significan en inglés la palabra dada
y la palabra relacionada?

1. Una palabra relacionada con «cerrar», en la página 47
   línea 13
2. Con «amor», en la página 48 línea 3
3. Con «maestro», en la página 48 línea 28
4. Con «curar», en la página 49 línea 5
5. Con «seguro», en la página 49 línea 7
6. Con «caer», en la página 49 línea 39
7. Con «mal, decir», en la página 50 línea 22

Preguntas

Es más eficiente leer con propósito, en especial la primera
vez. Por eso, lee buscando las respuestas a las siguientes
preguntas. Si no sabes el significado de una palabra y si no
puedes deducirlo pensando en palabras afines, palabras
con raíces similares, ni palabras relacionadas, búscalo en
el glosario.

El vocabulario de las preguntas y de las respuestas
incluye la mayoría de las palabras claves para entender la
obra.

1. ¿Cuál fue el misterioso tesoro de la mujer?

2. ¿Dónde lo guardaba?

3. ¿Qué quería saber el hombre?

4. ¿Por qué cortejó el hombre a la mujer?

5. Después, ¿siguió la mujer sin revelar al hombre el
   contenido de la caja?

6. ¿Cómo la convenció para que le permitiera ver lo que
   había en la caja?

7. ¿Qué había?

8. ¿Por qué no se la había mostrado antes?

9. ¿Qué le pasó a la mujer después?

10. ¿Qué reveló el análisis químico del contenido?

La caja de oro

Emilia Pardo Bazán

*Española. Nacida en La Coruña, Galicia, era hija única de los condes de
Pardo Bazán. Era persona muy inteligente y aficionada a la literatura.
Prueba de ello es que presentó su primer estudio sobre la literatura cuando*

tenía dieciséis años. Leyó muchísimo y viajó por toda Europa. Vivió
en Madrid donde se dedicó a estudiar la literatura y a escribir.
Escribió mucho, casi todo tipo de géneros literarios, pero tuvo más éxito
con la novela y el cuento. La colección de todas sus obras contiene cuarenta
y tres volúmenes. Sus dos novelas más famosas, Los pazos de Ulloa
(1886) y La madre Naturaleza *(1887) son estudios de la decadencia social*
y humana de la vida rural de Galicia. Además, era una excelente
cuentista y publicó ocho libros de cuentos.
Fue profesora de la Facultad de Literatura Románica de la Universidad de
Madrid en la primera parte del siglo veinte. En 1916 le otorgaron una
cátedra de literatura, algo raro para una mujer en esa época.
Fue partidaria de una forma de naturalismo en que se afirmó la voluntad
libre del individuo.

Siempre la había visto sobre su mesa, al alcance de su
mano bonita, que a veces se entretenía en acariciar la tapa
suavemente; pero no me era posible averiguar lo que
encerraba aquella caja de filigrana° de oro con esmaltes°
5 finísimos, porque apenas intentaba apoderarme° del juguete, su dueña lo escondía precipitada y nerviosamente
en los bolsillos de la bata,° o en lugares todavía más
recónditos,° dentro del seno, haciéndola así inaccesible.

   Y cuanto más° la ocultaba su dueña, mayor era mi
10 afán por enterarme de lo que la caja contenía. ¡Misterio
irritante y tentador! ¿Qué guardaba el artístico chirimbolo?° ¿Bombones?° ¿Polvos de arroz? ¿Esencias? Si
encerraba alguna de estas cosas tan inofensivas, ¿a qué
venía la ocultación? ¿Encubría un retrato, una flor seca,
15 pelo? Imposible: tales prendas, o se llevan mucho más
cerca o se custodian mucho más lejos: o descansan sobre
el corazón, o se archivan en un secreter° bien cerrado,
bien seguro . . . No eran despojos° de amorosa historia
los que dormían en la cajita de oro, esmaltada de azules
20 quimeras,° fantásticas rosas y volutas° de verde ojiacanto.°

   Califiquen como gusten mi conducta los incapaces de
seguir la pista° a una historia, tal vez a una novela. Llá-
menme enhorabuena indiscreto, antojadizo,° y por con-
25 tera,° entrometido° y fisgón° impertinente. Lo cierto es

filigrana *decoración*
delicada de líneas
esmaltes enamels
apoderar *tomar*
posesión
bata *ropa larga de*
casa
recónditos
escondidos
cuanto más *lo más*

chirimbolo *objeto*
de poco valor
Bombones *dulces*

secreter writing desk
despojos *restos*
quimeras fanciful
things
volutas *adornos en*
espiral
ojiacanto pebble
eyes
pista *progresión*
antojadizo
caprichoso
por contera *por fin*
entrometido
meddler
fisgón *curioso*

tarumba *confundido*
agotados
consumidos
Mostréme *Me*
mostré

por lo mismo *por la*
misma razón

Desplegando
desdoblando
zalameras
demostraciones
afectadas de cariño
coqueterías *flirting*
ardides *engaños*
ternura *cariño*

Repugnábame *Me*
repugnaba
patán *hombre*
grosero

clave *explicación*
sobrepujé *de*
sobrepujar
desplegué *utilized*

arrebatar *hacer con*
fuerza irresistible

demudarse *to*
change expression

avergonzó
embarrassed

que la cajita me volvía tarumba,° y agotados° los medios
legales, puse en juego los ilícitos y heroicos . . .
Mostréme° perdidamente enamorado de la dueña, cuando
sólo lo estaba de la cajita de oro; cortejé en apariencia a
una mujer, cuando sólo cortejaba a un secreto; hice como   5
si persiguiese la dicha . . . cuando sólo perseguía la satisfacción de la curiosidad. Y la suerte, que acaso me nega-
ría la victoria si la victoria realmente me importase, me la
concedió . . . por lo mismo° que al concedérmela me
echaba encima un remordimiento.   10
    No obstante, después de mi triunfo, la que ya me
entregaba cuanto entrega la voluntad rendida, defendía
aún, con invencible obstinación, el misterio de la cajita de
oro. Desplegando° zalameras° coqueterías° o repentinas y
melancólicas reservas; discutiendo o bromeando, apu-   15
rando los ardides° de la ternura° o las amenazas del desamor, suplicante o enojado—, nada obtuve; la dueña de la
caja persistió en negarse a que me enterase de su contenido, como si dentro del lindo objeto existiese la prueba
de algún crimen.   20
    Repugnábame° emplear la fuerza y proceder como
procedería un patán,° y además, exaltado ya mi amor
propio (a falta de otra exaltación más dulce y profunda),
quise deber al cariño y sólo al cariño de la hermosa la
clave° del enigma. Insistí, me sobrepujé° a mí mismo,   25
desplegué° todos los recursos, y como el artista que cul-
tiva por medio de las reglas la inspiración, llegué a tal
grado de maestría en la comedia del sentimiento, que
logré arrebatar° al auditorio. Un día en que algunas fin-
gidas lágrimas acreditaron mis celos, mi persuasión de   30
que la cajita encerraba la imagen de un rival, de alguien
que aún me disputaba el alma de aquella mujer, la vi
demudarse,° temblar, palidecer, echarme al cuello los
brazos y exclamar, por fin, con sinceridad que me avergonzó:°   35
    —¡Qué no haría yo por ti! Lo has querido . . . pues
sea. Ahora mismo verás lo que hay en la caja.[1]

---

1 *Preguntas:* ¿Por qué quiere ver el hombre lo que hay en la caja
de oro? ¿Por qué no le muestra la mujer? ¿Qué piensas que va a
pasar en el resto de la obra?

Apretó un resorte;° la tapa de la caja se alzó y divisé°
en el fondo unas cuantas bolitas tamañas° como guisantes,° blanquecinas, secas. Miré sin comprender, y ella,
reprimiendo un gemido,° dijo solemnemente:

5 —Esas píldoras me las vendió un curandero que reali-
zaba curas casi milagrosas en la gente de mi aldea. Se las
pagué muy caras, y me aseguró que, tomando una al
sentirme enferma, tengo asegurada la vida. Sólo me advirtió que si las apartaba de mí o las enseñaba a alguien,
10 perdían su virtud. Será superstición o lo que quieras: lo
cierto es que he seguido la prescripción del curandero, y
no sólo se me quitaron achaques° que padecía (pues soy
muy débil), sino que he gozado salud envidiable. Te em-
peñaste en averiguar . . . Lo conseguiste . . . Para mí
15 vales tú más que la salud y que la vida. Ya no tengo
panacea, ya mi remedio ha perdido su eficacia: sírveme de
remedio tú; quiéreme mucho, y viviré.

Quedéme° frío. Logrado mi empeño, no encontraba
dentro de la cajita sino el desencanto de una superchería° y
20· el cargo de conciencia del daño causado a la persona que
al fin me amaba.· Mi curiosidad, como todas las curiosidades, desde la fatal del Paraíso hasta la no menos fu-
nesta° de la ciencia contemporánea, llevaba en sí misma
su castigo y su maldición. Daría entonces algo bueno por
25 no haber puesto en la cajita los ojos. Y tan arrepentido que
me creí enamorado; cayendo de rodillas a los pies de la
mujer que sollozaba,° tartamudeé°:

—No tengas miedo . . . Todo eso es una farsa, un
indigno embuste° . . . El curandero mintió . . . Vivirás,
30 vivirás mil años . . . Y aunque hubiesen perdido su virtud las píldoras, ¿qué? Nos vamos a la aldea y compramos
otras . . . Todo mi capital le doy al curandero por ellas.

Me estrechó, y sonriendo en medio de su angustia,
balbuceó° a mi oído:

35 —El curandero ha muerto.

Desde entonces la dueña de la cajita—que ya no la
ocultaba ni la miraba siquiera, dejándola cubrirse de
polvo en un rincón de la estantería° forrada° de felpa°
azul—empezó a decaer, a consumirse, presentando todos
40 los síntomas de una enfermedad de languidez, refractaria°
a los remedios. Cualquiera que no me tenga por un monstruo supondrá que me instalé a su cabecera y la cuidé con

resorte spring
divisé *vi*
tamañas *tan
  pequeñas*
guisantes peas
gemido *sonido de
  dolor*

achaques
  *enfermedades
  crónicas de poca
  gravedad*

Quedéme *Me quedé*

superchería *engaño*

funesta *fatal*

sollozaba *lloraba
  convulsivamente*
tartamudeé
  stammered
embuste *mentira*

balbuceó *pronunció
  con dificultad*

estantería shelf
forrada *cubierta*
felpa felt
refractaria *que
  resiste*

verdugo *asesino*

don *regalo*

tardía *lenta*

tedio *repugnancia*

legar *dejar*

miga *parte interior*
listo *inteligente*

caridad y abnegación. Caridad y abnegación digo, porque
otra cosa no había en mí para aquella criatura de quien
había sido verdugo° involuntario. Ella se moría, quizás de
pasión de ánimo, quizás de aprensión, pero por mi culpa;[2]
y yo no podía ofrecerla, en desquite de la vida que le había   5
robado, lo que todo lo compensa: el don° de mí mismo,
incondicional, absoluto. Intenté engañarla santamente
para hacerla dichosa, y ella, con tardía° lucidez, adivinó
mi indiferencia y mi disimulado tedio,° y cada vez se
inclinó más hacia el sepulcro.   10
    Y al fin cayó en él, sin que ni los recursos de la ciencia
ni mis cuidados consiguiesen salvarla. De cuantas memorias quiso legarme° su afecto, sólo recogí la caja de
oro. Aún contenía las famosas píldoras, y cierto día se me
ocurrió que las analizase un químico amigo mío, pues   15
todavía no se deba por satisfecha mi maldita curiosidad.
Al preguntar el resultado del análisis, el químico se echó a
reír.[3]
    —Ya podía usted figurarse—dijo—que las píldoras
eran de miga° de pan. El curandero (¡si sería listo!°)   20
mandó que no las viese nadie . . . para que a nadie se le
ocurriese analizarlas. ¡El maldito análisis lo seca todo!

DESPUÉS DE LEER

Resumen

Escribe un resumen en español de este cuento, y ven a
clase preparado(a) a presentárselo oralmente a un(a) com-
pañero(a) de clase. Tu compañero(a) te dirá si te equivocas
o si omites algún dato importante.

---

2 *Pregunta:* ¿Cuál fue la causa de la muerte de la mujer?
3 *Pregunta:* ¿Qué contenían las píldoras?

Uso de palabras

Empleando cada una de las siguientes palabras en una oración, escribe un cuento original sobre el sujeto de una princesa. Puedes incluir también otras oraciones.

caja de oro, esconder, enterar, lugar, guardar, enamorado, cortejar, entregar, píldoras, celos, curandero, enfermo, virtud, análisis, salud

Al dividirse la clase en grupos de cuatro, lee los cuentos de los otros tres en tu grupo. Después de seleccionar el cuento mejor de cada grupo, escoge el cuento mejor de la clase.

Pensar y comentar

Organización del cuento
Comenta en que momento terminan la introducción y el desarrollo. ¿Qué información da la autora al lector en cada sección, incluso el desenlace?

La caja de oro
¿Qué valor tenía de veras el contenido de la caja de oro? ¿Qué valor tenía para la mujer? ¿Qué importancia tenía para el hombre?

La mujer
Explica por qué guardaba la mujer con tanto cuidado la caja de oro y por qué no quería decirle a nadie lo que contenía. ¿Por qué por fin le dijo al hombre lo que había adentro, y por qué se murió al fin? ¿Cómo era la mujer? Comenta la importancia que para ella tenía el contenido de la caja y su amor hacia el hombre.

El hombre
¿Qué información del hombre presenta la autora al lector? ¿Qué hizo el hombre para enterarse de lo que había en la caja? ¿Qué es lo que no hizo? ¿Qué sacrificio hizo él por ella?

Simbolismo

¿Qué simbolizan la caja de oro y las píldoras? ¿Qué tipo de persona representa la mujer? ¿Qué tipo de persona representa el hombre?

Tema

Este es un cuento sobre la fe completa en algo, la curiosidad y el amor. ¿Cómo se mezclan los tres elementos para formar la base del argumento? En tu opinión, ¿cuál es el mensaje que quiere presentar la autora al lector?

Otros puntos de discusión

El autor dice, «Mi curiosidad, como todas las curiosidades, desde la fatal del Paraíso hasta la no menos funesta de la ciencia contemporánea, llevaba en sí misma su castigo y su maldición.» ¿Qué es «la fatal del Paraíso»? ¿Cuál es la opinión de la autora con respecto a la ciencia contemporánea? ¿Cuál es el resultado de la curiosidad según la autora? ¿En qué sentido es buena y en cuál es mala la curiosidad? ¿Sabes un ejemplo de un resultado bueno, malo o cómico de la curiosidad?

La autora terminó el cuento diciendo «¡El maldito análisis lo seca todo!» ¿Qué quiere decir esto? ¿Por qué terminó la autora el cuento con esta idea?

La mujer revela su secreto, y arriesga su propia vida por el hombre. Comenta los posibles efectos buenos y malos del amor en el (la) que ama y en el (la) amado(a).

Discute el efecto del estado psicológico sobre la salud física. ¿Qué saben los psicólogos y los psiquiatras de las influencias de lo psicológico en lo físico del individuo? Ha ocurrido algo similar a este fenómeno en tu vida o en la de tus familiares?

Reacción personal

¿Qué piensas del hombre? ¿de la mujer? ¿Conoces a alguien como estas dos personas? ¿Qué piensas del amor de la mujer hacia el hombre? ¿Qué piensas del amor de él hacia ella?

En este cuento la mujer reveló su secreto y se murió. Comenta el tema de guardar o revelar los secretos personales y la importancia de respetar las cosas íntimas de los demás.

¿Qué piensas del cuento? ¿Tienes otra(s) idea(s) que quieras relatar a la clase?

Temas

A. Como en el caso de todas las emociones, el amor tiene aspectos buenos y malos porque existen el amor bueno y el amor malo. En tu opinión, ¿cuáles son las características de un amor ideal?

B. A veces, los bebés tienen un juguete favorito o una manta favorita que llevan consigo todo el tiempo, y se ponen tristes si no pueden encontrarla. Es fácil burlarse de ellos sin pensar en que todos tenemos «cajas de oro» que nos dan un sentido de seguridad y confianza. Comenta lo que sirve a los otros como «cajas de oro.» ¿Tiene efectos positivos o negativos esta tendencia humana?

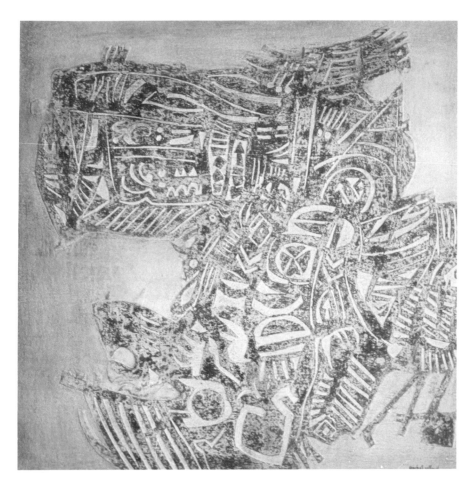

VILLACIS, Aníbal. *Precolombino (Pre-Columbian)*. Mixed media. 47 3/4 x 47 3/4
(121 x 121 cm). Art Museum of the Americas, OAS, Washington, DC. Purchase Fund,
1976.

Selecciones
de
Don Quijote

ANTES DE LEER

Introducción

Una de las novelas más famosas de toda la historia de la
literatura mundial es *Don Quijote*. Fue escrita por Miguel
de Cervantes en la primera mitad del siglo diecisiete.
Desde entonces ha sido muy popular entre el público en
general y los intelectuales en particular. El público y los
intelectuales se ríen al leer las escenas cómicas y al mismo
tiempo hay mucho para animar el pensamiento de los
intelectuales. Una gran parte de la gente en todos los
países conoce a don Quijote y a Sancho Panza. Reconoce
fácilmente las figuras conocidas del flaco caballero en
su caballo descarnado con su gordo escudero en su
pequeño burro. El libro, con sus personajes y sus episodios
bien conocidos, ha tenido mucha fama por todo el mundo
y ha influído mucho en la herencia cultural de todos.

Ese gran libro es también un libro enorme y en esta
antología es posible presentar sólo algunos trozos cortos:
«Nuestro héroe», una descripción de don Quijote y de sus
motivos; «La primera salida», una descripción de su
primera aventura; y el famoso «Los molinos de viento»,
una descripción de su encuentro con un gigante.

1. No es nada raro que cuando una persona llega a cierta
   edad quiere dejar su puesto para hacer otra cosa. A
   veces quiere escaparse de la presión. Por ejemplo, un
   profesor que se decide a ser un payaso, o un abogado
   que prefiere dejar su trabajo para hacer la pesca. A
   veces el motivo es hacer algo diferente o seguir un
   sueño. Ya ha trabajado por años como obrero y quiere
   cultivar flores o empezar un negocio. A veces quiere
   hacer algo altruísta para ayudar a los otros. El ex-
   presidente Carter trabaja como carpintero para
   reconstruir casas para los pobres.

   Comenta los motivos para estos cambios.

   Describe las reacciones de su familia y de sus amigos.

   Di a tus compañeros lo que sabes ya de don Quijote y
   Sancho Panza.

2. En la Edad Media la caballería influía mucho en la vida. ¿Cómo era un caballero? ¿Qué llevaba? ¿Cuál fue su objetivo principal en la vida? ¿Cómo era la vida de aquel entonces?

3. Describe una «venta» y un «molino de viento».

Vocabulario

A. Palabras afines

Muchas palabras en español y en inglés tienen el mismo origen lingüístico. Por lo tanto, ya sabes el significado de muchas palabras que se encuentran en esta obra. Da el equivalente en inglés de las siguientes palabras afines:

activo, momentos, dedicaba, completamente, ejercicio, administración, curiosidad, clase, disputas, barbero, cuestiones, episodios, aplicó, pasaba, infortunios, absurdos, imposibles, efecto, imaginación, invenciones, historia, necesario, gloria, servicio, nación, armas, aventuras, ocasiones, terminándolos, eterno, renombre, fama, industria, considero, imaginando, justo, meditar, opinión, significativo, empleo, declaraba, honraba, fruta, título, princesa, músico, raro, julio, armo, lanza, corral, júbilo, deseo, terrible, memoria, vacilar, intención, decidió, imitación, ocurrir, extraordinaria, castillo, aventurero, distancia, trompeta, contento, entrar, gentil, tranquila, orden, profeso, presencias, figura, abundancia, humildad, respondió, dificultad, animal, acomodando, música, disgustaba, legítimamente, recibir, perturbado, cortesía, favor, beneficio, humano, prometió, magnificencia, liberalidad, concedido, aventuras, tranquilo, durante, inteligente, persuadió, servir, gobernador, promesas, hora, provisión, seguros, patriarca, ruta, fortuna, enormes, batalla, versado, atender, noto, contrario, ataca, comenzaron, moverse, dedicando, momento, precipitó, galope, furia, continua, transformación, robo, enemistad, artes, amén, posible, diversas, melancólico, apetito, licencia, confortados, memorias, estómago, anunciaban, sustentarse, defender, ofenden, obedecido, naturalmente

B. Palabras con raíces similares

En el caso de otras palabras de esta obra, la palabra
española y la palabra inglesa tienen raíces muy parecidas
en cuanto a la forma y al significado. Estudia las tres
siguientes listas. Para cada palabra española de la lista a
la izquierda escoge de la segunda lista la palabra asociada
inglesa. Luego, de la tercera lista escoge el significado
en inglés de la palabra española.

1. caballería	A. patriotic, patriotism	a. to be afraid, to fear
2. sonoro		
3. patria	B. timorous	b. increase
4. temer	C. jubilant	c. chivalry
5. proveer	D. provision	d. jubilation
6. aumento	E. cavalry	e. (good) sound
7. júbilo	F. augment	f. to provide
	G. sonar, sonic	g. native (home) land

C. Palabras relacionadas

En el caso de aun otras palabras de esta obra, se puede
deducir el significado pensando en otras palabras
relacionadas en español. Busca las palabras relacionadas
con las de la siguiente lista. ¿Qué significan en inglés
la palabra dada y la palabra relacionada?

1. Una palabra relacionada con «aficionado», en la página
   60 línea 8
2. Con «caballo», en la página 60 línea 16
3. Con «caballo», en la página 60 línea 19
4. Con «leer», en la página 60 línea 19
5. Con «encantar», en la página 61 líneas 1–2
6. Con «des, hacer», en la página 61 línea 12
7. Con «vencer», en la página 67 líneas 3–4
8. Con «enemigo», en la página 67 línea 4

Preguntas

Es más eficiente leer con propósito, en especial la primera
vez. Por eso, lee buscando las respuestas a las siguientes

preguntas. Si no sabes el significado de una palabra y si no puedes deducirlo pensando en palabras afines, palabras con raíces similares, ni palabras relacionadas, búscalo en el glosario.

El vocabulario de las preguntas y de las respuestas incluye la mayoría de las palabras claves para entender la obra.

1. ¿Quién era don Quijote?
2. ¿Cuántos años tenía?
3. ¿Qué leía?
4. ¿Qué perdía a causa de leer tanto?
5. ¿Qué le pareció necesario hacerse?
6. ¿Con qué objetivos?
7. ¿Cómo se llamaba su caballo?
8. ¿Qué más le hacía falta además de un caballo?
9. ¿Cómo se llamaba?
10. ¿Adónde fue en su primera salida?
11. ¿Qué hicieron los que lo vieron?
12. ¿Quién salió con él cuando salió la segunda vez?
13. ¿Cuál fue su objetivo en acompañar a don Quijote?
14. Según don Quijote, ¿qué iba a atacar?
15. Según Sancho, ¿qué iba a atacar?

Selecciones de *Don Quijote*

Miguel de Cervantes

Español de Alcalá de Henares. No se sabe mucho de sus estudios oficiales, pero parece que no pasó mucho tiempo en la escuela. Sin embargo, leyó mucho y viajó mucho. Pasó algún tiempo en Italia y sirvió como soldado. Al volver a España unos piratas lo capturaron y lo vendieron como esclavo. Al salir de este aprieto, se casó y escribió su primera obra, La Galatea. Más tarde, consiguió un puesto en el gobierno como recaudador de impuestos que terminó cuando fue excomulgado por dejarse sobornar. También fue encarcelado por trabacuentas y la quiebra de un banquero.

En la cárcel comenzó a escribir Don Quijote, *con el que se hizo famoso, viviendo desde entonces de las ganancias de sus obras. Escribió* Don Quijote *como sátira de los libros de caballerías produciendo una obra maestra en la que se combinan el idealismo y el realismo. Otras obras conocidas son las* Novelas ejemplares *y* Don Quijote, segunda parte.

Nuestro héroe

I

hidalgo *noble*

En un lugar de la Mancha, de cuyo nombre no quiero acordarme, no hace mucho tiempo que vivía un hidalgo° pobre. Tenía en su casa una ama que pasaba de cuarenta años, y una sobrina que no llegaba a los veinte. La edad de nuestro hidalgo era de cincuenta años; era fuerte, delgado, 5 muy activo y amigo de la caza. Los momentos que no tenía nada que hacer (que eran los más del año), se dedicaba a leer libros de caballerías con tanta afición y gusto, que olvidó casi completamente el ejercicio de la caza, y aun la administración de su hacienda. Llegó a tanto su 10 curiosidad y locura en esto, que vendió muchas tierras para comprar libros de caballerías que leer, y así llevó a su casa muchos libros de esta clase.

Tuvo muchas disputas con el cura de su lugar, y con

maese *maestro*

maese° Nicolás, barbero del mismo pueblo, sobre cuál 15 había sido mejor caballero, Palmerín de Inglaterra o Amadís de Gaula, y sobre otras cuestiones semejantes que trataban de los personajes y episodios de los libros de caballerías. Se aplicó tanto a su lectura, que pasaba todo el tiempo, día y noche, leyendo. Se llenó la cabeza de 20

todas aquellas locuras que leía en los libros, así de encan- ı
tamientos como de pendencias,° batallas, duelos, heridas,   **pendencias** *disputas*
amores, infortunios y absurdos imposibles. Tuvieron tal
efecto sobre su imaginación que le parecían verdad todas
5 aquellas invenciones que leía, y para él no había otra
historia más cierta en el mundo.

II

Habiendo perdido ya su juicio, le pareció necesario,
tanto para el aumento de su gloria como para el servicio de
su nación, hacerse caballero andante,° e irse por todo el   **caballero andante**
10 mundo con sus armas y caballo a buscar aventuras, y a   knight-errant
ejercitarse en todo aquello que había leído que los caballeros andantes se ejercitaban, deshaciendo todo género
de agravio,° y poniéndose en ocasiones y peligros, donde,   **agravio** *ofensa*
terminándolos, adquiriría eterno renombre y fama. Lo
15 primero que hizo fue limpiar unas armas que habían sido
de sus bisabuelos.° Las limpió y las reparó lo mejor que   **bisabuelos** *padres de*
pudo; pero vio que tenían una gran falta, y era que no   *sus abuelos*
tenían celada;° mas con su industria hizo una celada de   **celada** helmet
cartón. Para probar si era fuerte, sacó su espada y le dio
20 dos golpes con los que deshizo en un momento lo que
había hecho en una semana; volvió a hacerla de nuevo, y
quedó tan satisfecho de ella, que sin probar su fortaleza la
consideró finísima celada.
    Fue luego a ver a su rocín° que le pareció el mejor   **rocín** *caballo de*
25 caballo del mundo. Pasó cuatro días imaginando qué   *mala apariencia*
nombre le pondría; porque (según se decía él a sí mismo)
no era justo que caballo de caballero tan famoso estuviese
sin nombre conocido. Después de meditar mucho, le vino
a llamar *Rocinante,* nombre en su opinión alto, sonoro, y
30 significativo de lo que había sido cuando fue rocín, antes
de lo que ahora era, que era antes y primero de todos los
rocines del mundo.

III

Después de haber puesto nombre a su caballo, quiso
ponérselo a sí mismo; y en este pensamiento empleó otros
35 ocho días. Al fin se vino a llamar *don Quijote,* porque
tenía el sobrenombre° de Quijano. Pero acordándose de   **sobrenombre**
que el valeroso *Amadís* no se había contentado con lla-   family name

marse sólo *Amadís,* sino que añadió el nombre de su reino
y patria por hacerla famosa, y se llamó *Amadís de Gaula,*
así quiso, como buen caballero añadir al suyo el nombre
de la suya, y llamarse *don Quijote de la Mancha,* con lo
cual declaraba su linaje y patria, y la honraba al tomar el 5
sobrenombre de ella.

Habiendo limpiado, pues, sus armas, y puesto nombre a su rocín y a sí mismo, se dio a entender que no le
faltaba otra cosa sino buscar una dama de quien enamo-
rarse: porque el caballero andante sin amores era árbol sin 10
hojas y sin fruto, y cuerpo sin alma.

En un lugar cerca del suyo, había una bonita moza
labradora, de quien él un tiempo estuvo enamorado, aunque ella no lo supo jamás. Se llamaba Aldonza Lorenzo, y
a ésta le pareció ser bien darle título de señora de sus 15
pensamientos; y buscando nombre que fuera bien con el
suyo, y que pareciera de princesa o gran señora, vino a
llamarla *Dulcinea del Toboso,* porque ella era del Toboso;
nombre, en su opinión, músico y raro y significativo,
como todos los demás que a él y a sus cosas había puesto.[1] 20

La primera salida

I

Una mañana de uno de los días más calurosos del mes
de julio, don Quijote de la Mancha se armó de todas sus
armas, subió sobre Rocinante, tomó su lanza, y, por la
puerta de un corral, salió al campo, con grandísimo con- 25
tento y júbilo de ver con cuánta facilidad había dado
principio a su buen deseo. Mas apenas se vio en el campo,
cuando le asaltó un pensamiento terrible; y fue que le vino
a la memoria que no era armado caballero,° y que, conforme a la ley de caballería, ni podía ni debía tomar armas 30
con ningún caballero. Este pensamiento le hizo vacilar en
su intención; mas, pudiendo más su locura que otra razón

armado caballero
knight

1 *Pregunta:* Prepara una lista de por lo menos diez datos sobre don
Quijote.

alguna, decidió hacerse armar caballero del primero que
encontrase, a imitación de otros muchos que así lo hicieron, según él había leído en los libros.

Casi todo aquel día caminó sin ocurrirle cosa extraor-
5 dinaria, de lo cual se desesperaba. Mirando a todas partes
por ver si descubriría algún castillo o alguna casa de
pastores° adonde retirarse, vio una venta° no lejos del   **pastores** *personas*
camino por donde iba.   *que cuidan de las*
                                                              ovejas
Estaban a la puerta dos mujeres de la clase baja, las   **venta** inn
10 cuales iban a Sevilla con unos arrieros° que pasaban aque- **arrieros** muleteers
lla noche en la venta. Como a nuestro aventurero todo lo
que pensaba, veía o imaginaba, le parecía ser hecho y
pasar al modo de lo que había leído, así que vio la venta
creyó que era un castillo. Se dirigió a la venta y a poca
15 distancia detuvo las riendas° a Rocinante, esperando que   **riendas** reins
algún enano° diese señal con alguna trompeta de que   **enano** *persona muy*
llegaba caballero al castillo. Pero como vio que se tarda-   *pequeña*
ban, y que Rocinante se daba prisa por llegar a la caballeriza, llegó a la puerta de la venta.

II

20 **E**n esto sucedió que un porquero° tocó un cuerno,° a   **porquero** swineherd
cuya señal sus puercos vienen. Al instante creyó don   **cuerno** horn
Quijote lo que deseaba, que era que algún enano hacía
señal de su venida; y así, con extraño contento llegó a la
venta y a las damas, las cuales, como vieron venir a un
25 hombre armado de aquel modo, estaban llenas de miedo y
se iban a entrar en la venta; pero don Quijote, con gentil
cara y voz tranquila, les dijo:—No huyan vuestras mer-
cedes,° ni teman agravio° alguno, porque en la orden de   **vuestras mercedes**
caballería que profeso, no se agravia a ninguno, especial-   *your graces*
30 mente a tan altas doncellas como vuestras presencias de-   **agravio** *ofensa*
muestran.

A aquel punto salió el ventero, hombre muy gordo y
muy pacífico. Viendo aquella figura extraña le dijo:—Si
vuestra merced, señor caballero, busca alojamiento° sin   **alojamiento** lodging
35 cama (porque en esta venta no hay ninguna), todo lo
demás se hallará en ella en mucha abundancia.

Viendo don Quijote la humildad del alcaide° de la for-   **alcaide** *guardián*
taleza (que tal le pareció a él el ventero y la venta) respondió:—Para mí, señor castellano, cualquier cosa basta.

estribo stirrup

En esto el ventero fue a tener del estribo° a don Quijote, el cual desmontó con mucha dificultad y trabajo porque todo aquel día no se había desayunado. Dijo luego al ventero que tuviese mucho cuidado de su caballo porque era el mejor animal que comía pan en el 5 mundo. Le miró el ventero y no le pareció tan bueno como don Quijote decía, ni aun la mitad. Acomodándole en la

huésped guest

caballeriza, volvió a ver lo que su huésped° mandaba.

III

Por casualidad llegó a la venta otro porquero. Así que llegó sonó su silbato cuatro o cinco veces, con lo cual le 10 pareció cierto a don Quijote que estaba en algún famoso castillo y que le servían con música, y que las mujeres eran altas damas, y el ventero castellano del castillo; y con esto estaba contento. Lo único que le disgustaba era el no verse armado caballero, porque le parecía que no podría 15 entrar legítimamente en aventura alguna sin recibir la orden de caballería.

Y así, perturbado de este pensamiento, llamó al ventero, y encerrándose con él en la caballeriza, se puso de rodillas ante él, diciéndole:—No me levantaré jamás de 20 donde estoy, valeroso caballero, hasta que vuestra cortesía

redundará *resultará*

me haga un favor que quiero pedirle, el cual redundará° en alabanza vuestra y en beneficio del género humano.

El ventero, que vio a su huésped a sus pies y oyó tales palabras, estaba confuso mirándole, sin saber qué hacer ni 25 decir. Le rogaba que se levantase; pero no lo hizo hasta que le prometió hacerle el favor que le pedía.

—No esperaba yo menos de la gran magnificencia vuestra, señor mío—respondió don Quijote;—y así, os digo que el favor que os he pedido, y de vuestra liberali- 30 dad me ha sido concedido, es que mañana me habéis de

capilla *iglesia pequeña*

armar caballero; y esta noche, en la capilla° de este vuestro castillo, velaré las armas, y mañana, como he dicho, se cumplirá lo que tanto deseo, para poder, como se debe, ir por todas las cuatro partes del mundo buscando aven- 35 turas.[2]

2   *Pregunta:* Describe lo que hizo don Quijote en la venta que revela que ha perdido la habilidad de ver y de entender la realidad.

Segunda salida: los molinos de viento

I

Don Quijote estuvo quince días° en casa muy tranquilo. **quince días** *dos*
Durante este tiempo, sus vecinos venían a visitarle. Entre   *semanas*
ellos había un labrador honrado y pobre y poco inteli-
5 gente. Tanto le dijo don Quijote, tanto le persuadió y
prometió, que el pobre labrador decidió salir con él y
servirle de escudero.° Don Quijote le decía, entre otras **escudero** *paje que*
cosas, que tal vez le podía suceder una aventura en que   *acompañaba a un*
   caballero
ganase alguna ínsula,° y le dejase a él por gobernador de **ínsula** *isla*
10 ella. Con estas promesas y otras tales, Sancho Panza (que
así se llamaba el labrador) dejó a su mujer e hijos y se hizo
escudero de su vecino. Don Quijote avisó a su escudero
del día y la hora que pensaba salir, y Sancho dijo que
pensaba llevar alforjas° y un asno° que tenía muy bueno. **alforjas** *comida para*
   el viaje
15 Don Quijote hizo provisión de camisas y de las demás   **asno** *burro*
cosas que él pudo, conforme al consejo que el ventero le
había dado. Todo lo cual hecho y cumplido, sin despedirse
Sancho Panza de sus hijos y mujer ni don Quijote de su
ama y sobrina, una noche salieron del lugar sin que nadie
20 los viese. Caminaron tanto aquella noche, que al amanecer estaban seguros de que no los hallarían aunque los
buscasen. Iba Sancho Panza sobre su burro como un
patriarca, con sus alforjas, y con muchos deseos de verse
gobernador de la ínsula que su señor le había prometido.
25 Don Quijote tomó la misma ruta y camino que él había
tomado en su primer viaje, que fue por el Campo de
Montiel; los dos iban hablando de la ínsula prometida, y
de si Teresa, la mujer de Sancho, podría ser reina o
condesa.° **condesa** countess

II

30 Dentro de poco, descubrieron treinta o cuarenta molinos de viento que hay en aquel campo; y así que don
Quijote los vio, dijo a su escudero:—La fortuna está
guiando nuestras cosas mejor de lo que deseáramos; porque ves allí, amigo Sancho Panza, donde se hallan treinta
35 o pocos más enormes gigantes,° con quienes pienso hacer **gigantes** *personas*
batalla y quitarles a todos la vida.   *muy grandes*

—¿Qué gigantes?—dijo Sancho Panza.

—Aquéllos que allí ves,—respondió su amo,—de los brazos largos, que los tienen algunos de casi dos leguas.

—Mire vuestra merced,—respondió Sancho,—que aquéllos que allí se parecen no son gigantes, sino molinos 5 de viento, y lo que en ellos parecen brazos son las aspas,° que, movidas por el viento, hacen andar la piedra del molino.

aspas: *cruz giratoria del molino de viento*

—Bien parece,—respondió don Quijote,—que no estás versado en las aventuras: ellos son gigantes; y si 10 tienes miedo, quítate de ahí porque yo voy a entrar con ellos en feroz batalla.

Y diciendo esto, dio de espuelas° a su caballo Rocinante, sin atender a los gritos que su escudero Sancho le daba, diciéndole que sin duda alguna eran molinos de 15 viento, y no gigantes, aquéllos que iba a atacar. Pero él estaba tan convencido de que eran gigantes, que no oía los gritos de su escudero Sancho, ni notó, aunque estaba ya muy cerca, lo que eran; al contrario, iba diciendo en voz alta:—No huyáis, cobardes° y viles criaturas; porque un 20 solo caballero es él que os ataca.

espuelas spurs

cobardes *personas con falta de valor*

III

Se levantó en esto un poco de viento, y las grandes aspas comenzaron a moverse; viendo lo cual don Quijote, dijo:—Pues aunque mováis más brazos que los del gigante Briareo, me lo habéis de pagar.   25

Y diciendo esto, y dedicándose de todo corazón a su señora Dulcinea pidiéndole que en tan peligroso momento le socorriese,° se precipitó a todo el galope de Rocinante, y atacó con la lanza al primer molino que estaba delante. El viento movió el molino con tanta furia, que hizo pe- 30 dazos la lanza, llevándose detrás de sí al caballo y al caballero, que fueron rodando por el campo. Acudió Sancho Panza a socorrerle a todo el correr de su asno, y cuando llegó, halló que no podía moverse.

socorriese *ayudara*

—¡Válgame Dios!°—dijo Sancho,—¿no le dije yo a 35 vuestra merced que mirase bien lo que hacía, que no eran sino molinos de viento?

Válgame Dios Good Heavens

—Calla, amigo Sancho,—respondió don Quijote;— que las cosas de la guerra más que otras están sujetas a

continua transformación. Por eso yo pienso que aquel
encantador Fristón que me robó los libros, ha vuelto estos
gigantes en molinos por quitarme la gloria de su venci-
miento; tal es la enemistad que me tiene; mas al fin, poco
5 han de poder sus malas artes contra la bondad de mi
espada.³

—Amén,—respondió Sancho Panza; y ayudándole a
levantarse, volvió a subir sobre Rocinante. Y hablando de
la pasada aventura, siguieron el camino.

IV

10 Decía don Quijote que en aquel camino no era posible
dejar de hallarse muchas y diversas aventuras, pero iba
muy melancólico por haber perdido la lanza. Le dijo
Sancho que era hora de comer. Le respondió su amo que,
aunque él no tenía apetito, Sancho podía comer cuando
15 quisiera. Con esta licencia, se acomodó Sancho lo mejor
que pudo sobre su burro, y sacando de las alforjas lo que
en ellas había puesto, iba caminando y comiendo detrás de
su amo, muy lentamente y con mucho gusto. Aquella
noche la pasaron entre unos árboles, y de uno de ellos
20 rompió don Quijote un ramo seco, que casi le podía servir
de lanza, y puso en él el hierro que quitó de la que se había
quebrado. Toda aquella noche no durmió don Quijote
pensando en su señora Dulcinea, según lo que había leído
en sus libros, cuando los caballeros pasaban sin dormir
25 muchas noches en el campo, confortados con las memorias de sus señoras. No la pasó así Sancho Panza, que
como tenía el estómago lleno, durmió mejor que nunca.
Le despertó su amo cuando los rayos del sol anunciaban la
llegada del nuevo día. Al levantarse, comió y bebió otra
30 vez, pero don Quijote no quiso desayunarse, porque prefería sustentarse con dulces memorias.

—Hoy tendremos grandes aventuras,—dijo don
Quijote,—pero aunque me veas en los mayores peligros
del mundo, hermano Sancho Panza, no has de poner mano
35 a tu espada para defenderme, a menos que veas que los
que me ofenden son canalla° y gente baja.

canalla *personas
despreciables y
malas*

---

3   *Preguntas:* ¿Qué vio don Quijote? ¿Qué vio Sancho Panza?

—Por cierto, señor,—respondió Sancho,—que vuestra merced será muy bien obedecido, porque yo soy naturalmente pacífico.

DESPUÉS DE LEER

Resumen

Escribe en español un resumen del último episodio, y ven a clase preparado(a) a presentárselo oralmente a un(a) compañero(a) de clase. Tu compañero(a) te dirá si te equivocas o si omites algún dato importante.

Uso de palabras

lugar	amor	venta
hidalgo	vencer	gigante
caballero	parecer	risa
locura	molino	enojo
juicio	pensamiento	subir
ínsula	armado caballero	bajar
socorrer	camino	escudero
caballero andante	tierra	gobernador
caballo		

Completa las siguientes oraciones empleando por lo menos una palabra de la lista.

1. Parece locura . . .

2. El amor es como . . .

3. La risa . . .

4. El enojo . . .

5. Un caballero . . .

6. Subir en avión me . . .

7. Socorrer a los amigos . . .

Inventa siete más oraciones incompletas empleando
palabras de la lista. Da las oraciones incompletas a un(a)
compañero(a) de clase para que las complete.

Pensar y comentar

Sancho Panza
¿Cómo es Sancho? ¿Dónde vive? ¿Cuál es su oficio con
don Quijote? ¿Por qué le prometió a don Quijote servirlo?
¿Cómo andaba él? ¿Por qué andaba así? ¿Qué opinión
tenía de su mujer? ¿Pudo ver Sancho a los gigantes que vio
don Quijote? ¿Qué vio él?

don Quijote
Describe a don Quijote físicamente y psicológicamente.
¿Cuál era su actividad favorita? ¿Qué le pasó como
resultado de esta actividad? ¿En qué creía? ¿Qué quería
ser? ¿Qué quería hacer? ¿Qué le hacía falta antes de
comenzar sus aventuras? Durante las salidas, ¿cómo sabía
a dónde iba? ¿Cómo se imaginaba la venta? ¿Cómo
reaccionaron las doncellas al verlo? ¿Por qué era necesario
tener un escudero? ¿Por qué atacó los molinos de viento?
¿Cómo explicó lo que había pasado?

Simbolismo
¿Cuáles son las características principales de don Quijote
y de Sancho Panza? ¿Qué tipo de hombre representa cada
uno de ellos? ¿Qué representan los libros de caballería?

Niveles de interpretación
A un nivel *Don Quijote* es una novela de las aventuras de
un loco con su escudero poco inteligente. Describe y
comenta los otros posibles niveles.

Tema
¿Qué recibe don Quijote a cambio de sus esfuerzos por
deshacer «todo género de ofensas» y lograr «eterno
nombre y fama»? ¿Qué le pasó a Sancho? ¿Crees que el
autor dice al lector que está bien o que está mal ser como
don Quijote? ¿Está bien o está mal ser como Sancho
Panza? ¿Es bueno o malo leer todo el tiempo?

Humorismo
Indica las escenas cómicas en estas tres selecciones.

Otros puntos de discusión
Comenta los siguientes contrastes en estas selecciones:

1. Entre la vida de don Quijote antes y después de leer los libros de caballería
2. Entre lo que ve don Quijote y la realidad
3. Entre los objetivos de don Quijote y los de Sancho
4. Entre los objetivos de don Quijote y los resultados
5. Entre lo que espera la sociedad y las acciones de don Quijote
6. Entre lo cómico y lo triste en las acciones de don Quijote

Reacción personal
¿Qué piensas de don Quijote? ¿de Sancho Panza? ¿Eres tú más idealista, como don Quijote, o más realista, como Sancho? ¿Tienes otra(s) idea(s) que quieras comentar con la clase?

Temas

A. Durante la vida los intereses, las creencias, las actitudes, y los objetivos de un individuo cambian mucho. Describe los cambios de tu vida. ¿En qué sentido eres diferente actualmente de lo que eras antes? Por ejemplo, ¿qué te gusta y qué haces que no te gustaba ni hacías antes y viceversa?

B. Comenta la «locura» de don Quijote. ¿Qué decía y qué hacía que les daba la impresión de locura a los otros y al lector? ¿Qué sentimientos, pensamientos, y objetivos tenía que eran los de una persona noble y admirable? ¿Qué le pasaría a un idealista como don Quijote hoy en día?

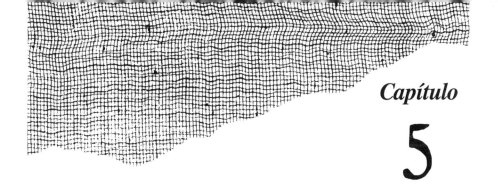

Héctor Max

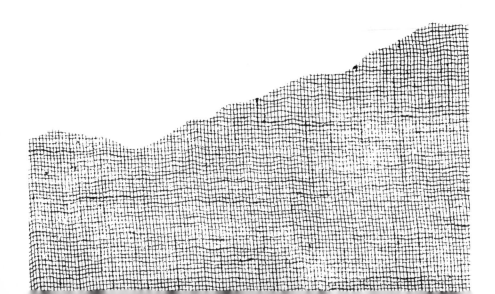

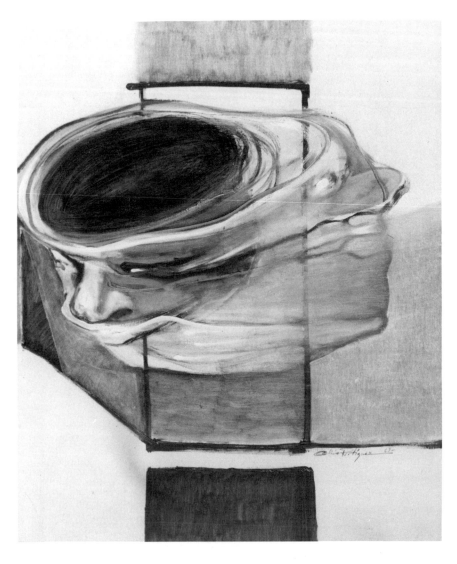

RODRIGUEZ, Alirio. *Proposición de una Cabeza a la Velocidad del Rojo (Proposal for a Head at the Speed of Red)*. 1968. Oil on canvas. 29 x 24 (74 x 61). Art Museum of the Americas, OAS, Washington, DC. Purchase Fund, 1969.

ANTES DE LEER

Introducción

Al comienzo de este cuento un criado entra en la casa casi corriendo para relatar al narrador las noticias extraordinarias que circulan por el pueblo. Jaime vuelve al pueblo después de hacerse famoso y los habitantes van a organizar innumerables festejos en su honor.

Estas noticias hacen pensar al narrador y durante el resto del cuento la autora nos describe lo que piensa y lo que siente el narrador al saber que su amigo Jaime vuelve glorioso para recibir el aplauso y la admiración de la gente que conocía en su juventud.

1. Piensa en tu niñez y en tus sueños de niño. Describe lo que querías hacer y lo que querías ser. Relata lo que querían hacer y ser tus amigos.

2. Piensa en un encuentro con un viejo amigo que llevas mucho tiempo sin ver. Describe tus sentimientos y lo que pasa.

3. Define la palabra «éxito». Compara tu definición con la de tus compañeros.

Vocabulario

A. Palabras afines

Muchas palabras en español y en inglés tienen el mismo origen lingüístico. Por lo tanto, ya sabes el significado de muchas palabras que se encuentran en esta obra. Da el equivalente en inglés de las siguientes palabras afines.

novedades, informado, interesar, entrando, estudio, continuación, máquina, interrogante, exclamado, aire, triunfante, instante, terminó, proyectamos, gloria, notó, abandonado, organizar, honor, placa, nombrado, innumerables, fiestas, igual, concluído, sostener, contento, satisfacción, imposible, habitación, pipa, suspendida, exterior, panorama, extenso, intenso, inmenso, cruzan, ilimitado, horizonte, contemplando, ilusiones, ambiciones,

posible, obstáculos, encontrando, imaginación, exaltada,
triunfo, comentábamos, completa, interno, prometí,
triunfado, paciencia, valor, miseria, privaciones, arriesgarse, final, planes, proyectos, capital, perdonado,
deserción, íntimo, triunfante, famoso, universalmente,
imagino, rápido, desmoralizado, desesperado, desertar,
mérito, compensación, envidio, paciente, literaria,
vocación, ideal, renunciar, gratuitamente, sacrificio,
resignarme, temas, ideas, realidad, contingencias,
continué, sistemáticamente, monstruoso, estilo, forma,
comienzo, intentaba, violencia, costó, sufrí, acostumbré,
editor, decidiera, publicar, título, estúpida, historia,
inventé, explosiva, pistoleros, intención, dedicarme,
auténtico, inmerso, novelas, curado, droga, ocurrido,
suficiente, sitio, ironías, renunciar, produce, satisfacción,
creador, pena, continuo, fatiga, atrofia, torturan, creas,
impotente, millonario, remotamente, relaciones,
continuamente, prefiero, literatura, compasión, profunda,
vehemente, preparativos, descendido, regresado, deseo,
potente, domina

B. Palabras con raíces similares

En el caso de muchas palabras de esta obra, la palabra
española y la palabra inglesa tienen raíces muy parecidas
en cuanto a la forma y al significado. Estudia las tres
siguientes listas. Para cada palabra española de la lista a la
izquierda, escoge de la segunda lista la palabra asociada
inglesa. Luego, de la tercera lista escoge el significado en
inglés de la palabra española.

1. noticias	A. carnivorous	a. to change direction
2. circular	B. notices	b. to long for
3. ansiar	C. deviate	c. meat
4. jurar	D. treason	d. to go around
5. envidia	E. circulate	e. envy
6. desviar	F. envious	f. to swear
7. traicionar	G. jury	g. news
8. carne	H. anxious	h. to betray

C. Palabras relacionadas

En el caso de aun otras palabras de esta obra, se puede
deducir el significado pensando en otras palabras relacionadas en español. Por ejemplo, si no entiendes la palabra
encuentro, puedes deducir su significado pensando en el
verbo *encontrar.* Busca las palabras relacionadas con las de
la siguiente lista. ¿Qué significan en inglés la palabra dada
y la palabra relacionada?

1. Una palabra relacionada con «silla», en la página 77
   línea 5

2. Con «interrogar», en la página 77 línea 5

3. Con «terminar», en la página 77 línea 12

4. Con «fiesta», en la página 77 línea 26

5. Con «triste», en la página 79 línea 6

6. Con «des, esperar», en la página 79 línea 30

7. Con «entre, ver», en la página 80 línea 3

8. Con «dolor, descubrir», en la página 81 línea 4

9. Con «bien, decir» y «mal, decir», en la página 81
   línea 24

10. Con «brazo», en la página 83 líneas 25–26

Preguntas

Es más eficiente leer con propósito, en especial la primera
vez. Por eso, lee buscando las respuestas a las siguientes
preguntas. Si no sabes el significado de una palabra y
si no puedes deducirlo pensando en palabras afines,
palabras con raíces similares, ni palabras relacionadas,
búscalo en el glosario.

El vocabulario de las preguntas y de las respuestas
incluye la mayoría de las palabras claves para entender la
obra.

1. ¿Quién viene al pueblo?

2. ¿Cómo lo va a recibir la gente del pueblo?

3. ¿Cuándo eran amigos Jaime y el narrador?

4. ¿Cuáles eran sus sueños juveniles?

5. ¿Qué cosa material quería el narrador?

6. ¿Por qué no pudo vender sus manuscritos al principio?
7. ¿Cómo cambió su manera de escribir?
8. ¿Dónde vive el narrador?
9. ¿Qué hizo Jaime con su vida?
10. ¿Qué decide hacer el narrador antes de que llegue su
    amigo al pueblo?

Héctor Max

María Manuela Dolón

*Nacida en Ceúta, España, en el norte de Africa. Comenzó a escribir cuando
tenía sólo doce años. Se publicó su primer cuento cuando tenía veinte
y dos años. Sigue viviendo en España en Ceúta, y sigue como escritora
productiva y premiada.*
Ha publicado alrededor de 120 cuentos en revistas como La Estafeta,
Blanco y Negro, Tribuna Médica, Ama, Dunia, Galerías, Lecturas,
Shampoo, *y varios periódicos como* Arriba, Diario Regional, *y* El Faro de
Ceúta. *Ha ganado un impresionante número de premios en varios concursos
de cuentos. En 1991 ha sido premiada con un Accesit en los V Juegos
Florales Ciudad del Sol de la Real Academia de Ciencias, Bellas Artes y
Buenas Letras Velez de Guevara de Ecija. «Héctor Max» recibió
el premio Villa de Paterna en 1973.*

Apenas bajo al pueblo. Las noticias que circulan por él,
las pocas novedades que de vez en cuando hay en él, me
vienen únicamente por conducto de mi criado que se

se afana en *trata de* afana, el pobre, en° tenerme informado de cuanto él juzga
me puede interesar.   5
　　　　Hoy ha subido la escalinata de piedra que llega hasta
jadeante *respirando* la casa, jadeante,° casi corriendo, porque según me dice
con dificultad
de sopetón *de* entrando de sopetón° en mi estudio, me trae una noticia
repente que me va a alegrar muchísimo.

—¿Sabe usted lo que están haciendo en el pueblo?
. . . ¿Sabe usted quién va a venir . . . ?—me ha dicho a
continuación, atropelladamente,° sin resuello° todavía.   **atropelladamente**
Yo he dejado de teclear en la máquina, me he reparti-   *precipitadamente*
                                                                           resuello *respiración*
5 gado° en el sillón y le he mirado interrogante, esperando.   **repantigado**
—¡Pues su amigo! ¡Su amigo Jaime!—ha exclamado   *stretched out*
con aire triunfante. Y después ha añadido:—¿Se acuerda
usted de él . . . ?[1]
Este viejo criado mío está chocheando° ya. ¡Pues no   **chocheando** *acting*
10 dice si me acuerdo de él . . . ! No he olvidado a Jaime ni   *senile*
un solo instante de estos treinta años que han transcurrido°   **transcurrido** *pasado*
desde que se marchó en ese viaje sin término que proyec-
tamos hacer juntos.
Mis ojos se han ido derechos al ventanal desde donde
15 sólo se divisa° el cielo y el mar. Por ese mar has de venir,   **divisa** *percibe*
Jaime. Por ese mar que soñamos surcar° juntos para ir en   **surcar** *viajar*
busca de la gloria . . .
Noto que los recuerdos van a empezar a acosarme.°   **acosar** *perseguir*
Los recuerdos que jamás me han abandonado del todo,
20 pero que ahora, de pronto, me duelen más rabiosamente
que nunca.
Le pregunto al criado:
—¿Y cómo te has enterado tú que viene . . . ?
—¿Qué cómo me he enterado . . . ? ¡Pues menudo
25 revuelo° hay en el pueblo para no enterarse uno . . . !   **revuelo** *agitación*
Usted no sabe la de festejos que se van a organizar en su
honor. Ya están colocando una placa de mármol en la casa
donde nació. La van a descubrir° cuando él llegue. El ayun-   **descubrir** *to*
tamiento° le ha nombrado hijo predilecto,° y va a haber   *uncover, unveil*
                                                                           ayuntamiento
30 salvas,° discursos e innumerables fiestas en su honor. En   *corporación que*
fin, que va a ser igual que si viniera un rey—ha concluído.   *gobierna un*
Yo he sonreído. Esa es la gloria, Jaime. La gloria que   *municipio*
                                                                           predilecto *favorito*
tú ansiabas. La gloria que ansiaba yo. Mucho habíamos   **salvas** *saludos*
soñado con ella. ¿Te acuerdas? Tú ya la has alcanzado. ¿Y
35 a qué sabe la gloria, Jaime? ¿Qué se siente poseyén-
dola . . . ? No sé si me atreveré a preguntártelo cuando te
vea. Tal vez no me atreva ni a mirarte, Jaime. Ni a
ponerme frente a ti, ni a sostener tu penetrante mirada.
—¿Está usted contento con la noticia que le he traído
40 hoy?—Y mi viejo criado me sonríe con satisfacción.

---

1 *Pregunta:* ¿Cómo va a reaccionar el narrador ante esta noticia?

de golpe *de pronto*   Su voz es como si me hubiera despertado de golpe.°
Como si hubiera esperado cual palomas a mis pensa-
mientos.
—Sí, claro—le he respondido—. Es una agradable
noticia la que me has dado. Gracias—y me he puesto 5
seguidamente de pie.
Sé que hoy ya no podré seguir escribiendo. Que me
sería imposible escribir más.
El criado ha salido de la habitación. Yo he recogido
mis papeles, he enfundado la máquina. Luego he encen- 10
dido mi pipa y he salido afuera a fumarla.
Desde el ventanal del estudio sólo se divisa el mar y el
cielo como si la casa estuviese suspendida en una nube.
Pero desde el exterior el panorama es más extenso. Se ve

colina *elevación de* toda la colina° que escalonada llega hasta el mismo borde 15
terreno del mar. Se ve todo el monte, hoy de un verde fuerte e

trepando *subiendo* intenso. Se ven los árboles trepando° hacia la cima.° Se ve
cima *lo más alto* el pueblo a lo lejos, pequeño, apretado, muy blanco y con

tejados *partes* sus tejados° grises, verdosos, rojizos . . . Y allá abajo,
exteriores y allá al fondo, se ve por último el mar inmenso y a los 20
superiores de un buques que de vez en cuando lo cruzan y que luego se
edificio pierden en el ilimitado horizonte.
Contemplando el mar, el mar de nuestros sueños e
ilusiones, no puedo evitar recordar nuestra juventud,
Jaime. Cuando éramos muy jóvenes, muy locos, y está- 25

quimeras *fantasías* bamos llenos de ambiciones y quimeras.° ¿Te acuerdas tú,
también, Jaime? Ansiábamos conquistar el mundo. Nos
parecía fácil, posible, ¿por qué no? Aún no conocíamos
nada de la vida. No sabíamos nada de los obstáculos, de

fracasos *failures* los fracasos,° de las derrotas° que puede uno ir encon- 30
derrotas *defeats* trando a cada paso en su camino. Estábamos muy seguros
de nosotros mismos y nada ni nadie podía detener a nues-
tra imaginación exaltada ni a nuestras ambiciones de
triunfo. No había nada imposible para nosotros entonces,
¿te acuerdas, Jaime?   35
He suspirado de pronto, y he vuelto la vista atrás. He
contemplado mi casa. Y me he acordado de cuando pa-
seando tú y yo por estos alrededores, en aquellas eternas

caminatas *viajes* caminatas,° la veíamos a lo lejos y comentábamos lo bien
cortos que se tenía que escribir aquí, en completa soledad, ro- 40
deado sólo de mar y cielo. Recuerdo que ya entonces, en

fuero *conciencia* mi fuero° interno, aunque nunca te lo dije tal vez, me

prometí a mí mismo que esta casa algún día habría de ser
mía. No sabía cómo ni cuándo . . . Pero un día yo sería
su dueño; yo viviría y escribiría aquí. Y lo he logrado,
Jaime. Ya ves que yo también, a mi modo, he triunfado.
5 ¿No es, acaso, triunfo el dinero? Parece que te veo. Parece que oigo tu voz entristecida diciéndome: «Pero eso
no era solamente lo que tú querías, Antonio . . .». De
acuerdo, Jaime. De acuerdo. Pero, ¡qué quieres! No tuve
paciencia, no tuve valor. Fui cobarde. Tuve miedo al
10 hambre, a la miseria, a las privaciones, a todo eso, a lo
que nos íbamos a exponer. Me aterró la lucha que íbamos
a emprender. Me asustó el largo camino que teníamos que
recorrer. No tuve coraje para luchar, para esperar. Había
que atreverse, había que arriesgarse, y no me atreví. ¿Y si
15 nunca alcanzamos la meta?—me pregunté de pronto. Y al
final, después de tantos años haciendo planes y proyectos
sobre nuestro viaje a la capital a la conquista de la gloria,
te abandoné dejándote marchar solo. No sé si me habrás
perdonado del todo mi deserción de entonces. Yo, te lo
20 juro, en lo más íntimo de mi alma no me lo he perdonado
ni me lo perdonaré mientras viva. Pero nunca, nunca me
ha dolido tanto, me ha hecho tanto daño este recuerdo
como hoy que se ha avivado al enterarme que vuelves, y
que vuelves triunfante, famoso, con un nombre que suena
25 ya universalmente.[2]
  Me imagino que habrás tenido que luchar duro para
conseguirlo. Porque tu triunfo—como todo triunfo verda-
dero—no fue fácil ni rápido. No en balde° te ha costado **en balde** in vain
años, casi la vida entera obtenerlo. Y que acaso más de
30 una vez, sintiéndote desmoralizado, desesperado, pen-
saras tú también en desertar. ¿No es cierto, Jaime? Pero no
lo hiciste, no te dejaste vencer ni amilanar° por nada y ahí **amilanar** *asustar*
radica° tu grandeza, tu mérito y tu compensación. ¡Cómo **radica** *se halla*
te envidio, Jaime! ¡Cómo envidio tu tesón° y voluntad! Tu **tesón** *firmeza*
35 paciente y laboriosa espera hasta conquistar lo que te
propusiste lograr cuando eras muchacho. Cuando éramos
muchachos los dos y no hablábamos de otra cosa que de
los libros que pensábamos escribir, de la gloria que
íbamos a alcanzar . . . La gloria que tú ya has alcanzado,
40 Jaime. No te desviaste ni un ápice° de tu camino, de la **ni un ápice** not at all

2 *Pregunta:* ¿De qué se acuerda el narrador?

meta que te fijaste entonces. Lo sé bien porque he leído
todos tus libros. He seguido tu carrera literaria por los
revistas magazines   periódicos, por las revistas° y por las entrevistas que te
han hecho a lo largo de todos estos años. Y he visto cuán
fiel has sido a tu vocación y a tu ideal. Quizá para triunfar   5
hayas tenido que renunciar a muchas cosas. No se da nada
gratuitamente. Pero, ¿no he renunciado yo también,
Jaime? Sí, yo he renunciado a lo que más quería. A mi
vocación de escritor. ¿Es que no ha sido para mí un duro
sacrificio ahogar mis sueños, mis ambiciones, ahogar a   10
argumentos plots   mis personajes, mis argumentos,° todo lo que me bullía°
bullía was boiling   en la cabeza entonces y resignarme a escribir como ahora
escribo, palabras, sólo palabras, palabras sin alma, sin
huecas hollow   pensamientos, palabras vacías y huecas . . . ?° ¡Ay, aquellos libros que yo pensaba hacer! ¡Ay, aquellos temas,   15
hervían were boiling   aquellas ideas que me hervían° en el cerebro! Todo se
agostó withered   secó, Jaime. Todo se agostó.° Ya nada queda de aquello.
De tantos sueños y tantas ambiciones. La realidad se
impuso. La crudeza de la vida me despertó. A las pri-
encogí puse tímido   meras derrotas me asusté. Me encogí.° ¿Es que, acaso, no   20
era tan fuerte como la tuya mi vocación? me pregunto
ahora y me lo he preguntado miles de veces más. ¿Qué me
pasó entonces, Jaime, qué me pasó? Yo era tan buen
escritor como tú. O acaso más, ¿te acuerdas? Pero me
faltó voluntad, tesón para seguir a pesar de todas las   25
falló fue deficiente   contingencias, a pesar de los obstáculos. Sí, me falló° la
voluntad . . .³
      ¿Y sabes, Jaime, amigo, cómo empezó todo? Des-
pués que tú te fuiste continué escribiendo. Pero empecé a
desfallecer   desfallecer,° a sentir un atroz desaliento° al ver que mis   30
debilitarse   cuentos, mis trabajos, me los rechazaban sistemática-
desaliento falta de   mente por ser un desconocido. Y también porque estaban
esfuerzo   demasiado bien escritos, según llegaron a decirme más de
una vez al devolvérmelos, ¿sabes? ¿Y no era cruel eso,
Jaime, no era monstruoso? Me propuse escribir cada día   35
peor. No preocuparme del estilo ni del idioma ni de la
forma. Un día, lo recuerdo muy bien, entré en la librería
del pueblo y advertí con tristeza que cuantas personas entraban allí lo hacían solamente para comprar noveluchas
baratas, noveluchas de esas que están muy mal escritas y   40

3   *Pregunta:* ¿Qué ha pasado en la vida de Jaime?

peor pergueñadas.° Pensé que los autores de semejantes
engendros° se hinchaban de ganar dinero mientras nosotros, los verdaderos escritores, nos moríamos de asco° y
hastío.° Fue un doloroso descubrimiento aquél, no creas.
5 Pero fue el comienzo de todo. ¿Y si yo intentaba escribir
algo parecido para ganar dinero?—me dije—. No lo pensé
mucho aunque tú no sabes lo que me repugnaba hacerlo.
La violencia que me tuve que hacer. No era eso lo mío,
no, y me costó un esfuerzo inaudito. Me parecía que me
10 estaba prostituyendo, que me vendía, que estaba traicio-
nando a algo o a alguien. ¡Oh, aquellos terribles días en
los que escribí mi primera novela mala! No quiero acordarme lo que sufrí. Pero eso fue solamente al principio.
Después me acostumbré. A todo acaba acostumbrándose
15 uno, Jaime. Y el dinero es agradable, el dinero hace falta
para vivir, Jaime. Y yo no podía pasarme toda mi vida
esperando un premio que a lo peor nunca llegaba, o aguar-
dando a que un editor se decidiera al fin a publicar mis
trabajos. No, yo tenía que comer todos los días. ¿Com-
20 prendes, Jaime? He olvidado completamente el título que
le puse a aquella estúpida historia que inventé en la que
salía una rubia explosiva y unos pistoleros. Pero fueron las
primeras diez mil pesetas que gané escribiendo. No sé si
bendije o por el contrario maldije a aquel desconocido
25 editor que me las proporcionaba. No obstante mi intención era solamente ganar algún dinero para poder dedicarme de lleno,° más tarde, a lo que yo verdaderamente
quería y sentía. Es decir, que en mí habría dos personas, el
fabulador° de idioteces y el escritor de verdad, el creador
30 auténtico que yo era. Pero, ¡ay! Jaime, me vi de pronto
inmerso en la fiebre que da el dinero. Y seguí, seguí
escribiendo aquella clase de novelas y seguí, seguí ganando dinero. Empecé a encontrarle gusto a la riqueza, yo
que nunca había tenido nada. Y ya nada pudo detenerme.
35 Pero no creas que me sentía contento ni orgulloso. No, no
lo estaba. Sentía una tristeza, una amargura tremenda que
todavía no se me ha curado ni jamás se me curará del todo.
Pero el dinero también puede ser como el vino que te
emborracha° o como la droga que te adormece y te hace
40 soñar. Más, más, quieres más, y ya sólo vives para ello.
Eso me ha ocurrido a mí.
Al poco tiempo me vi con dinero suficiente para com-

pergueñadas
ejecutadas
engendros *obras mal
ideadas*
asco *cosa que
repugna*
hastío *disgusto*

de lleno
completamente

fabulador *autor de
fábulas*

emborracha
intoxicates

prar la casa de la colina. La casa en la que desde muchacho soñaba como el sitio ideal para escribir. Pero, ¡ya ves!
ironías de la vida, escribo, sí, ¡pero qué cosas, Señor, qué

filón de oro gold
mine
galeoto galley slave

cosas . . . ! ¿Más voy a renunciar al filón de oro,° ahora?
No puedo. Es cierto que parezco un galeoto.° Que trabajo   5
muy duramente. Y que me es más difícil escribir mal que
bien. Porque es forzado, porque no lo siento ni me sale del
alma ni me ha nacido dentro. Tampoco te produce satisfacción como cuando escribes una bella página ni te hace
sentirse creador . . . Así que cada novela que hago es a   10

parir crear

costa de parirla° trabajosamente. A menudo me asalta el
pensamiento de si merecerá la pena tanto esfuerzo. Pero
continuo escribiendo. Me paso todo el día sentado ante la
máquina. Lo dejo solamente cuando siento que el cansan-

agarrota retarda

cio agarrota° mis dedos, cuando la fatiga atrofia mi mente.   15
Descanso un rato y vuelvo después a la tarea. Es dinero,

desperdiciar
malgastar

dinero lo que yo escribo y no debo desperdiciarlo,° ¿verdad, Jaime?[4]

No obstante, a veces, Jaime, todavía alguna vez me
torturan mis antiguos y olvidados personajes y me hacen   20

martillearan were
hammering

daño en el cerebro como si me martillearan° exigiéndome
salir. Aquellos personajes que yo sentía vivos, palpitantes
y sólo me pedían que les hiciera nacer. Y que yo ahogué
dentro de mí. Sí, amigo, que yo ahogué. Pero no puedo
hacer nada ya por ellos. Es demasiado tarde. No sabría.   25
No podría. He olvidado escribir bien. Ya no sé. Si nacie-
ran ahora serían monstruos. Tanto tiempo los he tenido
dentro de mí. Me he acostumbrado, además, a mis nuevos

cartón cardboard

personajes de cartón,° no humanos, no de carne como los
que tú creas, como los que yo quería crear. Y ya me siento   30
impotente de hacer otra cosa.

¿Has oído hablar de «Héctor Max»? ¿El famoso, a su
modo, escritorzuelo que se ha hecho millonario escribiendo cada semana una novela del Oeste sin haber ido ni
haber visto jamás el Oeste? Seguro que no. Y si has oído,   35
ni remotamente lo relacionarías conmigo, ¿verdad? Gracias, Jaime. Y sin embargo ése soy yo, aquel° mismo
muchacho que hace treinta años soñaba con alcanzar la
gloria literaria. Pero nadie lo sabe. A nadie se lo he dicho.

avergüenzo feel
ashamed

Me avergüenzo° íntimamente de ello. ¡Ah, sí, cómo me   40

4   *Pregunta:* ¿Qué ha pasado en la vida del narrador?

avergüenzo! Y ni siquiera mi criado, que me ve escribir continuamente, puede sospechar una cosa así. Tampoco te lo diré a ti, Jaime. No, no te lo diré. No quiero que lo sepas. Prefiero que creas que abandoné la literatura años
5 ya porque no logré triunfar. No quiero tu compasión, Jaime. No quiero oír tu voz queda,° profunda y apenada° al decirme: «Antonio, Antonio, ¿cómo has podido hacer eso . . . ?»[5]

queda *tranquila*
apenada *de pena*

De pronto he sentido el vehemente deseo de bajar al
10 pueblo. De ver los preparativos que están haciendo para tu llegada. He descendido los escalones de piedra, de prisa. He llegado al pueblo. Me he detenido ante la casa donde naciste. Unos hombres están terminando de colocar la lápida.° Es una lápida hermosa, grande, como no hay otra
15 igual en el pueblo. Leo:

lápida *piedra en que se graba una inscripción*

«Aquí nació hace cincuenta años el insigne° y pre-
claro° escritor, gloria de nuestras Letras, Jaime Torrel. Tu pueblo en homenaje, 1972.»

insigne *distinguido*
preclaro *famoso*

Me he quedado mucho tiempo contemplándola. ¿Es
20 eso la gloria, Jaime? ¿La gloria con la que soñábamos los dos cuando éramos muchachos . . . ? La pipa hace rato que se me ha apagado y ni me he dado cuenta. Pensativo, despacio, he dado la vuelta y he regresado a casa.

Mañana llegas, Jaime. Me lo acaba de decir mi
25 criado. ¡Si supieras cuánto deseo verte, volver a abra-
zarte . . . ! Es un anhelo° fuerte, potente que me domina, pero al que voy a renunciar. Porque hoy, ahora mismo, salgo de viaje, Jaime. No sé todavía a dónde ni por cuánto tiempo. Sólo sé que no quiero encontrarme contigo
30 cuando vengas, aunque mi corazón lo desee tan ardiente-
mente. ¿Pero, lo comprendes, verdad, querido amigo . . . ? Perdóname si una vez más te defraudo. Si una vez más deserto, Jaime . . .

anhelo *deseo vehemente*

---

[5] *Pregunta:* ¿Cómo se siente el narrador?

DESPUÉS DE LEER

Resumen

Escribe en español un resumen de este cuento y ven a clase preparado(a) a presentárselo oralmente a un(a) compañero(a) de clase. Tu compañero(a) te dirá si te equivocas o si omites algún dato importante.

Uso de palabras

De estas veinticuatro palabras escoge quince, o más, con que escribir quince oraciones sobre tu situación personal, tus sueños de niño o tus metas de estudiante universitario(a).

noticias	ansiar	de entonces	derrota
acordarse de	triunfar	coraje	voluntad
recuerdos	alcanzar	esperar	triste
soñar	gloria	lograr	novelucha
atreverse	de acuerdo	meta	acostumbrarse
sueños	camino	duro	ahogar

Pensar y comentar

El narrador
Describe su juventud y sus relaciones con Jaime. ¿Cómo se llama? ¿Dónde vive? ¿Cómo vive? En tu opinión, ¿cuántos años tiene? De sus metas en la vida, ¿cuáles ha alcanzado? ¿Cuáles no ha alcanzado? ¿Qué piensa de su amigo Jaime? ¿Qué piensa de los libros que el mismo ha escrito? ¿Qué piensa de sí mismo? ¿Por qué sale del pueblo antes de que llegue Jaime?

Jaime
Describe la juventud de Jaime según la información y las implicaciones de esa información. Describe las relaciones entre Jaime y Antonio durante su juventud. ¿Cuál es la

profesión de Jaime? ¿Es conocido? ¿Por qué hacen tantos planes los habitantes del pueblo?

Héctor Max
¿Quién es? ¿Qué tipo de persona es? ¿Qué hace bien? ¿Tiene éxito en la vida?

La casa
¿Dónde está? ¿Por qué la quería tanto el narrador?

Simbolismo
¿Qué representa el escribir para los dos jóvenes? ¿Qué representa Jaime para el narrador? ¿Qué tipo de persona representa el narrador? ¿Qué simboliza la casa en los sueños de Antonio? Contrasta la casa de Antonio con la placa de Jaime.

Tema
¿Por qué no está contento el narrador? ¿Qué aspectos de su carácter fueron la causa de abandonar sus sueños? ¿Qué obtuvo por abandonar sus sueños? ¿Qué perdió por abandonarlos? En tu opinión, ¿qué nos dice la autora?

Otros puntos de discusión
¿En qué consiste el éxito, o la gloria, según este cuento? ¿En qué sentido es éste un cuento triste?

Reacción personal
¿Tiene razón el narrador cuando dice que Jaime tiene la gloria y él no? ¿Es realista este personaje? Explica tus respuestas.

¿Con qué sentimiento terminaste el cuento? ¿Qué piensas del cuento? ¿Tienes otra(s) idea(s) que quieras relatar a la clase?

Temas

A. Comenta los sueños de los jóvenes de hoy en día. ¿Cómo cambian los sueños cuando uno pasa de la escuela elemental a la escuela secundaria y finalmente a la universidad?

B. ¿Cómo define el éxito la sociedad contemporánea?
¿Cómo lo definen tú y tus amigos? ¿Cuáles son otras
posibles definiciones del éxito?

Algunas *Rimas* de Bécquer

PELAEZ, Amelia. *Mar Pacífico (The Hibiscus)*. 1943. Oil and canvas. 45 1/2 x 35 (115.5 x 89.5 cm). Art Museum of the Americas, OAS, Washington, DC. Gift of IBM, 1969.

ANTES DE LEER

Introducción

En este capítulo hay seis *Rimas* de Bécquer, cuya poesía combina elementos de la poesía romántica y el cantar popular andaluz. Lo más importante en su poesía son los sentimientos del poeta. En ese sentido su poesía refleja más su alma que su cerebro.

Bécquer mismo dijo que un poeta no debe escribir sino cuando el espíritu siente la necesidad de dar a luz lo que ha creado en el corazón. Así, expresa de una manera bella y original el amor y el sufrimiento de su alma.

1. En la *Rima* VII hay cuatro imágenes: el arpa olvidada, el pájaro dormido, la mano de nieve y el alma como el de Lázaro. (Recuerda que Lázaro fue el muerto de la *Biblia* que Jesús reanimó.) Comenta las semejanzas entre estas cuatro imágenes.

2. En la *Rima* XXI el poeta habla de la poesía. Da tu definición personal para «poesía». Describe tu actitud hacia la poesía. Piensa en algunas imágenes para representar la poesía.

3. En la *Rima* XXIV el poeta piensa en cosas que se pueden combinar para formar sólo una cosa. Por ejemplo, dos brisas se mezclan y se convierten en una. Lo mismo pasa con los ríos. Señala otros ejemplos.

4. En la *Rima* XXX el poeta habla de una riña entre dos novios. Describe lo que pasa cuando dos novios se pelean y no pueden reconciliarse.

5. En la *Rima* XXXVIII el poeta describe el fin de un amor. Se dice que «el amor muere». Comenta si es verdad o no. Justifica tu opinión con ejemplos.

6. En la *Rima* XLI el poeta describe la relación entre los novios. Piensa en las cosas que no se mezclan, que pueden existir juntos sin mezclar. Por ejemplo, el aceite no se mezcla con el agua. La madera no puede existir con el fuego. Nombra otros ejemplos de la química, de la naturaleza o de la vida.

Vocabulario

A. Palabras afines

Muchas palabras en español y en inglés tienen el mismo
origen lingüístico. Por lo tanto, ya sabes el significado de
muchas palabras que se encuentran en estas *Rimas*. Da
el equivalente en inglés de las siguientes palabras afines.

ángulo, silenciosa, arpa, nota, voz, poesía, pupila, tronco,
formar, espacio, armonioso, vapor, idea, eco, frase,
perdón, expirar, mutuo, aire, huracán, torre, océano, roca,
firme, acostumbrado, inevitable

B. Palabras con raíces similares

En el caso de otras palabras de estas *Rimas,* la palabra
española y la palabra inglesa tienen raíces muy parecidas
en cuanto a la forma y al significado. Estudia las tres
siguientes listas. Para cada palabra española de la lista a la
izquierda, escoge de la segunda lista la palabra asociada
inglesa. Luego, de la tercera lista escoge el significado en
inglés de la palabra española.

1. oscuro	A. genius	a. to die
2. mano	B. dormant	b. blue
3. dormir	C. temporary	c. to think
4. pensar	D. obscure	d. hand
5. genio	E. maritime	e. dark
6. azul	F. to confound	f. to meet
7. aproximarse	G. amorous	g. sea
8. tiempo	H. manual	h. to sleep
9. encontrarse	I. pensive	i. love
10. morir	J. azure	j. to mix up
11. confundirse	K. approximate	k. time
12. amor	L. mortal	l. to come close
13. mar	M. encounter	m. creative faculty

C. Palabras relacionadas

En el caso de aun otras palabras de estas *Rimas,* se puede
deducir el significado pensando en otras palabras relacionadas en español. Por ejemplo, si no entiendes la

palabra *encuentro,* puedes deducir su significado pensando en el verbo *encontrar.* Busca las palabras relacionadas con las de la siguiente lista. ¿Qué significan en inglés la palabra dada y la palabra relacionada?

1. Una palabra relacionada con «sala», en la página 93 *Rima* VII línea 1

2. Con «cubrir», en la página 93 *Rima* VII línea 3

3. Con «nevar», en la página 93 *Rima* VII línea 7

4. Con «brazo», en la página 93 *Rima* XXIV línea 24

5. Con «caminar», en la página 94 *Rima* XXX línea 13

6. Con el verbo «poder», en la página 94 *Rima* XLI línea 22

Preguntas

Es más eficiente leer con propósito, en especial la primera vez. Por eso, lee buscando las respuestas a las siguientes preguntas. Si no sabes el significado de una palabra y si no puedes deducirlo pensando en palabras afines, palabras con raíces similares, ni palabras relacionadas, búscalo en el glosario.

El vocabulario de las preguntas y de las respuestas incluye la mayoría de las palabras claves para entender las *Rimas.*

Rima VII

1. Estrofa 1: ¿Qué instrumento musical no se usa?

2. Estrofa 2: ¿Qué es necesario para tocar el instrumento?

3. Estrofa 3: ¿Qué le hace falta al genio?

Rima XXI

Estrofa 1: ¿Qué es la poesía?

Rima XXIV

1. Estrofa 1: ¿En qué se convierten las dos lenguas de fuego?

2. Estrofa 2: ¿Cómo son las dos notas al abrazarse?

3. Estrofa 3: ¿Con qué se coronan las dos olas?

4. Estrofa 4: ¿Qué forman los dos jirones de vapor?

5. Estrofa 5: ¿Qué son las dos almas?

Rima XXX

1. Estrofa 1: ¿Se pidieron perdón?

2. Estrofa 2: ¿Se dejaron?

Rima XXXVIII

Estrofa 1: ¿Qué no sabe el autor?

Rima XLI

1. Estrofa 1: ¿Qué dos cosas no pudieron relacionarse?

2. Estrofa 2: ¿Qué otras dos cosas no pudieron
relacionarse?

3. Estrofa 3: ¿Qué dos cosas más no pudieron
relacionarse?

Algunas *Rimas*

Gustavo Adolfo Bécquer

*Nacido en Sevilla, España. Poeta neoromántico del siglo diecinueve.
Sus padres se murieron cuando tenía diez años. No se sabe mucho de su
vida de niño menos que era pobre y enfermo. Sin embargo, le gustaba
muchísimo leer y escribió su primer poema a los doce años. En 1854 salió
para Madrid en busca de su fortuna literaria.
En Madrid se enamoró profundamente con una joven que no lo amaba
a él y de veras lo traicionó. En* Las rimas *expresa cuanto sufrió
a causa de ese amor.
Trabajó para un periódico en los años 1861–1868. Escribió casi 100 rimas,
20 leyendas en prosa, y una serie de ensayos literarios* Cartas desde mi
celda *durante la época romántica de la literatura española. Fue uno
de los primeros poetas españoles modernos. Antonio Machado lo llamó
«el ángel de la verdadera poesía».*

Rima VII

Del salón en el ángulo oscuro,
de su dueño tal vez olvidada,
silenciosa y cubierta de polvo
    veíase el arpa.

5   ¡Cuánta nota dormía en sus cuerdas,
como el pájaro duerme en las ramas,
esperando la mano de nieve
    que sabe arrancarlas!

    ¡Ay! pensé; ¡cuántas veces el genio
10 así duerme en el fondo del alma
y una voz, como Lázaro, espera
que le diga: «¡Levántate y anda!»

Rima XXI

¿Qué es poesía? dices mientras clavas
    en mi pupila tu pupila azul.
15 ¿Qué es poesía? ¿Y tú me lo preguntas?
    Poesía . . . eres tú!

Rima XXIV

Dos rojas lenguas de fuego
que, a un mismo tronco enlazadas
se aproximan, y al besarse
20 forman una sola llama;

dos notas que del laúd
a un tiempo la mano arranca,
y en el espacio se encuentran
y armoniosas se abrazan;

25   dos olas que vienen juntas
a morir sobre una playa,
y que al romper se coronan
con un penacho° de plata;

penacho *grupo de plumas que tienen en la cabeza ciertas aves*

jirones *pedazos de*   dos jirones° de vapor
una tela rota   que del lago se levantan,
                                  y al juntarse allá en el cielo
                                  forman una nube blanca;

al par *al mismo*   dos ideas que al par° brotan,   5
tiempo   dos besos que a un tiempo estallan,°
estallan *tienen*
deseo vehemente   dos ecos que se confunden . . .
                                  eso son nuestras dos almas.

Rima XXX

                                  Asomaba a sus ojos una lágrima
                                  y a mi labio una frase de perdón;   10
enjugó *secó, limpió*   habló el orgullo y se enjugó° su llanto,°
(las lágrimas)
llanto *efusión de*   y la frase en mis labios expiró.
lágrimas
                                  Yo voy por un camino, ella por otro;
                                  pero al pensar en nuestro mutuo amor,
                                  yo digo aún: «¿Por qué callé aquel día?»   15
                                  Y ella dirá: «¿Por qué no lloré yo?»

Rima XXXVIII

                                  Los suspiros son aire y van al aire.
                                  Las lágrimas son agua y van al mar.
                                  Dime, mujer: cuando el amor se olvida,
                                  ¿sabes tú adónde va?   20

Rima XLI

                                  Tú eras el huracán y yo la alta
desafía *afronta*   torre que desafía° su poder:
estrellarte *romperte*   ¡tenías que estrellarte° o que abatirme!° . . .
abatir to knock
down, *destruir*   ¡No pudo ser!

enhiesta *levantada,*   Tú eras el Océano y yo la enhiesta°   25
vertical
vaivén *movimiento*   roca que firme aguarda su vaivén:°
alterno   ¡tenías que romperte o que arrancarme! . . .
                                  ¡No pudo ser!

Hermosa tú, yo altivo; acostumbrados
uno a arrollar,° el otro a no ceder;
la senda estrecha, inevitable el choque° . . .
¡No pudo ser!

arrollar to run over

choque *colisión, conflicto*

DESPUÉS DE LEER

Resumen

Escribe en español un resumen corto de cada *Rima* y ven
a clase preparado(a) a presentárselo a un(a) compañero(a)
de clase. Tu compañero(a) te dirá si te equivocas o si
omites algún dato importante.

Uso de palabras

En *Rima* VII estrofa 1 pon las palabras en orden más
común. Haz lo mismo con las últimas dos líneas de estrofa
3. Nombra otras cosas que son «oscuro, olvidado, silen-
cioso, cubierto de polvo».
 En *Rima* XXI sustituye otra palabra por «poesía»
en la pregunta y escribe otro verso en vez de «Poesía . . .
eres tú». Termina esta línea «Nuestros dos almas son
(como) . . .» Quita las palabras «huracán y torre»,
«océano y roca», «hermosa y altivo» y sustituye otras
imágenes para expresar las ideas del poeta.

Pensar y comentar

Rima VII
El arpa está «silenciosa y cubierta de polvo». ¿Qué quiere
decir esta frase? ¿Qué le hace falta al arpa para producir
música hermosa? ¿Qué le hace falta al genio dormido para
escribir la poesía? ¿Qué significación tiene el arpa en la
obra de un poeta o cualquier artista? El poeta no habla de
un instrumento musical. ¿De qué habla?

Rima XXI

¿Con quién habla el poeta? Descríbela. (¿Qué crees tú?
¿Qué adjetivos usaría el poeta para describir la poesía?)
Para ti, ¿qué es la poesía? ¿Por qué te gusta o no la poesía?

Rima XXIV

¿Qué símbolos emplea el poeta para describir el alma de
los novios? ¿Son símbolos apropiados para nuestra edad
moderna? Nombra otros, si los hay, que te parezcan
mejores. ¿Es el ideal actualmente que dos almas se
convierten en una? ¿Es así el amor?

Rima XXX

¿Qué había pasado antes? ¿Por qué salió mal el desacuerdo? ¿Cómo se siente el poeta al terminar la *Rima?*

Rima XXXVIII

¿Cómo te sientes al leer esta *Rima?* ¿Cómo contestarías la
pregunta?

Rima XLI

¿Qué no pudo ser? ¿Por qué?

Sobre todas las *Rimas*

¿Cuál te gusta más? ¿Menos? ¿Por qué? ¿Qué símbolo te
gusta más? Apunta los sentimientos que el poeta expresa
en cada *Rima*.

Temas

A. Escribe un poema de cinco versos según el siguiente
   formato.

   Primer verso: El sujeto (una palabra, generalmente
                       un nombre)

   Segundo verso: Una descripción del sujeto (dos
                        palabras, dos adjetivos o un nombre
                        con un adjetivo)

   Tercer verso: Lo que hace el sujeto (tres palabras,
                       verbos generalmente)

Cuarto verso: Describe la emoción del sujeto
(cuatro palabras)

Quinto verso: Decir lo que es el sujeto de una
manera que refleja las ideas de las
otras líneas (una palabra, por lo
general un nombre)

Ejemplo: Lluvia
Agua cayendo
Saltando, bailando, duchando
¡Qué alegre pareces tú!
Diversión

(De Allen and Valette, 1977, 321–322, *Classroom
Techniques: Foreign Languages and English as
a Second Language*. New York, Harcourt, Brace,
Jovanovich, Inc.)

B. Escoge una de las *Rimas,* piensa en los sentimientos
del poeta, y escríbele una carta. En clase, entrega
la carta a un(a) compañero(a) de clase para que él(ella)
conteste la carta de parte del poeta.

C. Muchas *Rimas* de Bécquer tratan del amor perdido, lo
que no es cosa rara entre los poetas. Escribe tus
respuestas a estas dos preguntas: ¿Qué es el amor?
¿Qué tiene que hacer uno para mantenerlo vivo y
fuerte?

GRILO, Sarah. *Tema en Azules No. 5 (Motif in Blues No. 5)*. 1955. Oil on canvas.
25 1/2 x 31 1/2 (65.7 x 81.5 cm). Art Museum of the Americas, OAS, Washington, DC.
Purchase Fund, 1957.

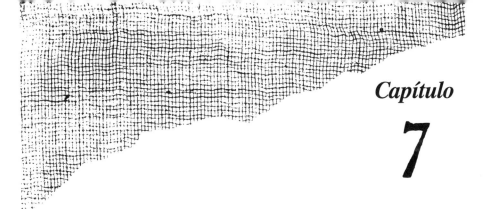

Una señora

ANTES DE LEER

Introducción

En «Una señora» el autor nos presenta su percepción de las relaciones personales en las ciudades grandes del mundo contemporáneo. Hay un hombre y una mujer, lo cual es una escena típica en la literatura. El hombre se fija en ella un día. Después, la ve por todas partes de la ciudad. La observa y piensa en ella. De veras, la busca. Nunca habla con ella. Es decir, la conoce de vista pero no la conoce personalmente. Sin embargo, le importa mucho.

1. Piensa en la vida del individuo entre los numerosos habitantes de las ciudades grandes del mundo contemporáneo. ¿Cómo es?

2. Piensa en alguna persona desconocida que ves de vez en cuando o en clase o fuera de clase. Aunque es como los demás, siempre te fijas en él(ella) y llevas una imagen de él(ella) en la mente. Describe a esta persona. ¿Cómo es?

3. Hay una expresión francesa *deja vu*. Defínela. ¿Has tenido alguna vez tal clase de experiencia? ¿Qué pasó?

4. Piensa en la repetición. ¿Qué se repite en tu vida? Describe tu actitud ante esta repetición.

Vocabulario

A. Palabras con raíces similares
En el caso de otras palabras de esta obra, la palabra española y la palabra inglesa tienen raíces muy parecidas en cuanto a la forma y al significado. Estudia las dos siguientes listas. Para cada palabra española de la lista a la izquierda, escoge de la segunda lista la palabra asociada inglesa. Luego, da el significado en inglés de la palabra española.

1. recordar   A. library
2. atravesar   B. travesty
3. libro   C. regress

4. vacío	D. vacuum
5. sentarse	E. respiration
6. sonar	F. sonar
7. cine	G. record
8. regresar	H. sedentary
9. respirar	I. cinema

B. Palabras relacionadas

En el caso de aun otras palabras de esta obra, se puede deducir el significado pensando en otras palabras relacionadas en español. Por ejemplo, si no entiendes la palabra *encuentro,* puedes deducir su significado pensando en el verbo *encontrar.* Busca las palabras relacionadas con las de la siguiente lista. ¿Qué significan en inglés la palabra dada y la palabra relacionada?

1. Una palabra relacionada con «cierto», en la página 103 línea 1

2. Con «conocer», en la página 103 línea 7

3. Con «correr», en la página 103 línea 14

4. Con «letra», en la página 103 línea 22

5. Con «parar, aguas», en la página 104 línea 1

6. Con «extraño», en la página 105 línea 10

7. Con «principio», en la página 105 línea 32

8. Con «oscuro», en la página 106 línea 2

9. Con «que, hacer», en la página 106 línea 30

10. Con «consolar», en la página 108 línea 6

C. Palabras a adivinar

Examina el contexto en que ocurren las siguientes palabras y sin buscar la definición en el glosario trata de inferir el significado.

1. «me di cuenta de», en la página 103 línea 2

2. «mojado», en la página 104 línea 2

3. «se encendieron», en la página 104 línea 13

4. «volví a», en la página 104 línea 21

5. «seguido», en la página 105 líneas 13–14

6. «butacas», en la página 105 línea 23
7. «me entretenía», en la página 105 línea 24
8. «senderos», en la página 106 línea 15
9. «cordón», en la página 107 línea 9
10. «diario», en la página 108 línea 10

Preguntas

Es más eficiente leer con propósito, en especial la primera vez. Por eso, lee buscando las respuestas a las preguntas. Si no sabes el significado de una palabra y si no puedes deducirlo, búscalo en el glosario.

1. ¿Qué hace el narrador cuando se aburre?
2. ¿Quién se sentó cerca de él el primer día?
3. ¿Cómo iba vestida?
4. ¿Qué sensación tuvo él al ver a la señora?
5. ¿Qué tipo de comunicación se estableció entre los dos?
6. ¿Cuándo la vio por segunda vez?
7. ¿Dónde la vio después?
8. ¿Cuál fue el resultado de ver tanto a la señora?
9. ¿Qué le pasó por fin a la señora?
10. ¿Cuál fue la reacción del narrador?

Una señora

José Donoso

Chileno de Santiago, la capital. Es de familia rica y ha viajado mucho.
Ha estudiado en Chile y en los Estados Unidos. Ha vivido en la Argentina,

Chile, y los Estados Unidos, teniendo distintas ocupaciones,
tales como pastor de ovejas, periodista, y profesor. Actualmente, vive
en España donde se dedica a la literatura.
En sus obras trata de las relaciones entre el individuo y la sociedad
en que vive. Le interesa la reacción psicológica del individuo
como resultado de las influencias de una sociedad compleja e impersonal.
Ha publicado varios volúmenes de cuentos y unas novelas. Su obra maestra,
El obsceno pájaro de la noche, le hizo famoso por todo el mundo.

N o recuerdo con certeza cuándo fue la primera vez que
me di cuenta de su existencia. Pero si no me equivoco, fue
cierta tarde de invierno en un tranvía que atravesaba un
barrio° popular. **barrio** *distrito*

5 Cuando me aburro de mi pieza y de mis conversa-
ciones habituales, suelo° tomar algún tranvía, cuyo reco- **suelo** *de soler*
rrido° desconozca y pasear así por la ciudad. Esa tarde **recorrido** *ruta*
llevaba un libro por si me antojara leer, pero no lo abrí.
Estaba lloviendo esporádicamente y el tranvía avanzaba
10 casi vacío. Me senté junto a una ventana, limpiando un
boquete° en el vaho° del vidrio° para mirar las calles. **boquete** *opening*
No recuerdo el momento exacto en que ella se sentó a **vaho** *vapor*
mi lado. Pero cuando el tranvía hizo alto° en una esquina, **vidrio** *glass*
hizo alto *se detuvo*
me invadió aquella sensación tan corriente y, sin embargo,
15 misteriosa, que cuanto veía, el momento justo y sin importancia como era, lo había vivido antes, o tal vez soñado. La escena me pareció la reproducción exacta de otra
que me fuese conocida: delante de mí, un cuello rollizo° **rollizo** *grueso y*
vertía° sus pliegues° sobre una camisa deshilachada;° tres *robusto*
vertía *spilled over*
20 o cuatro personas dispersas ocupaban los asientos del **pliegues** *rolls (of fat)*
tranvía; en la esquina había una botica° de barrio con su **deshilachada** *frayed*
letrero luminoso, y un carabinero° bostezó° junto al bu- **botica** *tienda de*
medicinas
zón° rojo, en la oscuridad que cayó en pocos minutos. **carabinero** *soldado*
Además, vi una rodilla cubierta por un impermeable verde **bostezó** *yawned*
25 junto a mi rodilla. **buzón** *mailbox*
Conocía la sensación, y más que turbarme me agra-
daba. Así, no me molesté en indagar° dentro de mi mente **indagar** *tratar de*
dónde y cómo sucediera todo esto antes. Despaché la *descubrir*
sensación con una irónica sonrisa interior, limitándome a
30 volver la mirada para ver lo que seguía de esa rodilla
cubierta con un impermeable verde.

Era una señora. Una señora que llevaba un paraguas
mojado en la mano y un sombrero funcional en la cabeza.
Una de esas señoras cincuentonas, de las que hay por
miles en esta ciudad: ni hermosa ni fea, ni pobre ni rica.

facciones *partes de*
la cara
cejas *eyebrows*
rasgo *atributo*

Sus facciones° regulares mostraban los restos de una be-   5
lleza banal. Sus cejas° se juntaban más de lo corriente
sobre el arco de la nariz, lo que era el rasgo° más distintivo
de su rostro.

Hago esta descripción a la luz de hechos posteriores,
porque fue poco lo que de la señora observé entonces.   10

timbre *campanilla*
desvanecerse
desaparecerse
faroles *street lights*
zanahorias *carrots*

Sonó el timbre,° el tranvía partió haciendo desvanecerse°
la escena conocida, y volví a mirar la calle por el boquete
que limpiara en el vidrio. Los faroles° se encendieron. Un
chiquillo salió de un despacho con dos zanahorias° y un
pan en la mano. La hilera de casas bajas se prolongaba a lo   15
largo de la acera: ventana, puerta, ventana, puerta, dos

zapateros *los que*
reparan zapatos
gasfíteres *plumbers*
verduleros *personas*
que venden
vegetales
exiguos *escasos*

ventanas, mientras los zapateros,° gasfíteres° y verdu-
leros° cerraban sus comercios exiguos.°

Iba tan distraído que no noté el momento en que mi
compañera de asiento se bajó del tranvía. ¿Cómo había de   20
notarlo si después del instante en que la miré ya no volví a
pensar en ella?[1]

No volví a pensar en ella hasta la noche siguiente.

Mi casa está situada en un barrio muy distinto a aquél
por donde me llevara el tranvía la tarde anterior. Hay   25
árboles en las aceras y las casas se ocultan a medias detrás

rejas *iron bars*
matorrales *thickets*
charlando *hablando*
cervezas *beers*

de rejas° y matorrales.° Era bastante tarde, y yo estaba
cansado, ya que pasara gran parte de la noche charlando°
con amigos ante cervezas° y tazas de café. Caminaba a mi
casa con el cuello del abrigo muy subido. Antes de atrave-   30

divisé *percibí a*
distancia

sar una calle divisé° una figura que se me antojó familiar,
alejándose bajo la oscuridad de las ramas. Me detuve,
observándola un instante. Sí, era la mujer que iba junto a
mí en el tranvía la tarde anterior. Cuando pasó bajo un
farol reconocí inmediatamente su impermeable verde.   35
Hay miles de impermeables verdes en esta ciudad, sin
embargo no dudé de que se trataba del suyo, recordándola
a pesar de haberla visto sólo unos segundos en que nada de
ella me impresionó. Crucé a la otra acera. Esa noche me

---

‡ *Pregunta:* Describe la actitud del narrador.

dormí sin pensar en la figura que se alejaba bajo los
árboles por la calle solitaria.

Una mañana de sol, dos días después, vi a la señora en
una calle céntrica. El movimiento de las doce estaba en su
5 apogeo.° Las mujeres se detenían en las vidrieras para   **apogeo** highest point
discutir la posible adquisición de un vestido o de una tela.
Los hombres salían de sus oficinas con documentos bajo
el brazo. La reconocí de nuevo al verla pasar mezclada
con todo esto, aunque no iba vestida como en las veces
10 anteriores. Me cruzó una ligera extrañeza de por qué su
identidad no se había borrado de mi mente, confundién-
dola con el resto de los habitantes de la ciudad.

En adelante comencé a ver a la señora bastante seguido. La encontraba en todas partes y a toda hora. Pero a
15 veces pasaba una semana o más sin que la viera. Me asaltó
la idea melodramática de que quizás se ocupara en se-
guirme. Pero la deseché° al constatar° que ella, al contra-   **deseché** *rechacé*
rio que yo, no me identificaba en medio de la multitud. A   **constatar** *darse*
mí, en cambio, me gustaba percibir su identidad entre   *cuenta de*
20 tanto rostro desconocido. Me sentaba en un parque y ella
lo cruzaba llevando un bolsón con verduras. Me detenía a
comprar cigarrillos y estaba ella pagando los suyos. Iba al
cine, y allí estaba la señora, dos butacas más allá. No me
miraba, pero yo me entretenía observándola. Tenía la boca
25 más bien gruesa. Usaba un anillo° grande, bastante vul-   **anillo** ring
gar.²

Poco a poco la comencé a buscar. El día no me parecía
completo sin verla. Leyendo un libro, por ejemplo, me
sorprendía haciendo conjeturas acerca de la señora en vez
30 de concentrarme en lo escrito. La colocaba en situaciones
imaginarias, en medio de objetos que yo desconocía.
Principié a reunir datos acerca de su persona, todos ca-
rentes de° importancia y significación. Le gustaba el color   **carentes de** *sin*
verde. Fumaba sólo cierta clase de cigarrillos. Ella hacía
35 las compras para las comidas de su casa.

A veces sentía tal necesidad de verla, que abandonaba
cuanto me tenía atareado° para salir en su busca. Y en   **atareado** *ocupado*
algunas ocasiones la encontraba. Otras no, y volvía mal-
humorado a encerrarme en mi cuarto, no pudiendo pensar
40 en otra cosa durante el resto de la noche.

2   *Pregunta:* ¿Dónde ha visto a la señora?

raquíticos *débiles*

opaco *triste*
anodino
insignificante
aclaraba *hacía claro*
charco *puddle*
pileta *fuente*
trizados *en pedazos*
pequeños
cáscaras *cubiertas*
exteriores
pareja *dos personas*
(un hombre y una
mujer)
fealdad *calidad de*
feo
propiciara *hiciera*
propicio
acongojado *afligido*

me ... pie *me*
levanté

transitaban
caminaban
en pos de *in pursuit*
of
menesteres
quehaceres

Una tarde salí a caminar. Antes de volver a casa, cuando oscureció, me senté en el banco de una plaza. Sólo en esta ciudad existen plazas así. Pequeña y nueva, parecía un accidente en ese barrio utilitario, ni próspero ni miserable. Los árboles eran raquíticos,° como si se hubie- 5 ran negado a crecer, ofendidos al ser plantados en terreno tan pobre, en un sector tan opaco° y anodino.° En una esquina, una fuente de soda aclaraba° las figuras de tres muchachos que charlaban en medio del charco° de luz. Dentro de una pileta° seca, que al parecer nunca se ter- 10 minó de construir, había ladrillos trizados,° cáscaras° de fruta, papeles. Las parejas° apenas conversaban en los bancos, como si la fealdad° de la plaza no propiciara° mayor intimidad.

Por uno de los senderos vi avanzar a la señora, del 15 brazo de otra mujer. Hablaban con animación, caminando lentamente. Al pasar frente a mí, oí que la señora decía con tono acongojado:° —¡Imposible!

La otra mujer pasó el brazo en torno a los hombros de la señora para consolarla. Circundando la pileta incon- 20 clusa se alejaron por otro sendero.³

Inquieto, me puse de pie° y eché a andar con la esperanza de encontrarlas, para preguntar a la señora qué había sucedido. Pero desaparecieron por las calles en que unas cuantas personas transitaban° en pos de° los últimos 25 menesteres° del día.

No tuve paz la semana que siguió de este encuentro. Paseaba por la ciudad con la esperanza de que la señora se cruzara en mi camino, pero no la vi. Parecía haberse extinguido, y abandoné todos mis quehaceres, porque ya 30 no poseía la menor facultad de concentración. Necesitaba verla pasar, nada más, para saber si el dolor de aquella tarde en la plaza continuaba. Frecuenté los sitios en que soliera divisarla, pensando detener a algunas personas que se me antojaban sus parientes o amigos para preguntarles 35 por la señora. Pero no hubiera sabido por quién preguntar y los dejaba seguir. No la vi en toda esa semana.

Las semanas siguientes fueron peores. Llegué a pretextar una enfermedad para quedarme en cama y así olvidar esa presencia que llenaba mis ideas. Quizás al cabo de 40

---

3   *Pregunta:* ¿Qué crees que va a pasar?

varios días sin salir la encontrara de pronto el primer día y
cuando menos lo esperara. Pero no logré resistirme, y salí
después de dos días en que la señora habitó mi cuarto en
todo momento. Al levantarme, me sentí débil, física-
5   mente mal. Aun así tomé tranvías, fui al cine, recorrí el
mercado y asistí a una función de un circo de extramuros.°   **extramuros** *fuera de*
La señora no apareció por parte alguna.[4]   *la ciudad*

Pero después de algún tiempo la volví a ver. Me había
inclinado para atar un cordón de mis zapatos y la vi pasar
10   por la soleada° acera de enfrente, llevando una gran son-   **soleada** *de sol*
risa en la boca y un ramo de aromo° en la mano, los   **aromo** myrrh tree
primeros de la estación que comenzaba. Quise seguirla,
pero se perdió en la confusión de las calles.

Su imagen se desvaneció de mi mente después de
15   perderle el rastro° en aquella ocasión. Volví a mis amigos,   **rastro** *señal*
conocí gente y paseé solo o acompañado por las calles. No
es que la olvidara. Su presencia, más bien, parecía ha-
berse fundido° con el resto de las personas que habitan la   **fundido** *unido*
ciudad.
20   Una mañana, tiempo después, desperté con la certeza
de que la señora se estaba muriendo. Era domingo, y
después del almuerzo salí a caminar bajo los árboles de mi
barrio. En un balcón una anciana tomaba el sol con sus   **chal** shawl
rodillas cubiertas por un chal° peludo.° Una muchacha, en   **peludo** *de mucho*
25   un prado,° pintaba de rojo los muebles de jardín, alistán-   *pelo*
dolos° para el verano. Había poca gente, y los objetos y   **prado** lawn
                                                              alistándolos
los ruidos se dibujaban° con precisión en el aire nítido.°   *preparándolos*
Pero en alguna parte de la misma ciudad por la que yo   **dibujaban** were
caminaba, la señora iba a morir.[5]   drawn
                                                              nítido *claro*
30   Regresé a casa y me instalé en mi cuarto a esperar.   **cimbrarse** vibrar
Desde mi ventana vi cimbrarse° en la brisa los alam-   **alambres** *hilos de*
bres° del alumbrado. La tarde fue madurando° lentamente   *metal*
                                                              madurando
más allá de los techos, y más allá del cerro, la luz fue   progressing
gastándose más y más. Los alambres seguían vibrando,   **regaba** *esparcía*
                                                              agua
respirando. En el jardín alguien regaba° el pasto° con una   **pasto** *hierba*
35   manguera.° Los pájaros se aprontaban° para la noche,   **manguera** hose
                                                              aprontaban
colmando° de ruido y movimiento las copas° de todos los   *preparaban*
árboles que veía desde me ventana. Rió un niño en el   **colmando** *llenando*
jardín vecino. Un perro ladró.°   **copas** *partes altas*
                                                              del árbol
                                                              ladró howled

4   *Pregunta:* ¿Qué crees que ha pasado?
5   *Pregunta:* ¿Cómo va a terminar este cuento?

Instantáneamente después, cesaron todos los ruidos al
mismo tiempo y se abrió un pozo de silencio en la tarde

apacible *de paz*   apacible.° Los alambres no vibraban ya. En un barrio
desconocido, la señora había muerto. Cierta casa entorna-

entornaría *cerraría a*   ría° su puerta esa noche, y arderían cirios° en una habita-   5
medidas
cirios *velas grandes*   ción llena de voces quedas° y de consuelos. La tarde se
de cera   deslizó hacia un final imperceptible, apagándose todos
quedas *tranquilas*   mis pensamientos acerca de la señora. Después me debo
de haber dormido, porque no recuerdo más de esa tarde.

deudos *parientes*   Al día siguiente vi en el diario que los deudos° de doña   10
Ester de Arancibia anunciaban su muerte, dando la hora
de los funerales. ¿Podría ser? . . . Sí. Sin duda era ella.

cortejo *procesión*   Asistí al cementerio, siguiendo el cortejo° lentamente
por las avenidas largas, entre personas silenciosas que

rasgos *facciones del*   conocían los rasgos° y la voz de la mujer por quien sentían   15
rostro   dolor. Después caminé un rato bajo los árboles oscuros,
porque esa tarde asoleada me trajo una tranquilidad especial.

de ... tarde *de vez*   Ahora pienso en la señora sólo muy de tarde en tarde.°
en cuando   A veces me asalta la idea, en una esquina por ejem-   20
plo, que la escena presente no es más que reproducción de
otra, vivida anteriormente. En esas ocasiones se me ocu-

cejijunta *cejas*   rre que voy a ver pasar a la señora, cejijunta° y de imper-
juntadas   meable verde. Pero me da un poco de risa, porque yo
ataúd *caja para un*   mismo vi depositar su ataúd° en el nicho, en una pared con   25
cadáver
centenares *por*   centenares° de nichos todos iguales.
cientos

DESPUÉS DE LEER

Resumen

Escribe en español un resumen de este cuento y ven a clase
preparado(a) a presentárselo oralmente a un(a) compa-
ñero(a) de clase. Tu compañero(a) te dirá si te equivocas
o si omites algún dato importante.

Uso de palabras

Abajo hay una lista de veinticuatro palabras que se repiten bastante en «Una señora». Usando por lo menos quince de estas palabras, y otras que quieras, escribe una descripción de alguien o algo que te llamó la atención como la señora llamó la atención del narrador de este cuento. Si esto te cuesta demasiado trabajo, escribe una oración completa con cada palabra.

darse cuenta de, conocer, aburrirse, equivocarse, pensar, morir, barrio, caminar, buscar, pieza, sentirse, seguir, sentarse, anterior, encontrar, recordar, esperar, mente, parecer, desconocer, acera, impermeable, entretener, menesteres

Pensar y comentar

Una señora

Con respecto a la señora, el autor dice al lector todo lo que sabe el narrador. ¿Qué sabe de ella? ¿Qué no sabe de ella? ¿Cómo es ella? ¿En qué sentido es diferente de las otras señoras de la ciudad? ¿Cómo iba vestida ella cuando la vio por la primera vez? En tu opinión, ¿por qué describe como iba vestida? ¿Dónde y cuándo la vio?

¿Es ella la protagonista del cuento? ¿Es importante como individuo?

El narrador

¿Cómo es él? ¿Qué hace durante el cuento? ¿Por qué toma a veces el tranvía por la ciudad? ¿Por qué tiene tal obsesión con la señora? ¿Cuál es su reacción cuando la señora se muere? ¿Es consistente esta reacción con la obsesión anterior de ver todos los días a la señora?

La ciudad

¿En qué ciudad tiene lugar este cuento? ¿Es una ciudad grande o un pueblo pequeño? ¿Qué más sabes de la ciudad de este cuento?

Simbolismo

La señora, el narrador, y la ciudad—¿son importantes por
si mismos o sólo como símbolos? ¿Qué simbolizan la
señora, el narrador, y la ciudad?

Tema

¿Qué piensa el autor de la vida urbana? ¿Cree que es
posible conocer bien a la gente a quien se ve en la ciudad?
En tu opinión, ¿se siente uno parte integral de la sociedad
que lo rodea o se siente uno aislado de una sociedad muy
compleja e impersonal? ¿Qué piensas sobre el tema y
el tono de este cuento? ¿Expresan optimismo o pesimismo?

Otros puntos de discusión

En la primera línea del cuento el narrador dice que no
recuerda «con certeza cuando fue la primera vez que me
di cuenta de su existencia». En la primera línea del tercer
párrafo dice, «No recuerdo el momento exacto en que ella
se sentó a mi lado.» En la próxima oración dice, «. . . que
cuanto veía, el momento justo y sin importancia como era,
lo había vivido antes, o tal vez soñado.» En el párrafo
siguiente dice, «Así, no me molesté en indagar dentro de
mi mente donde y como sucediera todo esto antes.» En
el último párrafo el narrador repite las repeticiones de la
idea de repetición en la vida. ¿Qué quiere decir el narrador
con este énfasis sobre la repetición? ¿Cuál es la actitud
del narrador frente a la vida? ¿Qué piensa él de la
vida? ¿Cómo describe él la vida? ¿Por qué se refiere tanto
en el cuento a la repetición?

Reacción personal

¿Qué piensas tú de la tesis del autor? ¿En qué sentido es
así la vida urbana? ¿En qué sentido es diferente? ¿Tienes
otra(s) idea(s) que quieras comentar con tus compañeros de
clase?

Temas

A. ¿Vives tú en un centro urbano, en un pueblo, o en el
campo? ¿Es la vida más personal, y menos impersonal,

en un lugar que en los otros? ¿Cuáles son las ventajas
y las desventajas de vivir en cada lugar? ¿Qué alter-
nativo prefieres tú?

B. A veces unos se quejan de que todo es lo mismo en la
vida contemporánea. La gente se viste de una manera
similar. Los edificios son del mismo estilo. Todas
las ciudades se parecen. Se dice que todo es producto
de un sistema mecánico que produce todo igual. ¿Qué
te parece esta queja? ¿Cómo serán las ciudades del
futuro?

PICASSO, Pablo. *Head*. Paris (May-June 1907). Watercolor on paper, 8 7/8 x 6 7/8.
The Museum of Modern Art, New York. John S. Newberry Collection.

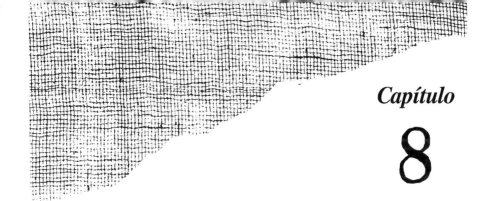

El mejor lugar

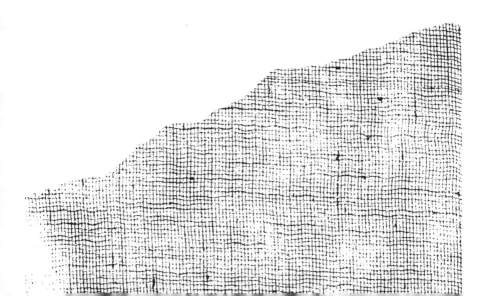

ANTES DE LEER

Introducción

Fernando es un joven. Vive con su familia. Trabaja en una oficina. Lleva una vida típica con su familia y su trabajo. Pero termina por hallarse como a disgusto con todo y en todo. Cada día es como el anterior: el mismo trabajo, la misma conversación. Por fin, se dice —Esto no es vivir.— y sale para encontrar una utopía en la que pueda vivir contento y feliz. Visita tres sitios distintos con características distintas. Al mismo tiempo aprende mucho de los otros lugares, de la vida y de sí mismo.

1. Comenta lo que te gustaría cambiar de tu vida, si fuera posible.

2. Describe lo que sería para ti una utopía, es decir, la vida ideal, perfecta.

3. Busca información en la biblioteca sobre la utopía de otros como la de Sir Thomas More, la de New Harmony, Indiana, la de Joseph Smith, o la de los «Pilgrims».

4. Compara y contrasta tu descripción con la de tus compañeros.

5. Describe las actividades y los sentimientos comunes antes de hacer un viaje o de mudarse a otro lugar.

Vocabulario

A. Palabras con raíces similares

En el caso de muchas palabras de esta obra, la palabra española y la palabra inglesa tienen raíces muy parecidas en cuanto a la forma y al significado. Estudia las dos siguientes listas. Para cada palabra española de la lista a la izquierda, escoge de la segunda lista la palabra asociada inglesa. Luego, da el significado en inglés de la palabra española.

1. feliz   A. felicitations

2. ánimo   B. animate

3. ostentar	C. embark
4. tempestad	D. abhor
5. barco	E. tempest
6. soberano	F. approximate
7. aborrecer	G. ostentatious
8. próximo	H. sovereign

B. Palabras relacionadas

En el caso de aun otras palabras de esta obra, se puede deducir el significado pensando en otras palabras relacionadas en español. Busca las palabras relacionadas con las de la siguiente lista. ¿Qué significan en inglés la palabra dada y la palabra relacionada?

1. Una palabra relacionada con «pie», en la página 118 líneas 12–13

2. Con «en, fila», en la página 119 línea 5

3. Con «entrar», en la página 119 línea 16

4. Con «en, cárcel», en la página 119 línea 37

5. Con «gastar», en la página 122 línea 27

6. Con «culpa», en la página 123 línea 1

7. Con «saber», en la página 123 línea 24

8. Con «mar», en la página 123 línea 42

9. Con «humo», en la página 124 línea 6

C. Palabras a adivinar

Examina el contexto en que ocurren las siguientes palabras y sin buscar la definición en el glosario trate de inferir el significado.

1. «sola», en la página 118 línea 9

2. «asomados», en la página 118 línea 10

3. «dirigirles», en la página 119 línea 1

4. «dispuesto a», en la página 119 línea 2

5. «película», en la página 119 línea 18

6. «se tendió», en la página 121 línea 1

7. «tonto», en la página 121 línea 2

8. «parado», en la página 121 línea 4

9. «acogido», en la página 123 línea 4

10. «compartiese», en la página 123 líneas 6–7

11. «callaban», en la página 124 líneas 13–14

Preguntas

Es más eficiente leer con propósito, en especial la primera vez. Por eso, lee buscando las respuestas a las siguientes preguntas. Si no sabes el significado de una palabra y si no puedes deducirlo, búscalo en el glosario.

1. Al principio del cuento, ¿cómo estaba Fernando?

2. Describe un día típico en su vida.

3. ¿Le gustaba su vida?

4. ¿Qué quería en su vida?

5. ¿Qué hacía para obtener lo que quería?

6. ¿Qué características de la primera ciudad no le gustaban?

7. ¿Qué características de la segunda ciudad no le gustaban?

8. ¿De qué se dio cuenta en la tercera ciudad?

9. ¿Adónde fue cuando dejó la tercera ciudad?

10. ¿Qué tipo de vida siguió después?

El mejor lugar

Gloria Hervás Fernández

Es de Sevilla, al sur de España. A los ocho años ya estaba interesada en la literatura española. A esa edad empezó a escribir. Ha estudiado en Sevilla, Tenerife, las Islas Canarias, y Madrid. Tiene el título de profesora

de francés y ha pasado cierto tiempo en Francia. También ha sido
estudiante en la Universidad de Madrid.
Ha escrito cuentos, ensayos, artículos periodísticos y una novela,
participando también en varios concursos literarios en España.

F ernando se levantó aquel día de peor humor que de
costumbre. No es que tuviese mal carácter, pero últimamente se hallaba como a disgusto con todo, en todo,
. . . y no sabía por qué. Soy joven, se decía, tengo un
5 trabajo, unos amigos y debería ser feliz . . . pero no lo
soy.

Aquella mañana su madre fue la depositaria de sus
desabridos° ánimos, transformados en una continua   **desabridos** sour
queja, por lo tarde del desayuno, porque aún no estaban
10 planchados° los pantalones, por . . .   **planchados** ironed

Llegaría tarde a la oficina, el coche está frío por la
mañana, luego tendría que esperar por causa de los semá-
foros° . . . y su jefe le daría un rapapolvo° empleando ese   **semáforos** *señales*
tono paternal que tenía por costumbre y que tenía la virtud   *de tráfico*
                                                              rapapolvo *a*
15 de crisparle los nervios. Los compañeros hablarían de   reprimand
fútbol como siempre y de las chicas estupendas que ha-
bían conocido ayer. El desayuno en el bar y en éste el
camarero que se creía con derecho a conocer la vida de
cada uno.

20   Al mediodía, al volante,° sería un animal más que   **volante** *rueda de*
insultaría a su vecino, porque había hecho una mala ma-   *mano para dirigir*
                                                          un automóvil
niobra° que le había interrumpido la suya, maldeciría los   **maniobra** *acción*
semáforos, y al final, llegaría a su casa de nuevo. La   *con el automóvil*
madre preguntaría lo de todos los días: ¿qué tal la oficina,
25 hijo?, y él respondería lo de siempre: ¡Mucho trabajo,
mamá, mucho trabajo! Se oirían los niños de los vecinos
alborotando,° cualquier televisión a todo volumen, y se   **alborotando**
olerían los guisos° por las ventanas abiertas.   *haciendo gran*
                                                           ruido
Por la tarde, otra vez a la oficina. A la salida las copas   **guisos** *platos de*
30 en el bar, alguna película y alguna chica. Y por la noche la   *comida*
televisión, quizá un libro entretenido, el cigarrillo y a
dormir.

Realmente, esto no es vivir, se decía Fernando, esto
es gastarse poco a poco la existencia de la forma más
35 monótona. ¡Si pudiera encontrar un lugar diferente! Sí, un

lugar donde la gente no tuviera tanta prisa, donde existie-
sen personas que pensaran en algo más que fútbol y chicas, donde sólo se trabajara una parte del día . . . un
lugar en el cual se hallase eso tan grande que imagino debe
existir, aunque no sepa que es a ciencia cierta, un lugar 5

montaría
establecería

donde yo estuviera siempre de buen humor. Allí montaría°
mi hogar. Sí, yo busco . . .

I

Aquella ciudad era muy grande. Las casas, alineadas,
parecían la repetición de una sola: ventanas iguales, con
rostros idénticos asomados a ellas. Había muchos coches, 10
pero no hacían ruido, se alineaban frente a las señales
luminosas, como las casas . . . No existían muchos peatones como él, pero los que había guardaban el más absoluto silencio.

Daba la impresión de ser una ciudad sumamente orde- 15
nada. Eso está bien, se dijo Fernando, es señal de que sus
habitantes se respetan unos a otros. Creo que me gusta
estar aquí, parece que no se discute, y yo aborrezco la
discusión. Me quedaré unos días y si me sigo sintiendo
bien, montaré aquí mi hogar.[1]   20

En la oficina nadie hablaba de fútbol, todo el mundo
pasaba su tiempo con la cabeza baja atendiendo a su
cometido hasta la hora de cerrar. Por la tarde no se trabajaba, lo cual alegró mucho a Fernando, animándose cada
vez más a la vista de tales cualidades.   25

Ahora tendría tiempo para pasear, leer y hablar largas
horas con sus amigos. Bueno, ésa era otra cuestión. Como
estaba en un sitio desconocido, no tenía amigos. Pero
tampoco era un problema, los buscaría. Así, se metió en
un bar en el cual parecía haber juventud, y se dispuso a 30

entablar *comenzar*

entablar° un diálogo con el primero que viera a propósito
para ello. Pero allí estaban todos en una mesa, serios,
hablando en un tono de voz muy bajo y con expresiones
uniformes.

a la vez *al mismo*
tiempo

Nadie parecía llevar el peso de la conversación, al 35
contrario, todos daban la impresión de hablar a la vez.°

1   *Pregunta:* ¿Le va a gustar o no este lugar? ¿Por qué?

Fernando no se atrevió a dirigirles la palabra y salió a
la calle, dispuesto a disfrutar de un paseo por la ordenada
ciudad. Buscó un parque, o un museo, cualquier cosa que
pudiese llenar su tarde. Caminando llegó a algo que pare-
5 cía un parque con árboles enfilados, con bancos todos
iguales y colocados a la misma distancia. Como no hubo
ninguno que le llamara especialmente la atención, se
sentó en el primero que vio y se dispuso a contemplar a los
chiquillos jugando a la pelota° y a las señoras haciendo   **pelota** *bola*
10 calceta.° Pero transcurrieron las horas y ante sus ojos no   **haciendo calceta**
se presentó ninguna de esas cosas. Al parecer, en aquella   *knitting*
ciudad no existían los niños, ni las señoras. Bueno, se
dijo, al fin y al cabo° los niños sólo arman escándalo, y las **al fin y al cabo**
señoras son molestas, me iré al cine.   *después de todo*
15   En el cine, había una línea de personas sacando las
entradas,° sin hablar también. Cogían la entrada y pasa-   **sacando las entradas**
ban en orden riguroso, y con el mismo orden se sentaban.   *comprando los
La película era muda, ¡lo que faltaba!° Fernando se exas-   billetes*
peró y se dispuso a salir del cine, pero el portero le indicó **lo que faltaba** *that
20 que tal cosa no podía hacerse hasta el final de la proyec-   was the last straw*
ción. Resignado volvió a su asiento y pensó que tal vez se
sentía así por ser su primer día en la ciudad. Mañana
hablaría con alguien en la oficina y todo sería mucho
mejor.
25   Al día siguiente, en el trabajo todo seguía igual. Parecía como si los que estaban allí no se hubiesen movido de
su lugar correspondiente desde el día anterior, por lo que
Fernando no se atrevió a hablar con ninguno. Volvió al
bar, tomó dos o tres coñacs, intentando hacer ánimos para
30 iniciar la conversación, y se acercó a una mesa. Nada
advirtió o pareció advertir su llegada y mantuvieron idén-
tica postura a la que tenían antes de él acercarse. Inquieto,
Fernando empezó a hablar en un tono más alto que los
otros para que notaran su presencia. ¡En vano! Sólo al
35 cabo de bastante tiempo se oyó una voz metálica: ¿Qué
buscas en esta ciudad? Pues, verá, yo . . . No pudo continuar. Se sentía encarcelado, como inmerso en una urna de
silencio y desalentado° se marchó. ¡Dios mío, qué lugar   **desalentado**
más triste! ¿Es que ya no existe la alegría en el mundo?   *desanimado*
40   Si continuara en esta ciudad me moriría o me conver-
tiría en un ser mecánico como ellos. ¡No! No deseo ninguna de las dos cosas. Seguiré buscando. Debe existir una

ciudad donde todo el mundo sonría y se divierta, donde
los rostros tengan una expresión, una expresión de seres
vivos.

II

Esta otra ciudad ofrecía un aspecto de película de Walt

chillón *demasiado vivo y mal combinado*

Disney. El sol daba un tinte chillón° a los colores de las 5
viviendas. Había casas azules con ventanas rosas, casas
rosas con ventanas azules, blancas con balcones verdes,
donde las flores ostentaban, también colores de todas las

arco iris *arco en el cielo formado por la luz solar y las gotas de lluvia*

bandas del arco iris.° Por algunos de ellos se oían las risas
de mujeres que hablaban con otras. El canto de los pájaros 10
era tal, que hubiese hecho competencia con el acto final de
una opereta.

claxon horn (auto)
alamedas poplar groves

Cada noche tenía un tono diferente y cada claxon° un
sonido distinto. Los árboles de las alamedas°: unos colga-
ban más ramas que otros y otros eran más bajos que unos. 15
En cuanto a la especie, nada de que fueran las mismas.

álamo poplar tree

Junto a un álamo° había una palmera, al lado de un
eucalipto se hallaba un pino, y cosas así.

Fernando, un poco extrañado de tantas variedades,
pensó que al menos esta ciudad parecía alegre. Daba la 20
impresión de hallarse en una fiesta continua. Todo el
mundo paseaba por las calles riendo e incluso cantando.

la rueda a game played in a circle

Los niños jugaban a la pelota y las niñas a la rueda.° Este
detalle le hizo recordar su infancia y se sintió feliz de
poder contemplar cómo los chiquillos practicaban todavía 25
el mismo juego de sus tiempos.[2]

rebosaban *abundaban con exceso*

Miles de vendedores llenaban las aceras y los parques. Las cafeterías rebosaban° de personas, y en las
carteleras de los cines sólo se exhibían películas cómicas.
Lo mismo sucedía con los teatros. No se anunciaba nin- 30
gún espectáculo serio o triste.

¡Sí!, sería feliz en esta ciudad, no tendría que pensar
en nada, sólo en divertirse y vivir, sólo eso.

Ya únicamente faltaba ver cómo andaban las cosas por
la oficina. Pero como eso no era hasta el día siguiente, 35
aprovecharía para divertirse esta noche, como no lo había
hecho hasta ahora.

2   *Pregunta:* ¿Le va a gustar o no este lugar? ¿Por qué?

Cuando se tendió en la cama a las seis de la mañana,
se dio cuenta de que era tonto dormir, pues a las nueve
habría de salir para el trabajo. Estaba agotado,° no había **agotado** *fatigado*
parado de reír durante horas seguidas. Las chicas eran
5 ocurrentes,° los chicos contaban un chiste° detrás de otro, **ocurrentes**
y aunque al final ya tenía cansadas las mandíbulas° de *divertidas*
chiste joke
tanta risa, hubo de continuar pues todo el mundo estaba **mandíbulas** jaws
eufórico y no era cosa de desentonar.° **desentonar** to be out
En la oficina todo el mundo estaba tan fresco, como si of step with the
rest
10 hubiesen empleado toda la noche en dormir. Fernando
pensó que sería porque los demás días habían descansado
y que ayer por lo visto era fiesta. Pero sus compañeros de
trabajo reían y reían, se diría que era su única ocupación,
ya que las mesas estaban limpias de papeles. Buscó los
15 suyos, pero no los encontró. Entonces preguntó a los
demás y le dijeron que no los tenía porque no los había. En
esa ciudad no hacía falta trabajar mucho, ya que la gente
no necesitaba gran cantidad de dinero, sólo el suficiente
para poder vivir al día y reír a gusto.
20 Reír . . . Fernando lo hizo durante días, tres concre-
tamente, pero al cuarto estaba tan cansado que se quedó
dormido en una acera.
Un guardia se rió al verlo y siguió su camino cantando. Cuando despertó, intentó pedir ayuda para llegar a
25 su casa, pero todo el mundo lo miraba, se reía y seguía su
camino. Gritó, lloró, pataleó,° pero la gente siguió riendo **pataleó** *movió las*
olvidada de todo aquello que no fuera su propia alegría. *piernas con*
violencia
¡Soy un desgraciado!, se dijo Fernando, tendré que
seguir errante hasta encontrar el lugar soñado.
30 Lo peor de todo es que al principio me parece como si
tocara la Luna, pero luego se me va.
Puede que todo sea culpa mía, que sea muy quisqui-
lloso° y a cualquier cosa le encuentre defectos, pero la **quisquilloso**
verdad es que no soporto vivir en un lugar donde la gente quibbling
35 se pasa el día riendo, como si fuesen enormemente felices, y luego se les pide ayuda en serio y no te hace caso.
¿Es que no somos humanos ya? Debe ser eso, que nos
estamos mecanizando hasta el punto de importarnos un
cuerno° lo que le pase al vecino. Pero yo sé que debe **importarnos un**
40 existir en el mundo un lugar donde la gente se preocupe de **cuerno** *no*
importar nada
la gente. ¡Sí!, tiene que haberlo. Seguiré buscando . . .

III

Se podía decir que más que una ciudad, aquello parecía un pueblo. Fachadas limpias y calles también. El ruido indispensable en los aparatos de cuatro ruedas y el pasear pausado de las gentes le daban un aspecto de tranquilidad y paz que ilusionó a Fernando.   5

Siguiendo el ritmo general, paseó por las avenidas, parques y jardines, observando con alegría que todo aquí transcurría normal: ni mucha tristeza, ni excesiva alegría, sino ambas cosas dosificadas.° A medida que caminaba pensaba que por fin había encontrado el término medio,°   10 pero escarmentado° de las veces anteriores, le exigió a su imaginación que no corriera demasiado. Así que, para comprobar° si efectivamente en esta ciudad estaba lo que buscaba, se dispuso a efectuar el recorrido de rigor.[3]

Por las calles daba gusto andar porque los coches se   15 paraban para que pasaran los peatones, hubiera o no semáforos. En el parque los niños jugaban divirtiéndose, pero sin alborotar en exceso. Las madres conversaban entre sí con una leve sonrisa de comprensión en sus labios hacia la que en aquel momento hablaba.   20

En el bar se oía un murmullo como de misa de domingo mezclado con un tono repetido de tazas que se ponen y se quitan, de cafeteras con vapor, y de cucharillas en los platos. Se notaba calor humano en la atmósfera. Fernando pidió un café, pues había observado a sus ve-   25 cinos y ninguno tomaba alcohol. El camarero le atendió gentilmente, como si el gasto que hacía del café supusiera° un gran favor económico para el local.

Siguió observando en el bar, pretendiendo encontrarle algún defecto. Usted es nuevo aquí, ¿verdad . . .   30 ¿Cómo? ¡Ah, sí, perdone, estaba distraído! Sí, efectivamente hace poco tiempo que estoy en esta ciudad.

Y así de ese modo tan sencillo, se inició la conversación entre Fernando y un señor que no pasaría cuarenta años, o quizá tuviera menos, pero la expresión de hombre   35 feliz en su rostro le confería madurez.° Era nacido allí y hablaba de sus convecinos como si se tratasen de familiares. Era interesante oírlo; parecía la imagen de un buen

dosificadas *distribuidas en proporción*
término medio *happy medium*
escarmentado *corregido por la experiencia*
comprobar *probar*

supusiera *de suponer*

madurez *maturity*

---

3   *Pregunta:* ¿Le va a gustar o no este lugar? ¿Por qué?

sacerdote en su púlpito, dispuesto a disculpar° los defectos y realizar las virtudes de sus feligreses.° Se acerca-
ron a una mesa; en ella un grupo disertaba° tranquilamente
al ritmo del humo de sus pipas. Fue acogido cordialmente
5 e integrado rápidamente en el grupo. Como si se tratase de
la cosa más normal del mundo el que un extraño compar-
tiese° su sociedad. Se habló de trabajo de organización
interior, predominando el tema de la familia. Pero para
nada se nombró la situación exterior, y cuando Fernando
10 insinuó algo relacionado con ella, respondieron, amablemente, que no podían hablar de un lugar y de un problema
que no conocían. Para ellos lo importante era vivir en paz
y comunidad con sus vecinos más próximos, ya que lo que
no les concernía no podían ni debían arreglarlo ellos. Era
15 una tontería perder el tiempo en hablar de esas cosas.
　　Fernando se dijo que llevaban razón y recordó las
reuniones de sus amigos, en las que cuando se hablaba de
política todos eran unos entendidos a la hora de arreglar el
mundo. Pero no se pasaba de ahí, de hablar . . . y se
20 olvidaban de otros problemas más importantes, como los
de arreglar las situaciones de ellos mismos y que exigían
una solución más inmediata.
　　Se encontraba bien pero a la vez un poco acomplejado
ante la sabiduría que demostraban aquellos seres. Pasó un
25 largo rato con ellos. Al final quedaron amigos y con la
invitación de acudir a su mesa cuando lo deseara. Fernando se iba animando poco a poco, pero aún permanecía
a la espectativa,° como el perro apaleado,° que huye
cuando ve algo relacionado con el objeto de sus desdi-
30 chas. Mujeres jóvenes, no parecían haber muchas por las
calles; y como consideró que para un día ya estaba sufi-
cientemente documentado, se dirigió a la pensión° donde
se hospedó° al llegar, pensando en ver la televisión un rato
y acostarse.
35 　　Pero en aquella casa no había televisión. Según la
señora de la pensión, este aparato restaba° mucho a la
comunicación familiar y perjudicaba° la educación de los
niños. También en eso llevaba razón, pensó Fernando y se
dirigió a la cama.
40 　　Se sentía como si después de haber sufrido una tempestad en un barco, hubiese encontrado una balsa,° mo-
vida sólo levemente por la corriente marina. Sí, le gustaba

disculpar *perdonar*
feligreses
　parishioners
disertaba *discutía*

compartiese
　repartiese

a la espectativa on
　the lookout
apaleado *golpeado*
　con palo

pensión *casa de*
　huéspedes
hospedó *vivió*

restaba *reducía*
perjudicaba *dañaba*

balsa raft

aquel lugar en el que se preocupaban unos por otros, donde nadie se mostraba hostil ni exageradamente acoge

cauces *lecho de un* dor, donde todo transcurría por unos cauces° de normali
río dad realmente confortantes.

Durmió bien esa noche. Por la mañana el desayuno   5
con la leche humeante y la sonrisa de la patrona, recordó el lugar donde se hallaba.

En el trabajo, todos aceptaron alegremente su llegada, le indicaron su cometido y se dedicaron a cumplir el suyo. De vez en cuando paraban unos breves minutos, se fuma- 10
ban un cigarrillo y se preguntaban por sus problemas, que, al parecer de Fernando, no eran muchos. Pero lo que más le asombraba es que cuando hablaba uno, los demás callaban, respetando así al protagonista del momento.

Se daban buenos consejos entre sí y no trabajaban con 15
demasiada prisa, sino tranquilamente, como realizaban

cotidiana *de todos* todo lo demás de su vida cotidiana.° Según ellos, el tra
los días bajo era muy bueno para el hombre, pero la agonía en el mismo resultaba muy perjudicial para su salud física y mental. Llevan razón, se dijo, llevan toda la razón.   20

Varios días estuvo comprobando lo razonables que eran en todo lo que hacían o decían. Pero, ¡ay!, el hombre no soporta vivir mucho tiempo entre tanta perfección y Fernando se cansó de comprobar lo imperfecto que era él al lado de esa gente. Bien es verdad que ninguno se lo 25
señaló especialmente, pero es muy difícil no poder comprobar que alguien tiene los mismos defectos que nosotros, para consolarnos.

Tampoco había encontrado una chica que no fuese perfecta para hacer de compañera suya, una mujer que él 30
pudiese amar por sus defectos y virtudes, todo unido, y Fernando se aburrió, llegando a aborrecerse a sí mismo por no poder corresponder con su persona al buen hacer y decir de los que le rodeaban.[4]

poquitín *de poco* Se daba cuenta de que tenía un poquitín° de envidioso 35
y mucho de inconstante para adaptarse sin un soberano esfuerzo a la tónica general.

Estaba cansado de recorrer el mundo, para al fin no
meta *objetivo* encontrar su meta.° No podía luchar más contra él mismo.

---

4   *Pregunta:* ¿Qué crees? ¿Qué va a hacer?

Regresaré a mi casa, se confesó abatido,° al menos   **abatido** *humillado*
allí nadie me exige nada de lo que no pueda dar, porque
ellos tampoco pueden hacerlo. Me duele volver vencido,
pero no puedo seguir destruyéndome yendo de un sitio a
5   otro sin encontrar nada. Moriré poco a poco allí donde
nací, entre la gente que me quiere como soy y no como
pretendo ser.

—¡Hijo mío! —¿Dónde has estado? Te hemos estado
esperando mucho tiempo, ya pensábamos con tristeza que
10   no volverías más.

—He estado lejos, muy lejos . . . madre, y en muchos lugares, pero lo que fui a buscar no lo encontré y por
eso he vuelto, a vuestro hogar.

—Que también es el tuyo, hijo. Esta casa no era la
15   misma sin ti; yo parecía muerta, y tu padre, y tus hermanos . . . Tus amigos venían muchas veces para ver si
teníamos noticias tuyas, diciéndonos que eras feliz por lo
menos.

—No, mamá, no he sido feliz, pero creo que porque
20   estaba equivocado lo he comprendido ahora, al veros. No
se puede ser dichoso en un lugar en el que no te une más
que el presente, porque aunque éste es muy importante,
no vale gran cosa si no puede compararse con su pasado,
que es el que nos hace amar con más fuerza este presente.

25   —Estaba equivocado porque buscando la «gran cosa»
olvidé las «pequeñitas» que, sin hacer tanto ruido, van
metiéndose dentro de uno. Ya no iré más a buscar fuera lo
que puedo encontrar dentro.

Y Fernando siguió viendo la televisión, oyendo hablar
30   de fútbol y maldiciendo los semáforos . . . Siguió
oyendo y diciendo tonterías, pero en el fondo consciente
ahora de que había algo que le unía a los demás: su
pasado, su presente, y . . . ¿por qué no?, su futuro también.

DESPUÉS DE LEER

Resumen

Escribe en español un resumen de este cuento y ven a clase preparado(a) a presentárselo oralmente a un(a) compañero(a) de clase. Tu compañero(a) te dirá si te equivocas o si omites algún dato importante.

Uso de palabras

Prepara una lista de por lo menos cinco, de más si es posible, palabras o frases que caracterizan lo siguiente:

1. El estado psicológico de Fernando antes de dejar a su familia
2. La primera ciudad
3. La segunda ciudad
4. La tercera ciudad
5. El estado psicológico de Fernando al volver a su familia

Pensar y comentar

Fernando
Describe un día típico en la vida de Fernando. Describe su estado psicológico. Nombra algunas cosas que no le gustaban. ¿Por qué no era feliz al principio del cuento? ¿Qué buscaba cuando dejó el pueblo? ¿Cómo estaba cuando volvió a su casa?

La primera ciudad
¿Qué le llamó a Fernando más la atención en esta ciudad? ¿Qué le pasó cuando entró en un bar y cuando fue a un parque para buscar amigos? Aunque no quería quedarse en el cine porque la película era muda, no salió. ¿Por qué? ¿Cómo reaccionaron todos cuando empezó a hablar en voz alta para que notaran su presencia? Esta ciudad pareció tener las condiciones del ideal que buscaba Fernando, ¿qué le hacía falta para ser feliz?

La segunda ciudad

¿Qué le llamó más la atención en esta ciudad? ¿A
Fernando le gustaba que la gente estuviera de buen humor
y supiera divertirse? ¿Qué le pasó el cuarto día de fiesta
y risa continua? ¿Qué hicieron el guardia y todos los que lo
miraban? ¿Por qué dejó esta ciudad?

La tercera ciudad

¿Qué le gustó de lo que vio y de lo que oyó allí? ¿De qué
hablaba la gente? ¿Por qué no había televisión en la
pensión? ¿Qué pensaban en esta ciudad del trabajo? ¿De
qué se cansó Fernando en esta ciudad?

La vuelta a casa

¿Cuál fue la reacción de todos al verlo? Según él, ¿cuáles
son los requisitos para ser feliz? ¿Qué hacía después de
volver a su casa? ¿En dónde encontró lo que buscaba?
¿En qué se equivocó Fernando?

Simbolismo

¿A quién representa Fernando? ¿A todos los seres humanos, a unos seres humanos, o a todos los seres humanos a
cierta edad? ¿A qué edad? ¿Qué tipo de sociedad simboliza
cada ciudad? ¿Qué tipo de deseo humano simboliza cada
ciudad?

Tema

¿Qué mensaje nos quiere dar la autora sobre la sociedad,
la gente y la felicidad? En tu opinión, ¿hay otros temas?

Otros puntos de discusión

En la descripción de Fernando en el primer párrafo la
autora dice, «No es que tuviese mal carácter, pero
últimamente se hallaba como a disgusto con todo, en
todo, . . . y no sabía por qué. Soy joven, se decía, tengo
un trabajo, unos amigos y debiera ser feliz . . . pero no
lo soy.» ¿Qué te parece esto? ¿Es realista esta descripción?
¿Es posible ser infeliz y no saber por qué? ¿Es eso común
entre los jóvenes?

   ¿Crees que la autora tiene razón cuando dice que
«el hombre no soporta vivir mucho tiempo entre tanta
perfección»? ¿Por qué?

Lee otra vez el párrafo que incluye las líneas 33–35 de página 117 y líneas 1–7 de página 118 y comenta las emociones y los pensamientos de Fernando. Lee otra vez los últimos tres párrafos y comenta las implicaciones.

Reacción personal

¿Qué piensas del estado psicológico de Fernando al principio? ¿Qué piensas de las reacciones de Fernando en cada lugar? ¿Tienes otra(s) idea(s) que quieras comentar con la clase?

Temas

A. Todos hemos sentido a veces la insatisfacción de Fernando y hemos pensado como Fernando, «Si pudiera encontrar un lugar diferente. . . .» ¿Qué tipo de lugar buscarías tú? De los cuatro lugares en este cuento, ¿en cuál preferirías vivir? ¿Por qué? ¿Por qué no te gustarían los otros?

B. También todos queremos ser felices. ¿Por qué no lo somos muchas veces? ¿De qué depende la felicidad? ¿De circunstancias externas, internas, o de las dos? ¿Qué podemos cambiar para ser felices? ¿Qué problemas especiales tienen los jóvenes de la universidad? ¿Qué pueden cambiar para ser más felices?

C. ¿Cuáles son las características de un «adulto» y de un «joven»? ¿En qué son semejantes? ¿En qué son diferentes?

Las abejas de bronce

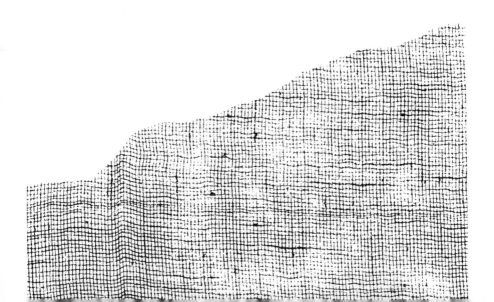

MIRO, Joan. *Abstraction*, Plate XLVII from the *Barcelona Series*. 1944. Transfer lithograph, printed in black, composition: 10 x 13. The Museum of Modern Art, New York. Purchase Fund.

ANTES DE LEER

Introducción

Los personajes de este cuento son animales. El Zorro es un hombre de negocios. Al principio, sus mejores amigos son las abejas que le producen la miel que él vende. Por supuesto, su mejor cliente es el Oso. Todo va bien. Las abejas están contentas y ayudan al Zorro. Al Oso le gusta la miel y el Zorro recibe ganancias suficientes para vivir bien. Pero un día todo cambia. Alguien inventa abejas artificiales.

Luego, todo cambia. Al principio todo va bien. El Zorro gana mucho dinero. Los consumidores pueden comprar miel higiénico. Parece una invención ideal, pero poco a poco se revela que hay problemas grandes.

1. Las abejas son de la naturaleza. Describe sus características.

2. Las abejas de bronce son de la tecnología. Describe como serán sus características.

3. Comenta los varios beneficios y las varias amenazas de la tecnología en el mundo moderno.

4. Analiza el papel de los vendedores y de los consumidores en lo que le pasa a la naturaleza y en los productos tecnológicos que usamos.

Vocabulario

A. Palabras con raíces similares

En el caso de muchas palabras de esta obra, la palabra española y la palabra inglesa tienen raíces muy parecidas en cuanto a la forma y al significado. Estudia las dos siguientes listas. Para cada palabra española de la lista a la izquierda, escoge de la segunda lista la palabra asociada inglesa. Luego, da el significado en inglés de la palabra española.

1. desdeñoso   A. to prove, to probe
2. aconsejar   B. venomous
3. extranjero   C. extraneous
4. demoler   D. demolition
5. capricho   E. tardy
6. probar   F. disdain
7. venenoso   G. capricious
8. tardar   H. counsel

B. Palabras relacionadas

En el caso de aun otras palabras de esta obra, se puede deducir el significado pensando en otras palabras relacionadas en español. Busca las palabras relacionadas con las de la siguiente lista. ¿Qué significan en inglés las palabras dadas y las palabras relacionadas?

1. Una palabra relacionada con «en, tierra», en la página 135 línea 1
2. Con «piel», en la página 135 línea 34
3. Con «contar», en la página 136 línea 28
4. Con «ahorrar», en la página 136 línea 36
5. Con «ganar», en la página 138 línea 16
6. Con «in, alfabeto», en la página 138 líneas 28–29
7. Con «vacío», en la página 139 línea 11
8. Con «perder», en la página 139 línea 22
9. Con «loco», en la página 140 línea 15

C. Palabras a adivinar

Examina el contexto en que ocurren las siguientes palabras y sin buscar la definición en el glosario trata de inferir el equivalente en inglés.

1. «principio», en la página 134 línea 1
2. «maña», en la página 134 línea 3
3. «tratar a», en la página 134 línea 4
4. «balanza», en la página 134 línea 17
5. «inmutó», en la página 134 línea 18

6. «fanfarrón», en la página 135 línea 21
7. «balbuceaba», en la página 135 línea 23
8. «zumbaron», en la página 135 línea 29
9. «reinas», en la página 136 línea 29
10. «zánganos», en la página 136 línea 29
11. «obreras», en la página 136 línea 30
12. «bien», en la página 138 línea 37
13. «mal», en la página 138 línea 37
14. «pico», en la página 138 línea 40
15. «tragó», en la página 138 línea 40
16. «desgarró», en la página 139 línea 1
17. «cuerdas», en la página 139 línea 1
18. «falleció», en la página 139 línea 3

Preguntas

Es más eficiente leer con propósito, en especial la primera vez. Por eso, lee buscando las respuestas a las siguientes preguntas. Si no sabes el significado de una palabra y si no puedes deducirlo, búscalo en el glosario.

1. ¿De qué vivió el Zorro?
2. ¿Cómo son el Zorro y el Oso?
3. Describe la escena de la confrontación entre el Zorro y el Oso relacionada a la balanza.
4. ¿Qué compró el Zorro para ganar más dinero?
5. ¿Cómo fue la nueva miel?
6. ¿Cuál fue el resultado inmediato de la nueva miel?
7. ¿Qué accidentes ocurrieron?
8. ¿Cómo se explican estos accidentes?
9. ¿Qué les pasó a las flores a causa de las abejas artificiales?
10. ¿Cómo resolvió el Zorro su problema al fin?

Las abejas de bronce

Marco Denevi

*Nacido en un barrio de Buenos Aires en los años veinte de este siglo.
Sus padres fueron inmigrantes italianos. Todavía vive en Buenos Aires
donde trabaja en un banco postal nacional de ahorros y sigue
escribiendo.
La fama le llegó de forma instantánea con la publicación en 1955 de su
primer libro,* Rosaura a las diez, *una obra de misterio que ha tenido mucho
éxito. También, ha escrito cuentos y obras de teatro. Su* Ceremonia secreta
ganó el premio Life *en Español por la mejor novela corta de
Latinoamérica. En* Falsificaciones *y* Hierba del cielo *se ven influencias
de Borges.
Como en el caso de otros escritores hispanoamericanos la fantasía de sus
obras sirve de base para la crítica social. En especial, en sus obras
la persona pierde su individualidad en un mundo burocrático
en que se sustituye la locura oficial por el caos que intenta eliminar.*

Desde el principio del tiempo el Zorro° vivió de la venta
de la miel. Era, aparte de una tradición de familia, una
especie de vocación hereditaria. Nadie tenía la maña del
Zorro para tratar a las Abejas° (cuando las Abejas eran
unos animalitos vivos y muy irritables) y hacerles rendir al 5
máximo. Esto por un lado.°
    Por otro lado° el Zorro sabía entenderse con° el Oso°,
gran consumidor de miel y, por lo mismo,° su mejor
cliente. No resultaba fácil llevarse bien con° el Oso. El
Oso era un sujeto un poco brutal, un poco salvaje, al que la 10
vida al aire libre, si le proporcionaba una excelente salud,
lo volvía de una rudeza de manera que no todo el mundo
estaba dispuesto a tolerarle.
    (Incluso el Zorro, a pesar de su larga práctica, tuvo
que sufrir algunas experiencias desagradables en ese sen- 15
tido.) Una vez, por ejemplo, a causa de no sé qué cuestión
baladí,° el Oso destruyó de un zarpazo° la balanza para
pesar la miel. El Zorro no se inmutó ni perdió su sonrisa.

Zorro fox

Abejas *insectos que
producen la miel*

Esto ... lado This to
begin with
Por otro lado
Furthermore
entenderse con to
get along with
Oso bear
por lo mismo for the
same reason
llevarse ... con to get
along well with

baladí *de poco
substancia*
zarpazo swipe

(*Lo enterrarán con la sonrisa puesta,* decía de él, desdeñosamente,° su tío el Tigre.) Pero le hizo notar al Oso que,
conforme a la ley, estaba obligado a indemnizar aquel
perjuicio.

desdeñosamente
con desdén

5   —Naturalmente —se rió el Oso— te indemnizaré.
Espera que corro a indemnizarte. No me alcanzan las
piernas para correr a indemnizarte.

Y lanzaba grandes carcajadas° y se golpeaba un
muslo° con la mano.

carcajadas loud
laughter
muslo thigh

10   —Sí —dijo el Zorro con su voz tranquila—, sí, le
aconsejo que se dé prisa,° porque las Abejas se impacien-
tan. Fíjese, señor.

se dé prisa tenga
prisa

Y haciendo un ademán teatral, un ademán estudiado,
señaló las colmenas.° El Oso se fijó e instantáneamente
15   dejó de reír. Porque vio que millares de abejas habían
abandonado los panales° y con el rostro rojo de cólera, el
ceño fruncido° y la boca crispada,° lo miraban de hito en
hito° y parecían dispuestas a atacarlo.

colmenas
receptáculo en que
las abejas hacen
los panales
panales conjunto de
celdas de cera
ceño fruncido scowl
crispada set
de ... hito from head
to foot

—No aguardan sino mi señal —agregó el Zorro,
20   dulcemente—. Usted sabe, detestan las groserías.

El Oso, que a pesar de su fuerza era un fanfarrón,
palideció de miedo.

—Está bien, Zorro —balbuceaba—, repondré la balanza. Pero por favor, dígales que no me miren así, ordé-
25   neles que vuelvan a sus colmenas.

—¿Oyen, queriditas? —dijo el Zorro melífluamente,
dirigiéndose a las Abejas—. El señor Oso nos promete
traernos otra balanza.

Las Abejas zumbaron a coro. El Zorro las escuchó
30   con expresión respetuosa. De tanto en tanto° asentía con la
cabeza y murmuraba:

De ... tanto every so
often

—Sí, sí, conforme. Ah, se comprende. ¿Quién lo
duda? Se lo transmitiré.

El Oso no cabía en su vasto pellejo.°

no ... pellejo was
beside himself

35   —¿Qué es lo que están hablando, Zorro? Me tienes
sobre ascuas.°

Me ... ascuas You
have me on
tenterhooks
flamante nueva

El Zorro lo miró fijo.

—Dicen que la balanza deberá ser flamante.°

—Claro está, flamante. Y ahora, que se vuelvan.

40   —Niquelada.

—De acuerdo, niquelada.

—Fabricación extranjera.

suiza Swiss

—¿También eso?
—Preferentemente suiza.°
—Ah, no, es demasiado. Me extorsionan.
—Repítalo, señor Oso. Más alto. No lo han oído.
—Digo y sostengo que . . . Está bien, está bien. Tra- 5

de ... vez once and
for all

taré de complacerlas. Pero ordéneles de una buena vez°
que regresen a sus panales. Me ponen nervioso tantas
caras de abeja juntas, mirándome.
El Zorro hizo un ademán raro, como un ilusionista, y
las Abejas, después de lanzar al Oso una última mirada 10

amonestadora
warning
mohino disgustado

amonestadora,° desaparecieron dentro de las colmenas. El
Oso se alejó, un tanto mohino° y con la vaga sensación de
que lo habían engañado. Pero al día siguiente reapareció
trayendo entre sus brazos una balanza flamante, niquelada, con una chapita de bronce donde se leía: *Made in* 15
Switzerland.[1]

Lo dicho As has
been said
manejar controlar

Lo dicho:° el Zorro sabía manejar° a las Abejas y
sabía manejar al Oso. Pero ¿a quién no sabía manejar ese
zorro del Zorro?[2]
Hasta que un día se inventaron las abejas artificiales. 20
Sí. Insectos de bronce, dirigidos electrónicamente, a
control remoto (como decían los prospectos ilustrativos),
podían hacer el mismo trabajo que las Abejas vivas. Pero
con enormes ventajas. No se fatigaban, no se extravia-

extraviaban perdían
arañas spiders

ban,° no quedaban atrapadas en las redes de las arañas,° 25
no eran devoradas por los Pájaros; no se alimentaban, a su
vez, de miel, como las Abejas naturales (miel que en la
contabilidad y en el alma del Zorro figuraba con grandes

cifras números

cifras° rojas); no había, entre ellas, ni reinas, ni zánganos;
todas iguales, todas obreras, todas dóciles, obedientes, 30
fuertes, activas, de vida ilimitada, resultaban, en cualquier sentido que se considerase la cuestión, infinitamente
superiores a las Abejas vivas.
El Zorro en seguida vio el negocio, y no dudó. Mató
todos sus enjambres, demolió las colmenas de cera, con 35
sus ahorros compró mil abejas de bronce y su correspondiente colmenar también de bronce, mandó instalar el
tablero de control, aprendió a manejarlo, y una mañana

1 *Pregunta:* ¿Qué hacen las abejas para el Zorro?
2 *Pregunta:* ¿Qué quiere decir esta pregunta?

los animales presenciaron, atónitos,° cómo las abejas de
bronce atravesaban por primera vez el espacio.
El Zorro no se había equivocado. Sin levantarse siquiera de su asiento, movía una palanquita,° y una nube de
5 abejas salía rugiendo° hacia el norte, movía otra palanquita, y otro grupo de abejas disparaba° hacia el sur, un
nuevo movimiento de palanca, y un tercer enjambre se
lanzaba en dirección al este, *et sic de ceteris.*° Los insectos de bronce volaban raudamente,° a velocidades
10 nunca vistas, con una especie de zumbido amortiguado°
que era como el eco de otro zumbido; se precipitaban
como una flecha° sobre los cálices,° sorbían° rápidamente
el néctar, volvían a levantar vuelo, regresaban a la colmena, se incrustaban cada una en su alvéolo,° hacían unas
15 rápidas contorsiones, unos ruiditos secos, *tric, trac, cruc,*
y a los pocos instantes destilaban la miel, una miel pura,
limpia, dorada,° incontaminada, aséptica; y ya estaban en
condiciones de recomenzar. Ninguna distracción, ninguna fatiga, ningún capricho, ninguna cólera. Y así las
20 veinticuatro horas del día. El Zorro no cabía en sí de
contento.
La primera vez que el Oso probó la nueva miel puso
los ojos en blanco, hizo chasquear° la lengua y, no atre-
viéndose a opinar, le preguntó a su mujer:
25   —Vaya,° ¿qué te parece?
—No sé —dijo ella—. Le siento gusto a metal.
—Sí, yo también.
Pero sus hijos protestaron a coro:
—Papá, mamá, qué disparate. Si se ve a la legua que
30 esta miel es muy superior. Superior en todo sentido.
¿Cómo pueden preferir aquella otra, elaborada por unos
bichos tan sucios? En cambio ésta es más limpia, más
higiénica, más moderna y, en una palabra, más miel.
El Oso y la Osa no encontraron razones con que
35 rebatir° a sus hijos y permanecieron callados. Pero cuando
estuvieron solos insistieron:
—Qué quieres,° sigo prefiriendo la de antes. Tenía un
sabor . . .
—Sí, yo también. Hay que convenir, eso sí, en que la
40 de ahora viene pasteurizada. Pero aquel sabor . . .
—Ah, aquel sabor . . .

atónitos
sorprendidos

palanquita lever
rugiendo *haciendo*
ruido fuerte
disparaba were
being discharged
et sic de ceteris and
the same for all the
rest
raudamente
rápidamente
amortiguado
disminuido
flecha arrow
cálices *cubierta*
externa de las
flores
sorbían *bebían*
aspirando
alvéolo *celda de*
panal
dorada *del color de*
oro

chasquear to click

Vaya Well

rebatir *refutar*

Qué quieres say
whatever you want

Tampoco se atrevieron a decirlo a nadie, porque, en el fondo, se sentían orgullosos de servirse en un establecimiento donde trabajaba esa octava maravilla de las abejas de bronce.

—Cuando pienso que, bien mirado, las abejas de 5 bronce fueron inventadas exclusivamente para nosotros . . . —decía la mujer del Oso.

aparentaba *manifestaba*
ufano *orgulloso*

El Oso no añadía palabra y aparentaba° indiferencia, pero por dentro estaba tan ufano° como su mujer.

De modo que por nada del mundo hubieran dejado de 10 comprar y comer la miel destilada por las abejas artificiales. Y menos todavía cuando notaron que los demás animales también acudían a la tienda del Zorro a adquirir miel, no porque les gustase la miel, sino a causa de las

alardear *ostentar*

abejas de bronce y para alardear° de modernos.[3]   15

Y, con todo esto, las ganancias del Zorro crecían como un incendio en el bosque. Tuvo que tomar a su

ayudante *persona que ayuda*
Cuervo crow

servicio un ayudante° y eligió, después de meditarlo mucho, al Cuervo,° sobre todo porque le aseguró que aborrecía la miel. Las mil abejas fueron pronto cinco mil; las 20 cinco mil, diez mil. Se comenzó a hablar de las riquezas del Zorro como de una fortuna fabulosa. El Zorro se

frotaba rubbed

sonreía y se frotaba° las manos.

Y entretanto los enjambres iban, venían, salían, entraban. Los animales apenas podían seguir con la vista 25

ráfagas *golpes de luz instantánea*

aquellas ráfagas° de puntos dorados que cruzaban sobre sus cabezas. Las únicas que, en lugar de admirarse, pusieron el grito en el cielo, fueron las Arañas, esas analfabetas. Sucedía que las abejas de bronce atravesaban las

telarañas *tejidos que hace la araña*
chillaron *gritaron agudamente*

telarañas° y las hacían pedazos.   30

—¿Qué es esto? ¿El fin del mundo? —chillaron° las damnificadas la primera vez que ocurrió la cosa.

Pero como alguien las explicó luego de qué se trataba,

pleito *litigio judicial*

amenazaron al Zorro con iniciarle pleito.° ¡Qué estupidez! Como decía la mujer del Oso: 35

—Es la eterna lucha entre la luz y la sombra, entre el bien y el mal, entre la civilización y la barbarie.

se llevaron una sorpresa were surprised
Desdichado *pobre*

También los Pájaros se llevaron una sorpresa.° Porque uno de ellos, en la primera oportunidad en que vio una abeja de bronce, abrió el pico y se la tragó. ¡Desdichado!° 40

---

3 *Pregunta:* Explica por qué el público compra la nueva miel.

La abeja metálica le desgarró las cuerdas vocales, se le
embutió° en el buche° y allí le formó un tumor, de resultas
del cual falleció° al poco tiempo, en medio de los más
crueles sufrimientos y sin el consuelo del canto, porque
5   había quedado mudo. Los demás Pájaros escarmentaron.°
Y cuando ya el Zorro paladeaba° su prosperidad, comenzaron a aparecer los inconvenientes. Primero una nubecita, después otra nubecita, hasta que todo el cielo
amenazó tormenta.°
10   La serie de desastres quedó inaugurada con el episodio de las rosas artificiales. Una tarde, al vaciar una
colmena, el Zorro descubrió entre la miel rubia unos
goterones° grises, opacos, de un olor nauseabundo y sabor
acre. Tuvo que tirar toda la miel restante, que había que-
15   dado contaminada. Pronto supo, y por la colérica boca de
la víctima, el origen de aquellos goterones repugnantes.
Había sucedido que las abejas de bronce, desprovistas° de
instintos, confundieron un ramo de rosas artificiales de
propiedad de la Gansa° con rosas naturales, y cayendo
20   sobre ellas les sorbieron la cera pintada de que estaban
hechas y las dejaron convertidas en un guiñapo.° El Zorro
no solamente debió de sufrir la pérdida de la miel, sino
indemnizar a la Gansa por daños y perjuicios.
—Malditas abejas —vociferaba° mentalmente—. Las
25   otras jamás habrían caído en semejante error. Tenían un
instinto infalible. Pero quién piensa en las otras. En fin,
nada es perfecto en este mundo.
Otro día, una abeja, al introducirse como una cente-
lla° en la corola° de una azucena,° degolló° a un Picaflor°
30   que se encontraba allí alimentándose. La sangre del pájaro
tiñó de rojo la azucena. Pero como la abeja, insensible a
olores y sabores, no atendía sino sus impulsos eléctricos,
libó° néctar y sangre, todo junto. Y la miel apareció
después con un tono rosa que alarmó al Zorro. Felizmente
35   su empleado le quitó la preocupación de encima.
—Si yo fuese usted, Patrón° —le dijo con su vocecita
ronca° y su aire de solterona°—, la vendería como miel
especial para niños.
—¿Y si resultase venenosa?
40   —En tan desdichada hipótesis yo estaría muerto, Patrón.

embutió inserted
buche crop
falleció *murió*

escarmentaron *se
corrigieron por la
experiencia*
paladeaba *gozaba
de*

tormenta *tempestad*

goterones *de gota*

desprovistas
destituidas

Gansa goose

en un guiñapo in
tatters

vociferaba *de voz*

centella *rayo*
corola *cubierta
interior de la flor*
azucena white lily
degolló *cortó la
garganta*
Picaflor
hummingbird
libó *bebió*

Patrón *jefe*
ronca harsh-
sounding
solterona *de soltera*

—Ah, de modo que la ha probado. De modo que mis
subalternos° me roban la miel. ¿Y no me juró que la
aborrecía?

—Uno se sacrifica, y vean cómo le pagan —murmuró
el Cuervo, poniendo cara de dignidad ultrajada°—. La   5
aborrezco, la aborreceré toda mi vida. Pero quise probarla
para ver si era venenosa. Corrí el riesgo por usted. Ahora,
si cree que he procedido mal, despídame, Patrón.

¿Qué querían que hiciese el Zorro, sino seguir el
consejo del Cuervo? Tuvo un gran éxito con la miel rosa   10
especial para niños. La vendió íntegramente.° Y nadie se
quejó. (El único que pudo quejarse fue el Cerdo,° a causa
de ciertas veleidades° poéticas que asaltaron por esos días
a sus hijos. Pero ningún Cerdo que esté en su sano juicio
es capaz de relacionar la extraña locura de hacer versos   15
con un frasco° de miel tinta en la sangre de un Picaflor.)

El Zorro se sintió a salvo. Pobre Zorro, ignoraba° que
sus tribulaciones iban a igualar a sus abejas.

Al cabo de unos días observó que los insectos tarda-
ban cada vez más tiempo en regresar a las colmenas.   20

Una noche, encerrados en la tienda, él y el Cuervo
consideraron aquel nuevo enigma.

—¿Por qué tardan tanto? —decía el Zorro— ¿A dónde
diablos van? Ayer un enjambre demoró° cinco horas en
volver. La producción diaria, así, disminuye, y los gastos   25
de electricidad aumentan. Además, esa miel rosa la tengo
todavía atravesada en la garganta. A cada momento me
pregunto: ¿Qué aparecerá hoy? ¿Miel verde? ¿Miel ne-
gra? ¿Miel azul? ¿Miel salada?°

—Accidentes como el de las flores artificiales no se   30
han repetido, Patrón. Y en cuanto a la miel rosa, no creo
que tenga de qué quejarse.

—Lo admito. Pero ¿y este misterio de las demoras?
¿Qué explicación le encuentra?

—Ninguna. Salvo . . .   35

—¿Salvo qué?

El Cuervo cruzó gravemente las piernas, juntó las
manos y miró hacia arriba.

—Patrón —dijo, después de reflexionar unos instantes—. Salir y vigilar a las abejas no es fácil. Vuelan   40
demasiado rápido. Nadie, o casi nadie, puede seguirlas.

---

subalternos
*empleados de
categoría inferior*

ultrajada *de ofensa
grave*

íntegramente
completamente
Cerdo pig
veleidades
inconstancias

frasco *botella*
ignoraba *no sabía*

demoró *tardó*

salada *de sal*

Pero yo conozco un pájaro que, si se le unta la mano,° se   se ... mano if you
ocuparía del caso. Y le doy mi palabra que no volvería sin   grease his palm
haber averiguado la verdad.
—¿Y quién es ese pájaro?
5   —Un servidor.°   **Un servidor** Yours
El Zorro abrió la boca para cubrir de injurias al   truly
Cuervo, pero luego lo pensó mejor y optó por aceptar.
Pues cualquier recurso era preferible a quedarse con los
brazos cruzados, contemplando la progresiva e implaca-
10   ble disminución de las ganancias.
El Cuervo regresó muy tarde, jadeando° como si hu-   **jadeando** respirando
biese vuelto volando desde la China. (El Zorro, de pronto,   con dificultad
sospechó que todo era una farsa y que quizá su empleado
conocía la verdad desde el primer día.) Su cara no hacía
15   presagiar° nada bueno.   **presagiar** anunciar
—Patrón —balbuceó°—, no sé cómo decírselo. Pero   **balbuceó** pronunció
las abejas tardan, y tardarán cada vez más, porque no hay   con dificultad
flores en la comarca° y deben ir a libarlas al extranjero.   **comarca** territorio
—Cómo que no hay flores en la comarca. ¿Qué tonte-
20   ría es ésa?
—Lo que oye, Patrón. Parece ser que las flores, después que las abejas les han sorbido el néctar, se doblan, se
debilitan y se mueren.
—¡Se mueren! ¿Y por qué se mueren?
25   —No resisten la trompa° de metal de las abejas.   **trompa** aparato
—¡Diablos!   chupador de
—Y no termina ahí la cosa. La planta, después que las   algunos insectos
abejas le asesinaron las flores . . .
—¡Asesinaron! Le prohibo que use esa palabra.
30   —Digamos mataron. La planta, después que las
abejas le mataron sus flores, se niega a florecer nuevamente. Consecuencia: en toda la comarca no hay más
flores. ¿Qué me dice, Patrón?[4]
El Zorro no decía nada. Nada. Estaba alelado.°   **alelado** stupefied
35   Y lo peor es que el Cuervo no mentía. Las abejas
artificiales habían devastado las flores del país. Entonces
pasaron a los países vecinos, después a los más próximos,
luego a los menos próximos, más tarde a los remotos y

4   *Preguntas:* Nombra los daños que hicieron las abejas de bronce.
¿Cómo va a reaccionar el público? ¿Cómo va a resolver el Zorro
la situación?

lejanos, y así, de país en país, dieron toda la vuelta al
mundo y regresaron al punto de partida.

Ese día los Pájaros se sintieron invadidos de una

congoja *angustia*   extraña congoja,° y no supieron por qué. Algunos, inex-
Ruiseñor nightingale   plicablemente, se suicidaron. El Ruiseñor° quedó afó- 5
afónico *sin voz*   nico° y los colores del Petirrojo° palidecieron. Se dice que
Petirrojo robin   ese día ocurrieron extraños acontecimientos. Se dice que,
por ejemplo, los ríos dejaron de correr y las fuentes, de
cantar. No sé. Lo único que sé es que, cuando las abejas
de bronce, de país en país, dieron toda la vuelta al mundo, 10
ya no hubo flores en el campo, ni en las ciudades, ni en los
bosques, ni en ninguna parte.

anidaban *hacían*   Las abejas volvían de sus viajes, anidaban° en sus
nido   alvéolos, se contorsionaban, hacían *tric, trac, cruc,* pero
el Zorro no recogía ni una miserable gota de miel. Las 15
abejas regresaban tan vacías como habían salido.

El Zorro se desesperó. Sus negocios se desmorona-

desmoronaron   ron.° Aguantó un tiempo gracias a sus reservas. Pero
deshicieron poco a   incluso estas reservas se agotaron.° Debió despedir al
poco   Cuervo, cerrar la tienda, perder la clientela. 20
agotaron
consumieron   El único que no se resignaba era el Oso.

—Zorro —vociferaba—, o me consigues miel o te
sesos *cerebro*   levanto la tapa de los sesos.°

partida *porción de*   —Espere. Pasado mañana recibiré una partida° del
mercaderías   extranjero —le prometía el Zorro. Pero la partida del 25
extranjero no llegaba nunca.

postreras *últimas*   Hizo unas postreras° tentativas. Envió enjambres en
distintas direcciones. Todo inútil. El *tric, trac, cruc* como
una burla, pero nada de miel.

Finalmente, una noche el Zorro desconectó los ca- 30
bles, destruyó el tablero de control, enterró en un pozo las
abejas de bronce, recogió sus dineros y a favor de las
rumbo *camino*   sombras huyó con rumbo° desconocido.

Cuando iba a cruzar la frontera escuchó a sus espaldas
unas risitas y unas vocecitas de vieja que lo llamaban. 35

—¡Zorro! ¡Zorro!

tejían were weaving   Eran las Arañas, que a la luz de la luna tejían° sus telas
prehistóricas.

mueca *contorsión*   El Zorro les hizo una mueca° obscena y se alejó a
del rostro burlesca   grandes pasos. 40

Desde entonces nadie volvió a verlo jamás.

DESPUÉS DE LEER

Resumen

Escribe en español un resumen de este cuento, y ven a
clase preparado(a) a presentárselo oralmente a un(a) com-
pañero(a) de clase. Tu compañero(a) te dirá si te equivocas
o si omites algún dato importante.

Uso de palabras

Prepara quince preguntas que se pueda contestar con una
de las palabras de la siguiente lista. Hazle la pregunta a
un(a) compañero(a) de clase.

Ejemplos: ¿Qué tiene un joven que tiene siete pies de
altura si quiere jugar al baloncesto?
¿Qué tiene que hacer alguien que destruye la
propiedad de otro?

maña	negocio	probar	sangre
tratar	enjambre	ganancia	tardar
abejas	colmena	analfabeto	comarca
indemnizar	miel	daños	morirse
manejar	higiénico	pájaro	extranjero
ventaja	sabor	arañas	

Pensar y comentar

El Zorro
¿Cómo es el Zorro? ¿Cómo se gana la vida? ¿Qué maña
tiene? ¿A quiénes sabe manejar? ¿Cuál es su profesión?
¿Cuál es su objetivo principal en la vida? Describe su
condición al fin del cuento.

El Oso
¿Cómo es el Oso? ¿Dónde vive? ¿Por qué se ríe cuando el
Zorro le pide una balanza nueva? ¿Por qué le compró una
nueva? ¿Por qué no le gustó la nueva miel? ¿Por qué la
compró? ¿Qué le dijo al Zorro cuando no había más miel?

El Cuervo
¿Para quién trabaja el Cuervo? ¿Qué no le gustaba? ¿Qué
sugirió al Zorro cuando encontraron miel con una tinta
rosa? ¿De qué problema informó al Zorro? ¿Qué tipo de
empleado es? Justifica tu respuesta con ejemplos de lo que
dice o hace.

Las Abejas
¿Cómo ayudan al Zorro? ¿Cuáles son sus ventajas?
¿Cuáles son sus desventajas? ¿Qué hizo el Zorro con las
Abejas?

Las abejas de bronce
Describe las abejas de bronce. ¿Cuáles son sus ventajas?
¿Cuáles son sus desventajas? ¿Qué hizo el Zorro con
las abejas de bronce?

Simbolismo
¿Qué tipo de persona representan el Zorro, el Oso y el
Cuervo? ¿Qué simbolizan las Abejas? ¿Qué simbolizan las
abejas de bronce?

Tema
Es obvio que el autor contrasta los beneficios de la naturaleza con los de la tecnología. Según lo que ocurre en este
cuento, ¿cuál será el resultado de la tecnología? ¿Quién
tiene la culpa de la destrucción de la naturaleza? ¿Qué
papeles tienen el Zorro, el Oso y el Cuervo (o mejor dicho
el tipo representado por cada uno) en esta catástrofe?
En tu opinión, ¿es posible distinguir entre la culpa del
inventor, del público o del consumidor, del empleado y
del hombre de negocios? Explica tu respuesta. ¿Por qué
hace cada uno lo que hace? ¿Cuáles son las características
de cada grupo?

Otros puntos de discusión
¿Qué te parece el comentario del autor que la vida al aire
libre tiene como resultado «una excelente salud» y
«una rudeza de manera»? Lee otra vez las líneas 34–38
en la página 142 y comenta el significado de esta escena
con respecto a la tecnología y la naturaleza.

Reacción personal
¿Cuáles prefieres tú, las abejas naturales o las abejas
artificiales? ¿Por qué? ¿Estás de acuerdo o no lo estás
con el autor? ¿En qué sentido tiene razón y en qué sentido
se equivoca? ¿Tienes otra(s) idea(s) que quieras discutir
con la clase?

Temas

A. ¿Crees que la civilización tiene que escoger entre la
   tecnología y la naturaleza? ¿Es posible utilizar la
   tecnología sin destruir el planeta? ¿Cuáles son algunos
   peligros tecnológicos de nuestro tiempo? Nombra unos
   beneficios tecnológicos de nuestro tiempo. Comenta
   en qué sentido sería diferente nuestra sociedad sin
   la tecnología. ¿Crees que la vida sería mejor o peor?

B. El autor dice que los animales «acudían a la tienda del
   Zorro a adquirir miel, no porque les gustase la miel,
   sino a causa de las abejas de bronce y para alardear de
   modernos.» ¿En qué sentido somos nosotros todos
   culpables de «alardear de modernos»? ¿Cómo se
   aprovecha la propaganda de esta tendencia humana?

   Comenta la parte buena y la mala de los negocios,
   de la propaganda y del consumidor con respecto al uso
   de la tecnología. ¿Qué responsabilidades y derechos
   tiene cada grupo?

PICASSO, Pablo. *Seated Woman (After Cranach)*. (1958). Linoleum cut, printed in color, composition: 25 11/16 x 21 5/16. The Museum of Modern Art, New York. Gift of Mr. and Mrs. Daniel Saidenberg.

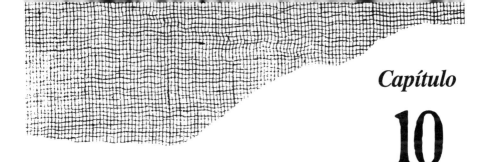

Selecciones de *La dama del alba*

ANTES DE LEER

Introducción

La dama del alba es una obra famosa escrita por Alejandro Casona. En esta colección no está incluído todo el drama, sino sólo dos escenas: la primera que consiste en un diálogo entre el Abuelo y la Peregrina y la segunda que consiste en otro entre Angélica y la Peregrina.

Antes del comienzo de la primera escena el Abuelo acababa de recordar donde había visto antes a la Peregrina. Súbitamente, comprendió quien era y lo que quería. Quiso que la Peregrina no molestara a los niños de la casa y que saliera tan pronto como fuera posible. Sin embargo, durante la conversación con la Peregrina aprendió algo de ella y al fin se despidió de ella como amiga.

Al principio de la segunda escena la Peregrina esperaba a Angélica, la hija de la familia, que había huido hacía cuatro años con un amante desconocido. No había vuelto nunca durante ese período, y todo la familia, menos Martín, su esposo, creía que estaba muerta. Volvió con objeto de ser otra vez la hija bella y pura de la familia, pero la Peregrina le dijo que esto sería imposible. Le sugirió otro camino más honrado.

1. Define la palabra «muerte» (con respecto a los seres humanos). Compara tu definición con la de tus compañeros de clase. ¿Cómo son semejantes? ¿Cómo son distintas?

2. Describe la figura y el color que usarías tú para representar la muerte. Prepárala y tráela a la clase.

3. Define el concepto de «honor». Da un ejemplo. ¿Te crees una persona de honor? ¿Es un concepto importante en nuestra sociedad?

Vocabulario

A. Palabras con raíces similares

En el caso de muchas palabras de esta obra, la palabra española y la palabra inglesa tienen raíces muy parecidas en cuanto a la forma y al significado. Estudia las dos siguientes listas. Para cada palabra española de la lista

a la izquierda, escoge de la segunda lista la palabra
asociada inglesa. Luego, da el significado en inglés de
la palabra española.

1. frío	A.	vestments
2. contagiar	B.	felicitations, felicity
3. odio	C.	dangerous
4. negar	D.	vacillate
5. daño	E.	refrigerator, frigid
6. conducir	F.	contagious
7. feliz	G.	renege
8. solo	H.	conduct
9. vestido	I.	solitude
10. vacilar	J.	odious

B. Palabras relacionadas

En el caso de algunas palabras de esta obra, se puede
deducir el significado pensando en otras palabras
relacionadas en español. Busca las palabras relacionadas
con las de la siguiente lista. ¿Qué significan en inglés
la palabra dada y la palabra relacionada?

1. Una palabra relacionada con «bien, decir», en la página
   152 línea 3
2. Con «calor», en la página 152 línea 6
3. Con «caballo», en la página 152 línea 19
4. Con «campo», en la página 154 línea 25
5. Con «antes, manos», en la página 158 línea 24
6. Con «recordar», en la página 159 línea 30

C. Palabras a adivinar

Examina el contexto en que ocurren las siguientes palabras
y sin buscar la definición en el glosario trata de inferir el
equivalente en inglés.

1. «da», en la página 151 línea 22
2. «a tiempo», en la página 151 línea 25
3. «No me fío de», en la página 153 línea 3
4. «nudos», en la página 153 línea 13
5. «al revés», en la página 153 línea 22

Preguntas

Es más eficiente leer con propósito, en especial la primera vez. Por eso, lee buscando las respuestas a las siguientes preguntas. Si no sabes el significado de una palabra y si no puedes deducirlo, búscalo en el glosario.

1. ¿Dónde había visto antes el Abuelo a la Peregrina?
2. ¿De qué tiene miedo el Abuelo?
3. ¿Qué quiere la Peregrina antes de marcharse?
4. ¿Qué piensa el Abuelo de la Peregrina?
5. ¿Cuál es el amargo destino de la Peregrina?
6. ¿Qué quería Angélica al volver a su casa?
7. ¿Cómo fue su vida en la ciudad?
8. Según la Peregrina, ¿por qué era imposible que volviera Angélica?
9. Según la Peregrina, ¿qué es lo único que le queda a Angélica?
10. ¿Por qué camino lleva la Peregrina a Angélica para mantener su honra?

Selecciones de
La dama del alba

Alejandro Casona

Nacido al principio de este siglo en Asturias en el norte de España. Sus padres fueron maestros y él estudió para maestro en Oviedo, Murcia, y Madrid. Fue maestro en un pueblo rural de los Pirineos donde se interesó en el teatro. Fue nombrado Inspector y Director de Primera Enseñanza y más tarde Director de Misiones Pedagógicas. Salió de España

en 1937 a causa de la Guerra Civil. Pasó unos años en Cuba, México,
Puerto Rico, Venezuela y otros países donde se presentaron sus
obras. En 1939 llegó a la Argentina donde trabajó y escribió para el teatro
y el cine. En 1962 volvió a su patria.
Con su primera obra teatral, La sirena varada, *representada en 1934,*
obtuvo un gran éxito, tanto que llegó a ser el dramaturgo más popular de
España cuando comenzó la Guerra Civil. En sus obras se puede
ver la realidad en la fantasía. Aunque hay aspectos de fantasía, el autor
trata de la vida real y de la gente real.

Peregrina° y Abuelo

Peregrina   (Abre lentamente los ojos.) Ya voy, ¿quién me llama?

> **Peregrina** woman making a pilgrimage

Abuelo   Mírame a los ojos, y atrévete a decir que no me
5 conoces. ¿Recuerdas el día de la mina? También yo
estaba allí, con el derrumbe° sobre el pecho y el humo
agrio° en la garganta. Creíste que había llegado la
hora y te acercaste demasiado. ¡Cuando el aire limpio
entró con las piquetas° ya había sentido tu frío y te
10 había visto la cara!

> **derrumbe** cave-in
> **agrio** *ácido*
> **piquetas** pickaxes

Peregrina   (Serenamente.) Lo esperaba. Los que me
han visto una vez no me olvidan nunca . . .

Abuelo   ¿A qué aguardas ahora? ¿Quieres que grite tu
nombre por el pueblo para que te persigan los mas-
15 tines° y las piedras?

> **mastines** *perros*

Peregrina   No lo harás. Sería inútil.

Abuelo   Creíste que podías engañarme, ¿eh? Soy ya
muy viejo, y he pensado mucho en ti.

Peregrina   No seas orgulloso, abuelo. El perro no
20 piensa y me conoció antes que tú. (Se oye una campanada en el reloj. La Peregrina lo mira sobresaltada.°)
¿Qué hora da ese reloj?

> **sobresaltada** *asustada*

Abuelo   Las nueve y media.

Peregrina   (Desesperada.) ¿Por qué no me despertaron
25 a tiempo? ¿Quién me ligó con dulces hilos que no

había sentido nunca? (Vencida.) Lo estaba temiendo y no pude evitarlo. Ahora ya es tarde.

Abuelo   Bendito el sueño que te ató los ojos y las manos.

Peregrina   Tus nietos tuvieron la culpa. Me contagiaron su vida un momento, y hasta me hicieron soñar que 5 tenía un corazón caliente. Sólo un niño podía realizar tal milagro.

Abuelo   Mal pensabas pagar el amor con que te recibieron. ¡Y pensar que han estado jugando contigo!

Peregrina   ¡Bah! ¡Tantas veces lo han hecho sin saberlo! 10

Abuelo   ¿A quién venías a buscar? (Poniéndose ante la escalera.) Si es a ellos tendrás que pasar por encima de mí.

Peregrina   ¡Quién piensa en sus nietos, tan débiles aún! ¡Era un torrente de vida lo que me esperaba esta 15 noche! ¡Yo misma le ensillé el caballo y le calcé° la espuela!°

Abuelo   ¿Martín . . . ?

Peregrina   El caballista más galán de la sierra . . . Junto al castaño° grande . . .¹   20

Abuelo   (Triunfal.) El castaño grande sólo está a media legua. ¡Ya habrá pasado de largo!

Peregrina   Pero mi hora nunca pasa del todo, bien lo sabes. Se aplaza,° simplemente.

Abuelo   Entonces, vete. ¿Qué esperas todavía?   25

Peregrina   Ahora ya nada. Sólo quisiera, antes de marchar, que me despidieras sin odio, con una palabra buena.

Abuelo   No tengo nada que decirte. Por dura que sea la vida es lo mejor que conozco.   30

Peregrina   ¿Tan distinta me imaginas de la vida? ¿Crees que podríamos existir la una sin la otra?

Abuelo   ¡Vete de mi casa, te lo ruego!

Peregrina   Ya me voy. Pero antes has de escucharme. Soy buena amiga de los pobres y de los hombres de 35

calcé *puse*
espuela spurs

castaño chestnut tree

aplaza *pospone*

---

1   *Pregunta:* ¿Quién habría muerto si no se hubiera dormido la Peregrina?

conciencia limpia. ¿Por qué no hemos de hablarnos
lealmente?

Abuelo   No me fío de ti. Si fueras leal no entrarías
disfrazada° en las casas, para meterte en las habita-   **disfrazada** disguised
5   ciones tristes a la hora del alba.

Peregrina   ¿Y quién te ha dicho que necesito entrar? Yo
estoy siempre dentro, mirándoos crecer día por día
desde detrás de los espejos.

Abuelo   No puedes negar tus instintos. Eres traidora y
10   cruel.

Peregrina   Cuando los hombres me empujáis unos contra otros, sí. Pero cuando me dejáis llegar por mi
propio paso . . . ¡cuánta ternura al desatar los nudos
últimos! ¡Y qué sonrisas de paz en el filo° de la   **filo** edge
15   madrugada!°   **madrugada** *parte del*
                                                        día antes del
Abuelo   ¡Calla! Tienes dulce la voz, y es peligroso escu-   *amanecer*
charte.

Peregrina   No os entiendo. Si os oigo quejaros siempre
de la vida ¿por qué os da tanto miedo dejarla?

20 **Abuelo**   No es por lo que dejamos. Es porque no sa-
bemos lo que hay al otro lado.

Peregrina   Lo mismo ocurre cuando el viaje es al revés.
Por eso lloran los niños al nacer.

Abuelo   (Inquieto nuevamente.°) ¡Otra vez los niños!   **nuevamente** *otra vez*
25   Piensas demasiado en ellos . . .

Peregrina   Tengo nombre de mujer. Y si alguna vez les
hago daño no es porque quiera hacérselo. Es un amor
que no aprendió a expresarse . . . ¡Que quizá no
aprenda nunca! (Baja a un tono de confidencia ín-
30   tima.) Escucha, abuelo. ¿Tú conoces a Nalón el
Viejo?

Abuelo   ¿El que canta romances en las ferias?

Peregrina   El mismo. Cuando era niño tenía la mirada
más hermosa que se vió en la tierra; una tentación azul
35   que me atraía desde lejos. Un día no pude resis-   **limosna** *lo que se da*
tir . . . y lo besé en los ojos.   *a un pobre por*
                                                        caridad
Abuelo   Ahora toca la guitarra y pide limosna° en las   **romerías**
romerías° con su perro y su platillo de estaño.°   *peregrinación*
                                                        estaño tin

Peregrina   ¡Pero yo sigo queriéndole como entonces! Y
algún día he de pagarle con dos estrellas todo el daño
que mi amor le hizo.

Abuelo   Basta. No pretendas envolverme con palabras.
Por hermosa que quieras presentarte yo sé que eres la   5

yerba *hierba*
muérdago *planta
parásita de los
árboles*

mala yerba° en el trigo y el muérdago° en el árbol.
¡Sal de mi casa! No estaré tranquilo hasta que te vea
lejos.

Peregrina   Me extraña de ti. Bien está que me imaginen

cobardes *personas
con falta de valor*

odiosa los cobardes.° Pero tú perteneces a un pueblo   10
que ha sabido siempre mirarme de frente. Vuestros
poetas me cantaron como a una novia. Vuestros mís-
ticos me esperaban en un éxtasis impaciente como una
redención. Y el más grande de vuestros sabios, me
llamó «libertad». Todavía recuerdo sus palabras,   15
cuando salió a esperarme en un baño de rosas:
«¿Quieres saber dónde está la libertad? ¡Todas las
venas de tu cuerpo pueden conducirte a ella!»*

Abuelo   Yo no he leído libros. Sólo sé de ti lo que saben
el perro y el caballo.   20

Peregrina   (Con profunda emoción de queja.) Entonces
¿por qué me condenas sin conocerme bien? ¿Por qué
no haces un pequeño esfuerzo para comprenderme?
(Soñadora.) También yo quisiera adornarme de rosas
como las campesinas, vivir entre niños felices y tener   25
un hombre hermoso a quien amar. Pero cuando voy a
cortar las rosas todo el jardín se me hiela. Cuando los
niños juegan conmigo tengo que volver la cabeza por
miedo a que se me queden quietos al tocarlos. Y en
cuanto a los hombres ¿de qué me sirve que los más   30
hermosos me busquen a caballo, si al besarlos siento
que sus brazos inútiles me resbalan sin fuerza en
la cintura. (Desesperada.) ¿Comprendes ahora lo
amargo de mi destino? Presenciar todos los dolores
sin poder llorar . . . Tener todos los sentimientos de   35
una mujer sin poder usar ninguno . . . ¡Y estar con-
denada a matar siempre, siempre, sin poder nunca
morir![2]

*   The reference is to Seneca, a noted Spanish philosopher.
2   *Pregunta:* ¿Cómo es la vida de la Peregrina?

(Cae abrumada en el sillón, con la frente entre las manos.
El Abuelo la mira conmovido. Se acerca y le pone cordialmente una mano sobre el hombro.)

Abuelo   Pobre mujer.

5 **Peregrina**   Gracias, abuelo. Te había pedido un poco de
comprensión, y me has llamado mujer, que es la
palabra más hermosa en labios de hombre. (Toma el
bordón° que ha dejado apoyado° en la chimenea.) En
tu casa ya no tengo nada que hacer esta noche; pero
10 me esperan en otros sitios. Adiós.

bordón *bastón de peregrinos*
apoyado *sostenido*

Peregrina y Angélica

(Ve a la Peregrina de espaldas y da un paso medroso hacia
ella. La Peregrina la llama en voz alta sin volverse.)

Peregrina   ¡Angélica!

15 **Angélica**   (Retrocede desconcertada.) ¿Quién le ha dicho mi nombre? Yo no la he visto nunca.

Peregrina   Yo a ti tampoco. Pero sabía que vendrías, y
no quise que encontraras sola tu casa. ¿Te vió alguien
llegar?

20 **Angélica**   Nadie. Por eso esperé a la noche, para escon-
derme de todos. ¿Dónde están mi madre y mis hermanos?

Peregrina   Es mejor que tampoco ellos te vean. ¿Ten-
drías valor para mirarlos cara a cara? ¿Qué palabras
25 podrías decirles?

Angélica   No hacen falta palabras . . . lloraré de rodillas, y ellos comprenderán.

Peregrina   ¿Martín también?

Angélica   (Con miedo instintivo.) ¿Está él aquí?

30 **Peregrina**   En la fiesta; bailando con todos alrededor del
fuego.

Angélica   Con todos, no . . . ¡mentira! Martín habrá
podido olvidarme pero mi madre no. Estoy segura

que ella me esperaría todos los días de su vida sin
contar las horas . . . (Llama.) ¡Madre! . . . ¡Madre! . . .

Peregrina   Es inútil que llames. Te he dicho que está en
la fiesta.   5

cuanto antes as
soon as possible

Angélica   Necesito verla cuanto antes.° Sé que ha de ser
el momento más terrible de mi vida y no tengo fuerzas
para esperarlo más tiempo.

Peregrina   ¿Qué vienes a buscar a esta casa? . . .

Angélica   Lo que fué mío.   10

Peregrina   Nadie te lo quitó. Lo abandonaste tú misma.

Angélica   No pretendo encontrar un amor que es imposible ya; pero el perdón sí. O por lo menos un rincón
donde morir en paz. He pagado mi culpa con cuatro
años amargos que valen toda una vida.   15

Peregrina   La tuya ha cambiado mucho en ese tiempo.
¿No has pensado cuánto pueden haber cambiado las
otras?

Angélica   Por encima de todo, es mi casa y mi gente.
¡No pueden cerrarme la única puerta que me queda! 20

Peregrina   ¿Tan desesperada vuelves?

No podía más I
couldn't take any
more

mármol marble

Angélica   No podía más.° He sufrido todo lo peor que
puede sufrir una mujer. He conocido el abandono y la
soledad; la espera humillante en las mesas de mármol,° y la fatiga triste de las madrugadas sin techo. 25
Me he visto rodar de mano en mano como una moneda sucia. Sólo el orgullo me mantenía de pie. Pero
ya lo he perdido también. Estoy vencida y no me da
vergüenza gritarlo. ¡Ya no siento más que el ansia
animal de descansar en un rincón caliente! . . .   30

doblegado *doblado*

Peregrina   Mucho te ha doblegado° la vida. Cuando se
ha tenido el valor de renunciar a todo por una pasión
no se puede volver luego, cobarde como un perro con

mendigar *pedir
limosna*
migajas *porciones
pequeñas de una
cosa*

frío, a mendigar° las migajas° de tu propia mesa.
¿Crees que Martín puede abrirte los brazos otra vez? 35

latigazos whip
lashes

Angélica   (Desesperada.) Después de lo que he sufrido
¿qué puede hacerme ya Martín? ¿Cruzarme la cara a
latigazos?° . . . ¡Mejor! . . . por lo menos sería un
dolor limpio. ¿Tirarme el pan al suelo? ¡Yo lo comeré

de rodillas, bendiciéndolo por ser suyo y de esta tierra
en que nací! ¡No! ¡No habrá fuerza humana que me
arranque de aquí! Estos manteles° los he bordado°   **manteles** tablecloths
yo . . . Esos geranios de la ventana los he plantado   **bordado** *adornado*
5   yo . . . ¡Estoy en mi casa! . . . mía . . . mía . . .   *con bordadura*
¡mía! . . .³ (Solloza° convulsa sobre la mesa, be-   **Solloza** *llora*
sando desesperadamente los manteles. Pausa. Vuelve   *convulsivamente*
a oírse la canción sanjuanera.)

Voz viril   Señor San Juan: ya las estrellas
10   perdiéndose van.
                          ¡Que viva la danza
                          y los que en ella están!

Coro   Señor San Juan . . .

(La Peregrina se le acerca piadosamente pasando la mano
15 sobre sus cabellos. Voz íntima.)

Peregrina   Díme, Angélica, ¿en esos días negros de
allá, no has pensado nunca que pudiera haber otro
camino?

Angélica   (Acodada° a la mesa, sin volverse.) Todos   **Acodada** *apoyada*
20   estaban cerrados para mí. Las ciudades son dema-
siado grandes, y allí nadie conoce a nadie.

Peregrina   Un dulce camino de silencio que pudieras
hacerte tú sola . . .

Angélica   No tenía fuerza para nada. (Reconcentrada.)
25   Y sin embargo, la noche que él me abandonó . . .

Peregrina   (Con voz de profunda sugestión como si si-
guiera en voz alta el pensamiento de Angélica.) Aquella noche pensaste que más allá, al otro lado del
miedo, hay una playa donde todo dolor se vuelve
30   espuma.° Un país de aires desnudos, con jardines   **espuma** foam
blancos de adelfas° y un frío tranquilo como un   **adelfas** rosebays
musgo° de nieve . . . Donde hay una sonrisa de paz   **musgo** moss
para todos los labios, una serenidad infinita para todos
los ojos . . . y donde todas las palabras se reducen a
35   una sola: ¡perdón!

Angélica   (Se vuelve mirándola con miedo.) ¿Quién
eres tú que me estás leyendo por dentro?

3 *Pregunta:* ¿Qué quiere Angélica?

Peregrina   Una buena amiga. La única que te queda ya.

Angélica   (Retrocede instintivamente.) Yo no te he pedido amistad ni consejo. Déjame. ¡No me mires así!

Peregrina   ¿Prefieres que tu madre y tus hermanos sepan la verdad?   5

Angélica   ¿No la saben ya?

Peregrina   No. Ellos te imaginan más pura que nunca. Pero dormida en el fondo del río.

Angélica   No es posible. Martín me siguió hasta la orilla. Escondidos en el castañar le vimos pasar a galope,   10 con la escopeta° al hombro y la muerte en los ojos.

Peregrina   Pero supo dominarse y callar.

Angélica   ¿Por qué?

Peregrina   Por ti. Porque te quería aún, y aquel silencio era el último regalo de amor que podía hacerte.   15

Angélica   ¿Martín ha hecho eso . . . por mí . . . ? (Aferrándose° a la esperanza.) Pero entonces, me quiere . . . ¡Me quiere todavía! . . .

Peregrina   Ahora ya es tarde. Tu sitio está ocupado. ¿No sientes otra presencia de mujer en la casa? . . .   20

Angélica   ¡No me robará sin lucha lo que es mío! ¿Dónde está esa mujer?

Peregrina   Es inútil que trates de luchar con ella; estás vencida de antemano. Tu silla en la mesa, tu puesto junto al fuego y el amor de los tuyos, todo lo has 25 perdido.

Angélica   ¡Puedo recobrarlo!

Peregrina   Demasiado tarde. Tu madre tiene ya otra hija. Tus hermanos tienen otra hermana.[4]

Angélica   ¡Mientes!   30

Peregrina   (Señalando el costurero.°) ¿Conoces esa labor?

Angélica   Es la mía. Yo la dejé empezada.

Peregrina   Pero ahora tiene hilos nuevos. Alguien la está terminando por ti. Asómate a esa puerta. ¿Ves 35

---

escopeta *arma larga de fuego*

Aferrándose *insistiendo con tenacidad en*

costurero *sewing box*

---

4 *Pregunta:* ¿Qué tienen ahora en la casa?

algo al resplandor de la hoguera? . . . (Angélica va al
umbral° del fondo. La Peregrina, no.)   **umbral** *entrada*

Angélica   Veo al pueblo entero, bailando con las manos
trenzadas.°   **trenzadas** *clasped*

5 **Peregrina**   ¿Distingues a Martín?

Angélica   Ahora pasa frente a la llama.

Peregrina   ¿Y a la muchacha que baila con él? Si la
vieras de cerca hasta podrías reconocer su vestido y el
pañuelo que lleva al cuello.

10 **Angélica**   A ella no la conozco. No es de aquí.

Peregrina   Pronto lo será.

Angélica   (Volviendo junto a la Peregrina.) No . . . es
demasiado cruel. No puede ser que me lo hayan robado todo. Algo tiene que quedar para mí. ¿Puede
15   alguien quitarme a mi madre?

Peregrina   Ella ya no te necesita. Tiene tu recuerdo, que
vale más que tú.[5]

Angélica   ¿Y mis hermanos . . . ? La primera palabra
que aprendió el menor fué mi nombre. Todavía lo veo
20   dormido en mis brazos, con aquella sonrisa pequeña
que le rezumaba° en los labios como la gota de miel en   **rezumaba** *exude*
los higos° maduros.°   **higos** *figs*
                                                          maduros *ripe*
Peregrina   Para tus hermanos ya no eres más que una
palabra. ¿Crees que te conocerían siquiera? Cuatro
25   años son muchos en la vida de un niño. (Se le acerca
íntima.) Piénsalo, Angélica. Una vez destrozaste tu
casa al irte ¿quieres destrozarla otra vez al volver?

Angélica   (Vencida.) ¿Adónde puedo ir si no? . . .

Peregrina   A salvar valientemente lo único que te
30   queda: el recuerdo.

Angélica   ¿Para qué si es una imagen falsa?

Peregrina   ¿Qué importa, si es hermosa? . . . También
la belleza es una verdad.

Angélica   ¿Cómo puedo salvarla?

5   *Pregunta:* ¿Qué puede hacer Angélica para mantener su
recuerdo?

Peregrina   Yo te enseñaré el camino. Ven conmigo, y

leyenda legend mañana el pueblo tendrá su leyenda.° (La toma de la
mano.) ¿Vamos . . . ?

Angélica   Suelta . . . Hay algo en ti que me da miedo.

Peregrina   ¿Todavía? Mírame bien. ¿Cómo me ves   5
ahora . . . ?

Angélica   (La contempla fascinada.) Como un gran

párpados *miembros
movibles que
cubren el ojo* sueño sin párpados° . . . Pero cada vez más hermosa . . .

Peregrina   ¡Todo el secreto está ahí! Primero, vivir apa-   10
sionadamente, y después morir con belleza. (Le pone
la corona de rosas en los cabellos.) Así . . . como si
fueras a una nueva boda. Ánimo, Angélica . . . Un
momento de valor, y tu recuerdo quedará plantado en

roble oak tree la aldea como un roble° lleno de nidos. ¿Vamos?   15

Angélica   (Cierra los ojos.) Vamos. (Vacila al andar.)

Peregrina   ¿Tienes miedo aún?

Angélica   Ya no . . . Son las rodillas que se me doblan
sin querer.

Peregrina   (Con una ternura infinita.) Apóyate en mí. Y   20
prepara tu mejor sonrisa para el viaje. (La toma suavemente de la cintura.) Yo pasaré tu barca a la otra
orilla . . .

DESPUÉS DE LEER

Resumen

Escribe en español un resumen de estas dos selecciones,
y ven a clase preparado(a) a presentárselo oralmente a
un(a) compañero(a) de clase. Tu compañero(a) te dirá si te
equivocas o si omites algún dato importante.

Uso de palabras

Estudia el significado de las siguientes palabras. Luego, prepara por lo menos quince preguntas, y házselas a un(a) compañero(a) durante la clase.

recordar	miedo	llorar	camino
engañar	quejarse	culpa	luchar
conocer	amor	desesperado	perder
paz	dolor	orgullo	vencer
voz	sentimiento	valor	sonrisa
dulce	hermoso		

Pensar y comentar

El Abuelo
¿Qué pasaba cuando vio a la Peregrina por primera vez? ¿En qué había pensado mucho el Abuelo? ¿Por quienes tiene miedo? ¿Cómo muestra a la Peregrina la compasión?

Angélica
¿Cómo estaba cuando volvió a la casa? ¿Qué quería? ¿Qué no sabía, cuando llegó, con respecto a Martín, su madre, los niños, su familia, el futuro y el recuerdo que la familia tenía de ella? Según ella, ¿quién no la olvidaría nunca? Angélica dijo que volvió porque «no podía más». Describe su vida en la ciudad. ¿En qué pensó cuando su amante la abandonó? ¿Qué hace al fin para proteger lo único que le queda, el recuerdo? ¿Quién la ayuda?

La Peregrina
Aunque la descripción no aparece en estas selecciones, la Peregrina es una joven hermosa con una cara pálida y una sonrisa de paz. (Una descripción apropiada, ¿no?) ¿Qué sentimientos de mujer tiene? ¿Qué quiere? ¿Cuál es su destino? ¿Por qué es amargo este destino? Según ella, ¿cómo es la muerte?

Simbolismo
¿Qué simboliza la Peregrina? ¿Cómo la representa el autor? ¿Qué actitudes humanas están representadas por el

Abuelo y Angélica? Comenta el modo en que el autor utiliza la descripción física de la Peregrina para dar énfasis a las características de la muerte.

Tema

El autor examina dos aspectos de la muerte, como es y la reacción de los seres humanos frente a ella. ¿Por qué tenemos miedo de la muerte? ¿Cómo están los que buscan la muerte, como Angélica?

Comenta como pinta la muerte el autor, y compara su descripción con la de otros autores. ¿Qué símbolos de la muerte han empleado otros autores?

Otros puntos de discusión

¿Cuál es la implicación cuando la Peregrina dijo que los niños han jugado mucho con ella sin saberlo? ¿cuando dijo que no sería posible existir la vida sin la muerte? ¿cuando dijo que el pueblo del Abuelo «ha sabido siempre mirarme de frente»? ¿«cuando se ha tenido el valor de renunciar a todo por una pasión no se puede volver luego»? ¿cuando dijo que el secreto de la vida es «vivir apasionadamente, y después morir con belleza»? ¿cuando dijo «Yo pasaré tu barca a la otra orilla.»?

Reacción personal

¿Por qué te gustan o por qué no te gustan estas selecciones? ¿Tienes otra(s) idea(s) que quieras discutir con la clase?

Temas

A. ¿Cuál es tu reacción frente a esta representación de la muerte? ¿Cómo describirías tú la muerte? ¿Cuáles son unas reacciones comunes con respecto a la muerte? ¿Qué piensas de cada reacción?

B. Analiza la historia y la personalidad de Angélica. Dada esta información y la situación en la casa cuando vuelve, ¿qué otros posibles fines hay para el drama? ¿Cuál prefieres tú, el del autor o uno de los otros?

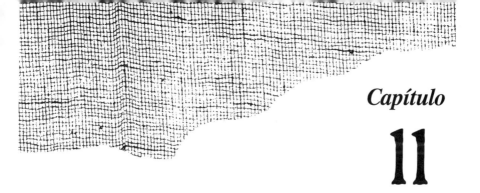

La poesía de Martí

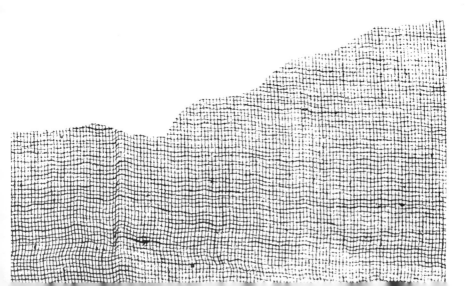

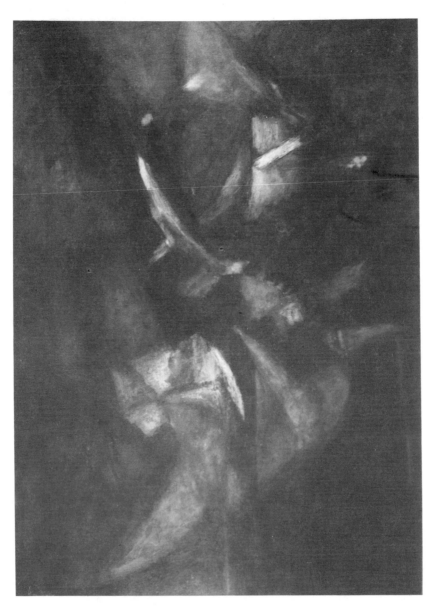

SZYSZLO, Fernando de. *Cajamarca*. 1959. Oil on canvas. 50 x 36 (127 x 91.5 cm).
Art Museum of the Americas, OAS, Washington, DC. Purchase Fund, 1960.

ANTES DE LEER

Introducción

En estas setenta y dos líneas el autor se presenta. Le dice
al lector lo que le parece más importante de sí mismo.
Es tu oportunidad a conocerlo.

1. Al presentarte tú, ¿qué le dices a la otra persona de ti?
2. Al conocer a otra persona, ¿qué quieres saber de él
   (ella)?
3. Comenta lo que no quieres decir de ti mismo a otra
   persona al conocerla.

Vocabulario

A. Palabras con raíces similares

En el caso de muchas palabras de estos versos, la palabra
española y la palabra inglesa tienen raíces muy parecidas
en cuanto a la forma y al significado. Estudia las dos
siguientes listas. Para cada palabra española de la lista a
la izquierda escoge de la segunda lista la palabra asociada
inglesa. Luego, indica una palabra inglesa asociada con
la palabra española y da el significado en inglés de la
palabra española.

1. morir   A. luxurious
2. crece   B. nominate
3. monte   C. salient
4. nombre   D. poverty
5. nacer   E. mundane
6. salir   F. crescendo, crescent
7. vivir   G. vivacious
8. pobre   H. occult
9. leer   I. mortal
10. mundo   J. mount (McKinley)
11. oculto   K. renaissance
12. lujo   L. legible

B. Palabras relacionadas

En el caso de aun otras palabras de estos versos, se puede deducir el significado pensando en otras palabras relacionadas en español. Busca las palabras relacionadas con las de la siguiente lista. ¿Qué significan en inglés la palabra dada y la palabra relacionada?

1. Una palabra relacionada con «engañar», en la página 169 línea 14

2. Con «bello», en la página 169 línea 20

3. Con «entrar», en la página 170 línea 18

4. Con «vino», en la página 170 línea 18

5. Con «morir», en la página 170 línea 23

6. Con «cansar», en la página 171 línea 13

7. Con «tierra», en la página 172 línea 7

8. Con «rima», en la página 172 línea 13

C. Palabras a adivinar

Examina el contexto en que ocurren las siguientes palabras y sin buscar la definición en el glosario trata de inferir el equivalente en inglés.

1. «crece», en la página 169 línea 3

2. «yerbas», en la página 169 línea 13

3. «lumbre», en la página 169 línea 19

4. «reflejo», en la página 170 línea 13

5. «picó», en la página 170 línea 20

6. «alcaide», en la página 170 línea 24

7. «guarida», en la página 171 línea 9

Preguntas

Es más eficiente leer con propósito, en especial la primera vez. Lee buscando las respuestas a las siguientes preguntas. Si no sabes el significado de una palabra y si no puedes deducirlo, búscalo en el glosario.

Las dos vías: ética y estética

1. ¿Cómo es el poeta?

2. ¿Qué quiere hacer antes de morir?

Vocación universal

¿Qué es?

Saber y vida

¿Qué sabe?

Camino de perfección

¿Qué ha visto?

La huída del pantano: trascendencia

¿Qué vio?

El martirio

¿Qué ha visto?

Impresiones

1. ¿Cuándo vio el alma?
2. ¿Cuándo tembló?
3. ¿Cuándo gozó?

Ismaelillo

¿Qué oyó?

Amistad y amor

¿Qué pone al lado de un amigo sincero?

El águila y la víbora

¿Qué ha visto?

El silencio profundo

¿Qué se oye cuando el mundo descansa?

La estrella apagada

¿Dónde ha puesto la mano?

La gran misión
¿Para qué vive? ¿Cuál es su objetivo?

Filosofía prima
¿Cómo es todo?

La arboleda de oro
¿Dónde se entierra el necio?

El árbol marchito
¿Dónde cuelga la pompa del rimador?

La presentación

José Martí

Nacido en Habana en el siglo pasado bajo la colonización española.
Publicó varios poemas antes de llegar a la edad de quince años.
Fundó un periódico, La patria libre, *cuando tenía dieciséis años.*
Fue muy patriótico y llegó a ser símbolo de la lucha para librar su patria
del control político de España. En 1871 los oficiales del gobierno
español lo sentenciaron a seis meses de prisión y lo mandaron a España.
Allí siguió estudiando y escribiendo ensayos políticos. Pasó algún tiempo en
España, Francia, México y Guatemala antes de volver a Cuba en 1878.
Volvieron a desterrarlo a España el próximo año. Otra vez viajó a varios
países y al fin fue a Nueva York donde pasó la mayor parte del
tiempo hasta su muerte. Se murió en una batalla contra los españoles siete
años antes de que Cuba ganara la independencia.
Fue uno de los escritores más importantes de la historia de la literatura
hispánica. Ricardo Gullón dijo, «Martí es el hombre más grande
que ha producido América.» Federico de Onís lo describió como «uno de
los escritores más fundamentalmente originales que hasta ahora ha

producido América.» Y en otra ocasión vez dijo, «Su vida fue una de las
más intensas, puras y nobles que se han vivido sobre la tierra.»
Martí escribió Versos sencillos *en el verano de 1890 mientras que vivía*
en el pueblo de Haines Falls, al pie de las montañas Catskills en Nueva
York. Se publicó el libro de versos en 1891.

a) Las dos vías: ética y estética

Yo soy un hombre sincero
De donde crece la palma,
Y antes de morirme quiero
5 Echar mis versos del alma.

b) Vocación universal

Yo vengo de todas partes,
Y hacia todas partes voy:
Arte soy entre las artes,
10 En los montes, monte soy.

c) Saber y vida

Yo sé los nombres extraños
De las yerbas y las flores,
Y de mortales engaños,
15 Y de sublimes dolores.

ch) Camino de perfección

Yo he visto en la noche oscura
Llover sobre mi cabeza
Los rayos de lumbre pura
20 De la divina belleza.

d) La huída del pantano:° trascendencia

pantano swamp

Alas nacer vi en los hombros
De las mujeres hermosas:
Y salir de los escombros,°   5
Volando las mariposas.°

escombros *ruinas, rubble*
mariposas butterflies

e) El martirio

He visto vivir a un hombre
Con el puñal° al costado,°
Sin decir jamás el nombre   10
De aquella que lo ha matado.

puñal dagger
costado *parte lateral del cuerpo humano*

f) Impresiones

Rápida como un reflejo,
Dos veces vi el alma, dos
Cuando murió el pobre viejo,   15
Cuando ella me dijo adiós.

Temblé una vez—en la reja,°
A la entrada de la viña—,
Cuando la bárbara abeja°
Picó en la frente a mi niña.   20

reja *red de barras de hierro que se pone en las ventanas*
abeja *insecto que produce la acera y la miel*

Gocé una vez, de tal suerte
Que gocé cual nunca: —cuando
La sentencia de mi muerte,
Leyó el alcaide llorando.

g) Ismaelillo°

Ismaelillo Little Ishmael

Oigo un suspiro, a través
De las tierras y la mar,
Y no es un suspiro —es
Que mi hijo va a despertar.

h) *Amistad y amor*

Si dicen que del joyero°
Tomé la joya mejor,
Tomo a un amigo sincero
5 Y pongo a un lado el amor.

joyero *persona que hace o vende joyas: objeto precioso que sirve para adorno*

i) *El águila° y la víbora°*

Yo he visto al águila herida
Volar al azul sereno,
Y morir en su guarida
10 La víbora del veneno.

águila *eagle*
víbora *serpiente venenosa*

j) *El silencio profundo*

Y sé bien que cuando el mundo
Cede, lívido, al descanso,
Sobre el silencio profundo
15 Murmura el arroyo° manso.°

arroyo *corriente de agua de poca cantidad*
manso *apacible*

k) *La estrella apagada*

Yo he puesto la mano osada,°
De horror y júbilo yerta,°
Sobre la estrella apagada
20 Que cayó frente a mi puerta.

osada *atrevida*
yerta *rígida*

l) *La gran misión*

Oculto en mi pecho bravo
La pena que me lo hiere:
El hijo de un pueblo esclavo
25 Vive por él, calla y muere.

prima *de muy* *temprano por la* *mañana*

ll) *Filosofía prima*°

Todo es hermoso y constante,
Todo es música y razón,
Y todo, como el diamante,
Antes que luz es carbón.   5

m) *El arboleda de oro*

Yo sé que el necio se entierra

llanto *efusión de* *lágrimas*

Con gran lujo y con gran llanto.°
Y que no hay fruta en la tierra
Como la del camposanto.   10

marchito *falto de* *vigor,* withered

n) *El árbol marchito*°

Callo, y entiendo, y me quito

muceta *de los* *doctores en los* *actos universi-* *tarios:* hood

La pompa del rimador:
Cuelgo de un árbol marchito
Mi muceta° de doctor.   15

DESPUÉS DE LEER

Resumen

Escribe en español un resumen de lo que sabe de Martí
y ven a clase preparado(a) a presentárselo a un(a) com-
pañero(a) de clase. Tu compañero(a) te dirá si te equivocas
o si omites algún dato importante.

Uso de palabras

Termina las siguientes oraciones según el contenido del
poema.

Soy . . .

Vengo . . .

Voy . . .

Sé . . .

He visto . . .

Vi . . .

Gocé . . .

Temblé . . .

Oigo . . .

Tomo . . .

He puesto . . .

Oculto . . .

Pensar y comentar

Las dos vías: ética y estética

En la primera línea el poeta se define. ¿Qué otras
definiciones habrían sido posibles?

El adjetivo «sincero» tiene dos significados: veraz
(alguien que dice la verdad) y auténtico. ¿Cuál te parece
más importante? Explica tu respuesta.

En las líneas 4–5 describe lo que quiere hacer en la
vida. ¿Qué otras posibilidades hay?

Vocación universal

Explica la idea de esta estrofa. (Nota la repetición de
palabras y frases.)

Saber y vida

Aquí habla de su conocimiento de la vida. ¿Cómo lo
describirías? ¿Qué tipo de conocimiento es el de las primeras dos líneas? ¿El de las últimas dos líneas? ¿Qué
revela del poeta?

Camino de perfección

¿Cuál es el contraste expresado en esta estrofa? A un
nivel es un contraste físico, pero también hay otro nivel.
¿Cuál es el contraste más profundo? ¿Cómo se siente
el poeta pensando en este contraste?

La huída del pantano: trascendencia

¿Qué puede hacer una mujer con alas y una mariposa?
Puesto que una mujer no tiene alas, ¿qué actividad
sugieren una mujer con alas y una mariposa? ¿Cuál es
el sentido figurado?

El martirio

¿Describe el poeta una vida-muerte, un vivir-muriendo,
un vivir y morir, o un vivir-morir-seguir viviendo? ¿Hay
otras figuras mitológicas y bíblicas que tenían una herida al
costado? ¿Quién fue Prometeo? Describe la herida de Jesús
Cristo. ¿Qué quieren decir las palabras «mesías», «mártir»
y «redentor»? ¿En qué sentido puede ser el poeta un
mesías, mártir o redentor?

Impresiones

El poeta describe tres sucesos. ¿Qué tipo de emoción se ve
en cada uno?

Ismaelillo

Cuando escribe esta estrofa, el poeta está separado de su
hijo. ¿Dónde está el hijo? ¿Cómo sabe que va a despertar?
¿Qué sentimiento tiene el poeta al escribir esta estrofa?

Amistad y amor

Martí había sufrido una serie de desengaños en su vida
amorosa. Hay dos tipos de amor: el amor erótico y el
no-erótico. ¿Cuál escoge el joyero y el poeta de esta
estrofa?

El águila y la víbora

En esta estrofa hay varias imágenes que están opuestas a
otras. Por ejemplo, «águila» y «víbora», «volar» y «morir»
y «azul sereno» y «guarida». ¿Qué simboliza cada una?

El silencio profundo

Aquí tenemos un contraste entre «el mundo» y «el arroyo
manso». ¿Qué simboliza cada uno?

La estrella apagada

Hay varias contradicciones que explicar en esta estrofa.
El poeta describe la mano como «osada» y «yerta». ¿Cómo

se puede explicar esta combinación de características?
También, está «yerta» «de horror y júbilo». ¿Cómo se
puede explicar esta descripción? ¿Cuál es la característica
principal de una estrella? Sin embargo, aquí está apagada y
el poeta la ha cogido. ¿Quería cogerla? (Recuerda «de
horror y júbilo».) ¿Para qué la ha cogido?

La gran misión

¿Qué es la pena que hiere al poeta? ¿Por qué cosa vive?
(Los críticos dicen que en esta estrofa se revela el sentido
mesiánico de Martí.)

Filosofía prima

Esta es la única estrofa que no está escrita en primera
persona. Según el poeta, ¿cómo es el mundo? ¿Cómo se
llega a la perfección y pureza del diamante?

El arboleda de oro

¿Por qué emplea el poeta la palabra «necio» en el primer
verso? ¿Cómo se entierran? ¿Por qué es estúpido? ¿Qué
produce el camposanto? Eso quiere decir que la muerte no
es el final de la jornada. ¿Qué es?

El árbol marchito

El poeta termina su presentación diciendo que se calla, se
quita y cuelga porque entiende. ¿Qué entiende? ¿Qué hace
para entender? ¿Por qué se quita la pompa del rimador y
cuelga de un árbol marchito su muceta de doctor?

Temas

A. Escribe una presentación personal, de ti o de otra
persona, completando las siguientes oraciones.

Soy . . .

Sé . . .

Creo . . .

Veo . . .

Conozco . . .

Escucho . . .

Suelo . . .

He visto . . .

Quiero . . .

Me doy cuenta de que . . .

Entiendo . . .

B. En la primera estrofa el poeta dice «Yo soy un hombre sincero de donde crece la palma y antes de morirme quiero echar mis versos del alma.»

1. Un aspecto importantísimo es la imagen ideal de uno mismo y de los amigos.

   ¿Qué tipo de persona quieres ser tú?

   ¿Qué tipo de amigo(a) prefieres?

2. Otro aspecto importante de la vida es los sueños. Describe tus sueños. ¿Con qué sueñas tú?

El guardagujas

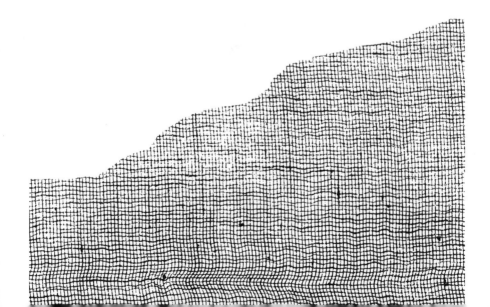

TORRES-GARCIA, Joaquín. *Composición Constructivista (Constructivist Composition)*. 1943. Oil on canvas. 26 x 30 (68.6 x 76.8 cm). Art Museum of the Americas, OAS, Washington, DC. Gift of Nelson Rockefeller, 1963.

ANTES DE LEER

Introducción

Un hombre llega a una estación de trenes. Quiere hacer
un viaje. Ve a un viejo, y le pregunta —¿Ha salido ya
el tren?

   —¿Lleva usted poco tiempo en este país? —responde
el viejo.

   ¡Claro! Es una respuesta que no esperaba el hombre.
El viejo no contestó su pregunta.

   Pero sólo es el primero de una serie de sucesos que no
espera el hombre. Tú tampoco puedes predecir lo que pasa
en este relato misterioso y cómico.

   Bienvenido al mundo de fantasía de Juan José Arreola.

1. ¿Qué espera un viajero cuando llega a la estación de
   trenes con su boleto?

2. ¿Qué podría pasar para impedir que llegara a su destino?

3. Mientras leas, compara lo que pasa en "El guardagujas" con lo que creías posible.

Vocabulario

A. Palabras con raíces similares

En el caso de muchas palabras de esta obra, la palabra
española y la palabra inglesa tienen raíces muy parecidas
en cuanto a la forma y al significado. Estudia las palabras
de la siguiente lista. Luego, indica una palabra inglesa
asociada con la palabra española y da el significado
en inglés de la palabra española.

1. valija

2. extraño

3. edificio

4. intentar

5. alimentos

6. débil

7. joven

   8. perder
   9. deber
  10. impedir

B. Palabras relacionadas

En el caso de otras palabras de esta obra, se puede deducir
el significado pensando en otras palabras relacionadas en
español. Busca las palabras relacionadas con las de la
siguiente lista. ¿Qué significan en inglés la palabra dada
y la palabra relacionada?

1. Una palabra relacionada con «pensar», en la página 182
    línea 5

2. Con «deber», en la página 182 línea 32

3. Con «des, agradecer», en la página 183 líneas 5–6

4. Con «des, esperar», en la página 184 línea 8

5. Con «molestar», en la página 185 línea 14

6. Con «esperar», en la página 185 línea 21

7. Con «dinero», en la página 185 línea 36

8. Con «cansado», en la página 186 línea 17

9. Con «fácil», en la página 186 línea 30

C. Palabras a adivinar

Examina el contexto en que ocurren las siguientes palabras
y sin buscar la definición en el glosario trata de inferir el
significado en inglés.

1. «rieles», en la página 182 línea 4

2. «ignora», en la página 182 línea 17

3. «pudieron abordar», en la página 183 línea 15

4. «rumbo», en la página 183 línea 23

5. «pasajes», en la página 183 línea 31

6. «bastaba», en la página 183 línea 33

7. «durmientes», en la página 184 línea 21

8. «desarmado», en la página 185 línea 7

9. «dándose de golpes», en la página 185 línea 29

10. «está en marcha», en la página 187 línea 19

Preguntas

Lee buscando las respuestas a las siguientes preguntas.
Si no sabes el significado de una palabra y si no puedes
deducirlo, búscalo en el glosario.

1. ¿A dónde quiere ir el hombre?
2. ¿Qué le recomienda el viejo?
3. ¿Qué falta en el país?
4. ¿Qué hacen los viajeros para viajar en el tren?
5. ¿Qué saben cuando suben a un tren?
6. ¿Qué es la «empresa»?
7. ¿Qué hace para servir a los ciudadanos del país?
8. ¿Qué hace para engañarlos?
9. ¿Qué hacen los viajeros cuando llega un tren?
10. ¿Quién es el viejo?
11. ¿Qué consejos le da al hombre?
12. Al fin del relato, ¿a dónde quiere ir el hombre?

El guardagujas

Juan José Arreola

*Mexicano nacido en Ciudad Guzmán en el estado de Jalisco al fin de la
Primera Guerra Mundial. Tuvo varias profesiones incluso actor y escritor
antes de llegar a ser profesor universitario en la capital.
Se publicaron sus primeros cuentos en una revista de Guadalajara en los
cuarenta. Su primera obra mayor,* Varia invención, *apareció en 1949.
Después, publicó una colección,* Confabulario total *en 1952, una comedia,*
La hora de todos *en 1954,* Cuentos *en 1955 y otra novela,* La feria,
en 1963.

En su obra combina la fantasía con el humor y las ideas intelectuales,
en parte de ella criticando con gran amargura la sociedad de México.

forastero *persona*
que es o viene de
fuera
enjugó *secó, limpió*
en visera *as a sun*
visor

palmada *golpe con*
la palma de la
mano
ferrocarrilero
ferrocarril: camino
con dos rieles
paralelos sobre los
cuales ruedan los
trenes

alojamiento *un*
cuarto en donde
quedarse
ceniciento *color de*
ceniza
presidio *de preso,*
prisión

boletos *billetes*
abarcan *incluyen*

El forastero° llegó sin aliento a la estación desierta. Su gran valija, que nadie quiso cargar, le había fatigado en extremo. Se enjugó° el rostro con un pañuelo, y con la mano en visera° miró los rieles que se perdían en el horizonte. Desalentado y pensativo consultó su reloj: la 5 hora justa en que el tren debía partir.

Alguien, salido de quién sabe dónde, le dio una palmada° muy suave. Al volverse, el forastero se halló ante un viejecillo de vago aspecto ferrocarrilero.° Llevaba en la mano una linterna roja, pero tan pequeña, que parecía de 10 juguete. Miró sonriendo al viajero, que le preguntó con ansiedad:

—Usted perdone, ¿ha salido ya el tren?

—¿Lleva usted poco tiempo en este país?

—Necesito salir inmediatamente. Debo hallarme en 15 T. mañana mismo.

—Se ve que usted ignora las cosas por completo. Lo que debe hacer ahora mismo es buscar alojamiento° en la fonda para viajeros—y señaló un extraño edificio ceniciento° que más bien parecía un presidio.° 20

—Pero yo no quiero alojarme, sino salir en el tren.

—Alquile usted un cuarto inmediatamente, si es que lo hay. En caso de que pueda conseguirlo, contrátelo por mes, le resultará más barato y recibirá mejor atención.

—¿Está usted loco? Yo debo llegar a T. mañana 25 mismo.

—Francamente, debería abandonarlo a su suerte. Sin embargo, le daré unos informes.

—Por favor . . .

—Este país es famoso por sus ferrocarriles, como 30 usted sabe. Hasta ahora no ha sido posible organizarlos debidamente, pero se han hecho ya grandes cosas en lo que se refiere a la publicación de itinerarios y a la expedición de boletos.° Las guías ferroviarias abarcan° y enlazan todas las poblaciones de la nación; se expenden boletos 35 hasta para las aldeas más pequeñas y remotas. Falta sola-

mente que los convoyes cumplan las indicaciones conte-
nidas en las guías y que pasen efectivamente por las
estaciones. Los habitantes del país así lo esperan; mientras tanto, aceptan las irregularidades del servicio y su
5 patriotismo les impide cualquier manifestación de desa-
grado.

—Pero ¿hay un tren que pasa por esta ciudad?

—Afirmarlo equivaldría a cometer una inexactitud.
Como usted puede darse cuenta,° los rieles existen, aun-   **darse cuenta**
10 que un tanto averiados.° En algunas poblaciones están   *entender*
sencillamente indicados en el suelo, mediante dos rayas   **averiados**
de gis.° Dadas las condiciones actuales, ningún tren tiene   *deteriorados hasta*
la obligación de pasar por aquí, pero nada impide que eso   *el punto de*
pueda suceder. Yo he visto pasar muchos trenes en mi vida   *impedir su*
                                                                  funcionamiento
15 y conocí algunos viajeros que pudieron abordarlos. Si   *normal*
usted espera convenientemente, tal vez yo mismo tenga el   **gis** slate pencil
honor de ayudarle a subir a un hermoso y confortable
vagón.

—¿Me llevará ese tren a T.?

20   —¿Y por qué se empeña usted en que ha de ser
precisamente a T.? Debería darse por satisfecho si pudiera
abordarlo. Una vez en el tren, su vida tomará efectivamente algún rumbo. ¿Qué importa si ese rumbo no es el de
T.?

25   —Es que yo tengo un boleto en regla° para ir a T.   **en regla** *valedero,*
Lógicamente, debo ser conducido a ese lugar, ¿no es así?   *valid*

—Cualquiera diría que tiene usted razón. En la fonda
para viajeros podrá usted hablar con personas que han
tomado sus precauciones, adquiriendo grandes cantidades
30 de boletos. Por regla general, las gentes previsoras° com- **previsoras** *de pre,*
pran pasajes para todos los puntos del país. Hay quien ha   *ver*
gastado en boletos una verdadera fortuna . . .

—Yo creí que para ir a T. me bastaba un boleto. Mírelo
usted . . .

35   —El próximo tramo° de los ferrocarriles nacionales   **tramo** *parte de*
va a ser construido con el dinero de una sola persona que
acaba de gastar su inmenso capital en pasajes de ida y
vuelta° para un trayecto° ferroviario cuyos planos, que   **de ida y vuelta** *de ir*
incluyen extensos túneles y puentes, ni siquiera han sido   *y volver*
                                                             trayecto *espacio de*
40 aprobados por los ingenieros de la empresa.   *un punto a otro*

—Pero el tren que pasa por T., ¿ya se encuentra en
servicio?

En realidad In fact, Actually

—Y no sólo ése. En realidad,° hay muchísimos trenes en la nación, y los viajeros pueden utilizarlos con relativa frecuencia, pero tomando en cuenta que no se trata de un servicio formal y definitivo. En otras palabras, al subir a un tren, nadie espera ser conducido al sitio que desea.   5

—¿Cómo es eso?

recurrir to resort to

—En su afán de servir a los ciudadanos, la empresa debe recurrir° a ciertas medidas desesperadas. Hace circular trenes por lugares intransitables. Esos convoyes expedicionarios emplean a veces varios años en su trayecto, y   10 la vida de los viajeros sufre algunas transformaciones

fallecimientos *muertos*

importantes. Los fallecimientos° no son raros en tales casos, pero la empresa, que todo lo ha previsto, añade a esos trenes un vagón capilla ardiente° y un vagón cemen-

capilla ardiente *capilla fúnebre (de funeral)*

terio. Es motivo de orgullo para los conductores depositar   15 el cadáver de un viajero —lujosamente embalsamado— en

andenes *sitios para andar para subir o bajar del tren*

los andenes° de la estación que prescribe su boleto. En ocasiones, esos trenes forzados recorren trayectos en que falta uno de los rieles. Todo un lado de los vagones se

estremece *hace temblar*

estremece° lamentablemente con los golpes que dan las   20 ruedas sobre los durmientes. Los viajeros de primera —es otra de las previsiones de la empresa— se colocan del lado en que hay riel. Los de segunda padecen los golpes con resignación. Pero hay otros tramos en que faltan ambos rieles; allí los viajeros sufren por igual, hasta que el tren   25 queda totalmente destruido.

—¡Santo Dios!

—Mire usted: la aldea de F. surgió a causa de uno de esos accidentes. El tren fue a dar en un terreno impractica-

Lijadas Sanded (Sandpapered)
ejes *piezas alrededor de las cuales giran las ruedas*
idilio *relaciones amorosas*
traviesos *mischievous*
enmohecidos moldy, rusted

ble. Lijadas° por la arena, las ruedas se gastaron hasta los   30 ejes.° Los viajeros pasaron tanto tiempo juntos, que de las obligadas conversaciones triviales surgieron amistades estrechas. Algunas de esas amistades se transformaron pronto en idilio,° y el resultado ha sido F., una aldea progresista llena de niños traviesos° que juegan con los   35 vestigios enmohecidos° del tren.

—¡Dios mío, yo no estoy hecho para tales aventuras!

—Necesita usted ir templando su ánimo; tal vez llegue usted a convertirse en héroe. No crea que faltan ocasiones para que los viajeros demuestren su valor y sus capaci-   40 dades de sacrificio. Recientemente, doscientos pasajeros anónimos escribieron una de las páginas más gloriosas en nuestros anales ferroviarios. Sucede que en un viaje de prueba, el maquinista advirtió a tiempo una grave omisión de los constructores de la línea. En la ruta faltaba el puente que debía salvar un abismo. Pues bien, el maquinista, en

5 vez de poner marcha hacia atrás, arengó° a los pasajeros y   **arengó** harangued obtuvo de ellos el esfuerzo necesario para seguir adelante. Bajo su enérgica dirección, el tren fue desarmado pieza por pieza y conducido en hombros al otro lado del abismo, que todavía reservaba la sorpresa de contener en su fondo

10 un río caudaloso.° El resultado de la hazaña° fue tan   **caudaloso** *con mucha agua* satisfactorio que la empresa renunció definitivamente a la   **hazaña** *acción* construcción del puente, conformándose con hacer un   *ilustre, singular y* atractivo descuento en las tarifas de los pasajeros que se   *heroica* atreven a afrontar esa molestia suplementaria.

15 —¡Pero yo debo llegar a T. mañana mismo! —¡Muy bien! Me gusta que no abandone usted su proyecto. Se ve que es usted un hombre de convicciones. Alójese por lo pronto en la fonda y tome el primer tren que pase. Trate de hacerlo cuando menos; mil personas estarán

20 para impedírselo. Al llegar un convoy, los viajeros, irritados por una espera demasiado larga, salen de la fonda en tumulto para invadir ruidosamente la estación. Muchas veces provocan accidentes con su increíble falta de cortesía y de prudencia. En vez de subir ordenadamente se

25 dedican a aplastarse° unos a otros; por lo menos, se impiden   **aplastarse** to flatten, den para siempre el abordaje, y el tren se va dejándolos   crush amotinados° en los andenes de la estación. Los viajeros,   **amotinados** agotados° y furiosos, maldicen su falta de educación, y   *inquietados, turbados* pasan mucho tiempo insultándose y dándose de golpes.   **agotados** *fatigados,*

30 —¿Y la policía no interviene?   *debilitados* —Se ha intentado organizar un cuerpo de policía en cada estación, pero la imprevisible° llegada de los trenes   **imprevisible** *de im,* hacía tal servicio inútil y sumamente costoso. Además,   *pre, ver, ible* los miembros de ese cuerpo demostraron muy pronto su

35 venalidad,° dedicándose a proteger la salida exclusiva de   **venalidad** venality: pasajeros adinerados que les daban a cambio de esa ayuda   the quality of being todo lo que llevaban encima. Se resolvió entonces el   open to bribery or establecimiento de un tipo especial de escuelas, donde los   corruption futuros viajeros reciben lecciones de urbanidad y un entre-

40 namiento° adecuado. Allí se les enseña la manera correcta   **entrenamiento** de abordar un convoy, aunque esté en movimiento y a gran   training velocidad. También se les proporciona una especie de

armadura para evitar que los demás pasajeros les rompan
costillas ribs   las costillas.°

—Pero una vez en el tren, ¿está uno a cubierto de
nuevas contingencias?

—Relativamente. Sólo le recomiendo que se fije muy   5
bien en las estaciones. Podría darse el caso de que usted
creyera haber llegado a T., y sólo fuese una ilusión. Para
regular la vida a bordo de los vagones demasiado repletos,
la empresa se ve obligada a echar mano de ciertos expe-
dientes. Hay estaciones que son pura apariencia: han sido   10
selva *terreno muy*   construidas en plena selva° y llevan el nombre de alguna
poblado de árboles   ciudad importante. Pero basta poner un poco de atención
para descubrir el engaño. Son como las decoraciones del
teatro, y las personas que figuran en ellas están llenas de
aserrín sawdust   aserrín.° Esos muñecos° revelan fácilmente los estragos°   15
muñecos *figurillas*   de la intemperie,° pero son a veces una perfecta imagen de
estragos *daños*   la realidad: llevan en el rostro las señales de un cansancio
intemperie *tiempo*   infinito.
malo
—Por fortuna, T. no se halla muy lejos de aquí.

—Pero carecemos por el momento de trenes directos.   20
Sin embargo, no debe excluirse la posibilidad de que
usted llegue mañana mismo, tal como desea. La organización de los ferrocarriles, aunque deficiente, no excluye la
escalas stops   posibilidad de un viaje sin escalas.° Vea usted, hay personas que ni siquiera se han dado cuenta de lo que pasa.   25
Compran un boleto para ir a T. Viene un tren, suben, y al
día siguiente oyen que el conductor anuncia: «Hemos
llegado a T.» Sin tomar precaución alguna, los viajeros
descienden y se hallan efectivamente en T.

—¿Podría yo hacer alguna cosa para facilitar ese re-   30
sultado?

—Claro que puede usted. Lo que no se sabe es si le
servirá de algo. Inténtelo de todas maneras. Suba usted al
tren con la idea fija de que va a llegar a T. No trate a
ninguno de los pasajeros. Podrán desilusionarlo con sus   35
historias de viaje, y hasta denunciarlo a las autoridades.

—¿Qué está usted diciendo?

—En virtud del estado actual de las cosas los trenes
viajan llenos de espías. Estos espías, voluntarios en su
mayor parte, dedican su vida a fomentar el espíritu cons-   40
tructivo de la empresa. A veces uno no sabe lo que dice y
habla sólo por hablar. Pero ellos se dan cuenta en seguida

de todos los sentidos que puede tener una frase, por senci-
lla que sea. Del comentario más inocente saben sacar una
opinión culpable. Si usted llegara a cometer la menor
imprudencia, sería aprehendido sin más; pasaría el resto
5   de su vida en un vagón cárcel o le obligarían a descender
en una falsa estación, perdida en la selva. Viaje usted
lleno de fe, consuma la menor cantidad posible de alimentos y no ponga los pies en el andén antes de que vea en
T. alguna cara conocida.
10   —Pero yo no conozco en T. a ninguna persona.
     —En ese caso redoble usted sus precauciones. Ten-
drá, se lo aseguro, muchas tentaciones en el camino. Si
mira usted por las ventanillas, está expuesto a caer en la
trampa° de un espejismo.° Las ventanillas están provistas°   **trampa** trap
15   de ingeniosos dispositivos° que crean toda clase de ilu-   **espejismo** *ilusión,*
siones en el ánimo de los pasajeros. No hace falta ser débil   *mirage*
para caer en ellas. Ciertos aparatos, operados desde la   **provistas** *proveídas*
locomotora, hacen creer, por el ruido y los movimientos,   **dispositivos**
que el tren está en marcha. Sin embargo, el tren perma-   *mecanismos*
20   nece detenido semanas enteras, mientras los viajeros ven
pasar cautivadores° paisajes a través de los cristales.   **cautivadores**
     —¿Y eso qué objeto tiene?   *encantadores*
     —Todo esto lo hace la empresa con el sano propósito
de disminuir la ansiedad de los viajeros y de anular en
25   todo lo posible las sensaciones de traslado. Se aspira a que
un día se entreguen plenamente° al azar,° en manos de una   **plenamente**
empresa omnipotente, y que ya no les importe saber a   *completamente*
dónde van ni de dónde vienen.   **azar** *casualidad,*
     —Y usted, ¿ha viajado mucho en los trenes?   *suerte, destino*
30   —Yo, señor, sólo soy guardagujas. A decir verdad,
soy un guardagujas jubilado,° y sólo aparezco aquí de vez   **jubilado** *ya no tiene*
en cuando para recordar los buenos tiempos. No he via-   *empleo a causa de*
jado nunca, ni tengo ganas de hacerlo. Pero los viajeros   *la ancianidad o*
me cuentan historias. Sé que los trenes han creado muchas   *enfermedad*
35   poblaciones además de la aldea de F. cuyo origen le he
referido. Ocurre a veces que los tripulantes° de un tren   **tripulantes** crew
reciben órdenes misteriosas. Invitan a los pasajeros a que
desciendan de los vagones, generalmente con el pretexto
de que admiren las bellezas de un determinado lugar. Se
40   les habla de grutas,° de cataratas° o de ruinas célebres: **grutas** *cuevas*
«Quince minutos para que admiren ustedes la gruta tal o   **cataratas** *salto*
cual», dice amablemente el conductor. Una vez que los   *grande de agua*
                                                                  sobre un precipicio

viajeros se hallan a cierta distancia, el tren escapa a todo
vapor.

—¿Y los viajeros?

desconcertados
confundidos

—Vagan desconcertados° de un sitio a otro durante
algún tiempo, pero acaban por congregarse y se estable-   5

intempestivas *fuera*
de tiempo y sazón,
unseasonable,
untimely
lotes *parte que*
corresponde a
cada uno en la
distribución

cen en colonia. Estas paradas intempestivas° se hacen en
lugares adecuados, muy lejos de toda civilización y con
riquezas naturales suficientes. Allí se abandonan lotes°
selectos, de gente joven, y sobre todo con mujeres abun-
dantes. ¿No le gustaría a usted pasar sus últimos días en   10
un pintoresco lugar desconocido, en compañía de una
muchachita?

guiño *cierre de un*
ojo momentánea-
mente

brinco *salto*

desordenadas in a
disorderly fashion

El viejecillo sonriente hizo un guiño° y se quedó
mirando al viajero, lleno de bondad y de picardía. En ese
momento se oyó un silbido lejano. El guardagujas dio un   15
brinco,° y se puso a hacer señales ridículas y desorde-
nadas° con su linterna.

—¿Es el tren? —preguntó el forastero.

El anciano echó a correr por la vía, desaforadamente.
Cuando estuvo a cierta distancia, se volvió para gritar: 20

—¡Tiene usted suerte! Mañana llegará a su famosa
estación. ¿Cómo dice usted que se llama?

—¡X! —contestó el viajero.

En ese momento el viejecillo se disolvió en la clara
mañana. Pero el punto rojo de la linterna siguió corriendo   25
y saltando entre los rieles, imprudentemente, al encuentro
del tren.

advenimiento
venida, llegada

Al fondo del paisaje, la locomotora se acercaba como
un ruidoso advenimiento.°

DESPUÉS DE LEER

Resumen

Escribe en español un resumen de este cuento y ven a clase
preparado(a) a presentárselo oralmente a un(a) compa-
ñero(a). Tu compañero(a) te dirá si te equivocas o si omites
algún dato importante.

Uso de palabras

Escribe una definición en español de veinte de estas
palabras o expresiones. Lee la definición a un(a)
compañero(a) de clase y pídele la palabra o expresión.

forastero	ciudadano	fijarse en
estación	fallecimiento	lugar
tren	vagón	engañar
viajero	andén	tentación
hallar	viaje	trampa
alojamiento	puente	estar en marcha
ferrocarril	esperar	guardagujas
boleto	fonda	tener suerte
abordar	llegada	darse cuenta de
empresa	entrenamiento	historia

Pensar y comentar

El viajero
El autor lo describe como «forastero». ¿Qué es lo que
no sabe cuando llega a la estación y empieza a hablar con
el guardagujas? A pesar de lo que le dice el guardagujas,
¿en qué insiste? ¿Por qué cree que debe ser conducido
a T.? ¿Cómo se sabe que tiene prisa el viajero? Al fin del
cuento, ¿a dónde dice que quiere ir?

El guardagujas
¿Cuántos años tiene? ¿Por qué viene a la estación? No ha
viajado nunca ni tiene ganas de hacerlo, ¿cómo sabe tanto
de los trenes? ¿Qué consejos le da al viajero con respecto
al tren? ¿Con respecto a subir al tren? ¿Con respecto a
bajar del tren?

Los viajeros
¿Qué hacen para prepararse para viajar en el tren? ¿Con
respecto a la fonda? ¿Con respecto a los boletos? ¿Qué
hacen cuando llega un tren? ¿Qué esperan con respecto a
su destino cuando suben al tren?

La empresa
¿Qué hace para servir a los viajeros? ¿Cómo los engaña?
¿Cuál es su objetivo?

Los trenes
Describe los itinerarios, los rieles, las aldeas, los trenes
mismos.

Las ilusiones
Nombra las varias ilusiones del cuento, es decir, las cosas
que no son lo que parecen ser.

Niveles de interpretación
Claro que se puede interpretar este cuento de varias
maneras. Una es la más obvia—una crítica del sistema
de ferrocarriles. ¿Cómo es? ¿Para qué sirve? ¿Qué otros
niveles hay?

Simbolismo
¿Qué simboliza el tren? ¿Qué tipo de organización
representa la empresa? ¿Qué representan los pasajeros?
¿Qué tipo de persona representa el viajero? Y el guardagujas, ¿es simbólico de algún tipo?

Temas
¿De qué habla el autor? ¿Qué quiere decirnos con respecto
a la gente, al gobierno, a la vida? Según él, ¿cómo es
la gente, el gobierno, la vida? ¿Qué cree el lector después
de leer el cuento? ¿Qué aspectos de cada uno critica el
autor?

Otros puntos de discusión
Hay varias situaciones cómicas. Descríbelas. ¿Son cuentos
verdaderos? ¿Cuál es el objetivo verdadero del autor—
relatar una historia cómica, seria, o los dos? ¿Por qué
utiliza el humor?

Comenta el siguiente párrafo:

¿Y por qué se empeña en que ha de ser precisamente
a T.? Debería darse por satisfecho si pudiera abordarlo.
Una vez en el tren, su vida tomará efectivamente algún
rumbo. ¿Qué importa si ese rumbo no es el de T.?

También, las dos siguientes oraciones:

1. Tendrá, se lo aseguro, muchas tentaciones en el camino.

2. Se aspira [la empresa] a que un día se entreguen [los viajeros] plenamente al azar, en manos de una empresa omnipotente, y que ya no les importe a dónde van ni de dónde vienen.

Durante el cuento el viajero insiste en que quiere ir a T. Al fin, dice que quiere ir a X. ¿Por qué cambió de idea?

¿Por qué nunca ha viajado el guardagujas y por qué no comparte las ilusiones de los viajeros?

Temas

A. ¿Qué ilusiones hay en la vida? ¿En qué aspectos son buenas o malas las ilusiones que identificaste? ¿Está bien o mal tener y guardar ilusiones en la vida pública? ¿En la vida personal? ¿Por qué?

B. ¿Qué engaños hay en el gobierno? ¿En qué aspectos son buenos o malos los engaños que identificaste? ¿Está bien o mal si el gobierno engaña a los ciudadanos? ¿Por qué? ¿Está bien o mal si a la gente no le importa a donde va o de donde viene? ¿Por qué?

C. Es común hablar de la vida en términos de un viaje, un camino o un tren. ¿Cuáles son los aspectos más importantes de este viaje? ¿La preparación? ¿El viaje mismo? ¿El destino? Comenta los que no se preparan en nuestra sociedad, es decir, los que no aprenden a leer, escribir y hacer la matemática. Los que no tienen ninguna meta, es decir, que no saben qué hacer en la vida.

TAMAYO, Rufino. *Hombre Contemplando la Luna (Man Contemplating the Moon).* Circa 1955. Lithograph. 21 x 16 1/2 (53 x 42 cm). Art Museum of the Americas, OAS, Washington, DC. Purchase Fund.

El despojado

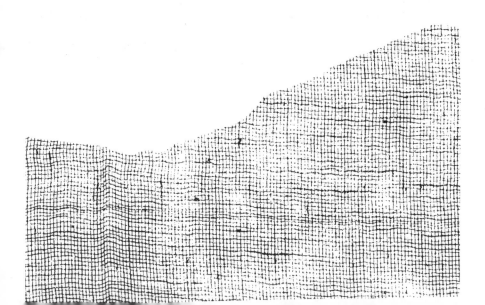

ANTES DE LEER

Introducción

Al narrador le gusta la cerámica. Le fascina. Un día
encuentra una pieza de cerámica en la tienda de una india.
Habla con ella de la cerámica y del artista que la hizo.

Después va a visitar al artista. Hablan sobre la
cerámica, la mecanización del mundo moderno, y lo
importante de la vida. Durante la conversación el artista
relata su historia personal al narrador. Le dice como
era antes, y le explica por que rechazó la vida anterior y la
cambió por la presente. También le revela el significado
del título «el despojado».

Es importante que prestes atención a los comentarios
del artista, en lo que se refiere a su filosofía de la vida,
y en su historia. En esta conversación el autor presenta al
lector sus ideas sobre la vida.

Este cuento es fácil de leer, pero es difícil de comprender. No pierdas tiempo en las primeras dos páginas
que no son nada más que introducción, pero estudia
con cuidado la conversación entre el narrador y el artista,
don Isidro.

1. Define la palabra «despojado».

2. Describe como son los artistas.

3. Explica por qué algunas personas, incluso algunos
   artistas, rechazan algunos aspectos de la sociedad
   industrializada.

4. Comenta lo que te parece más importante en tu vida.

Vocabulario

A. Palabras con raíces similares

En el caso de muchas palabras de esta obra, la palabra
española y la palabra inglesa tienen raíces muy parecidas
en cuanto a la forma y al significado. Estudia las palabras
de la siguiente lista. Luego, indica una palabra inglesa
asociada con la palabra española y da el significado
en inglés de la palabra española.

1. capaz
2. don
3. labrar
4. fabricar
5. cargar
6. socio
7. sabor
8. negocio

B. Palabras relacionadas

En el caso de aun otras palabras de esta obra, se puede
deducir el significado pensando en otras palabras relacionadas en español. Busca las palabras relacionadas con las
de la siguiente lista. ¿Qué significan en inglés la palabra
dada y la palabra relacionada?

1. Una palabra relacionada con «regla», en la página 197
   líneas 29–30
2. Con «en, volver», en la página 198 línea 11
3. Con «pesar», en la página 198 línea 37
4. Con «paz», en la página 199 línea 9
5. Con «pensar», en la página 199 línea 38
6. Con «antes, pasado», en la página 200 línea 27

C. Palabras a adivinar

Examina el contexto en que ocurren las siguientes palabras
y sin buscar la definición en el glosario trate de inferir el
significado.

1. «lucir», en la página 197 línea 7
2. «soplara», en la página 197 línea 8
3. «venas», en la página 197 línea 10
4. «caben», en la página 197 línea 14
5. «estorba», en la página 197 línea 29
6. «demás», en la página 200 línea 16
7. «parar», en la página 201 línea 28
8. «sal», en la página 201 línea 38

9. «sangre», en la página 201 línea 40

10. «leche», en la página 201 línea 40

Preguntas

Lee buscando las respuestas a las siguientes preguntas.
Si no sabes el significado de una palabra y si no puedes
deducirlo, búscalo en el glosario.

1. Hay dos escenas en este cuento. ¿En dónde ocurrió la
   conversación entre el narrador y la india?

2. ¿Dónde estaban el narrador y don Isidro cuando
   hablaban?

3. ¿En qué sentido eran similares los dos sitios?

4. ¿Qué compró el narrador a la india?

5. ¿Por qué la compró?

6. Según ella, ¿qué tipo de cerámica no le gustaba hacer
   a don Isidro?

7. ¿Qué quería poner don Isidro en sus obras?

8. ¿Qué pensaba don Isidro de los tornos eléctricos?

9. ¿Cómo era don Isidro antes de ser alfarero?

10. ¿Qué tipo de vida prefería don Isidro?

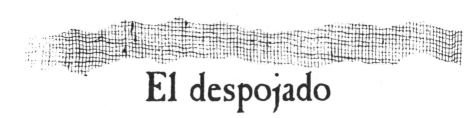

El despojado

Félix Pita Rodríguez

*Cubano. Es poeta, dramaturgo, cuentista, y ensayista. También escribió
para la radio y la televisión. Pasó gran parte de su juventud
en España, Francia e Italia. Regresó a Cuba en 1939. Comenzó a escribir
cuando era joven, y fue parte de los movimientos literarios de esos días.
Vivió varios años en Buenos Aires y Caracas, pero regresó a Cuba después*

del triunfo de la revolución. Respecto a su afiliación política, durante
gran parte de su vida ha sido miembro del partido comunista.
Sus primeras obras fueron publicadas en Diario de la Marina *y* Revista de
Avance *(1927–30), que eran publicaciones del vanguardismo cubano.*
En 1946 ganó el premio literario «Hernández Catá». En 1955 se publicó
Tobias, *una antología de sus cuentos, así como* Cuentos completos *en 1963.*
En sus obras se puede descubrir rasgos de dos elementos: su atracción
por la fantasía y la filosofía comunista.

T odo empezó por aquel cacharro° de cerámica que vi en **cacharro** earthen
el tenderete° de la india. Yo no sé si para los demás será   pot
igual: para mí, la cerámica es la cosa más misteriosa del   **tenderete** *puesto de*
                                                             venta al aire libre
mundo. Como está hecha con toda la fuerza de un hombre
5 saliendo por las yemas° de los dedos, la siento como una   **yemas** *extremos*
cosa viva, a pesar de su apariencia, la más quieta y muerta
que pueda encontrarse. A veces pienso que así debía lucir
Adán,° un minuto antes de que Dios le soplara en la boca,   **Adán** Adam
para llenarle el corazón de nostalgias y meterle el humor
10 errático en las venas.
     —¿Cuánto vale ese cacharro? —le dije a la india.
     —Cuatro pesos, señor. Mire qué bonito es.
     Yo quisiera explicar esto, aunque sé hace tiempo que
hay cosas que no caben en palabras. Cosas que desbordan°   **desbordan** *salen de*
15 a la palabra que quiere encerrarlas, y uno oye el nombre y   *los bordes*
sabe de qué se trata, pero está comprendiendo que no es
enteramente así, que hay algo más. La india me había
puesto el cacharro en las manos y yo lo estaba mirando.
La cabeza hacía su trabajo y sumaba la forma, y el color, y
20 los reflejos, valorizando. Pero estaba lo otro, lo que no
cabe en palabras y yo no podía añadirlo al resto para que
mi cabeza le diera un nombre. Era el peso. Pero no el peso
físico de la arcilla,° convertida en forma armoniosa por el   **arcilla** clay
sueño de un hombre. Era otra cosa. Después iba a saber
25 que lo que pesaba y yo sentía en las yemas de mis dedos,
era la fuerza del corazón del hombre que la había mode-
lado en su torno de alfarero.° Para comprender esto, no   **alfarero** *persona que*
hace falta saber muchas cosas. Al contrario: el mucho   *fabrica cacharros*
                                                            de arcilla
saber estorba. Le quita misterio a las cosas, las regla-
30 menta, las cataloga. Para mí, Linneo le hizo más daño a   **tormentas**
las flores que todas las tormentas° de este mundo.   *tempestades*

—¿Verdad que es bonito, señor? Don Isidro le pone un no sé qué a sus cacharros, que se conocen siempre los salidos de sus manos. No pueden ser de nadie más.

Quité la mirada del cacharro y la llevé al rostro oliváceo° de la india. Hablaba porque quería vender, pero en la entraña de sus palabras había viejas verdades, deslizándose como lagartos° de ruinas con mucho sol.

oliváceo *de olivo*

lagartos *reptiles de cuatro patas*

—Eso pasa —le dije.

—¿Se lo lleva entonces?

—Sí.   10

Lo estaba envolviendo cuando Dios quiso que hablara, porque todo es resonancia y la singular correspondencia entre el cacharro y mi corazón, no podía quedar navegando sin destino en el aire de la mañana.

—Si don Isidro quisiera, podría vender mucho más. Pero no quiere. Y luego, lo que hace lo hace a su antojo.° Porrones° y jofainas° o azafates,° hechas por él con este primor,° se me irían de las manos en un decir Jesús. Pero no quiere.

a su antojo *como quiera*
Porrones Earthen jugs
jofainas basins
azafates trays
primor *habilidad*

—¿Qué es lo que no quiere?   20

—Pues ya le dije: hacer porrones, o jofainas, o azafates. Cosas de las que la gente tiene necesidad todos los días porque se rompen más. Pero ahí tiene a don Isidro que no se le puede hablar de eso. Se enoja, señor. Tiene una idea distinta.   25

—¿Entonces don Isidro no es un indio? —le dije.

—¡Oh, no señor! ¡Qué idea! ¿No ve que tiene don?° —rió divertida—. Si lo fuera, sería taita° Isidro. Es el que cuida en la casa grande.

don *título de caballero*
taita *jefe*

Me tendió el cacharro con sus manos cortas y tos- 30 tadas, como de arcilla también, y recogió ávidamente las monedas, agradeciéndomelas con una sonrisa.[1]

Salí de la plazuela° de las cacharrerías° pensando en las jofainas y azafates que don Isidro no quería hacer.

Había una tapia,° pero como si no la hubiera, porque 35 la enredadera,° toda cuajada° de pequeñas campánulas° amarillas, la cubría por entero y la pesadez y el encierro de la piedra se hacía° libertad de valle. Desde el portón° sin rejas, marcado sólo por el hueco° de cielo azul que enmarcaban° las campánulas, vi la casa grande. Las muchas 40

plazuela *de plaza*
cacharrerías *tiendas de cacharros*
tapia adobe wall
enredadera *planta que trepa las tapias*
cuajada *recargada*
campánulas *flores en forma de campanillas*
se hacía *daba la apariencia de*
portón *de puerta*
hueco *espacio*
enmarcaban *de marcar*

1 *Preguntas:* ¿Quién es el narrador? ¿La india? ¿Don Isidro?

ventanas y el labrado de la piedra en sus columnas, procla-
maban el señorío. Al final del sendero, una fuente española enseñaba su agua delgada y solitaria. Pero yo buscaba a don Isidro, el alfarero, y torcí para encontrarle en
5 su cabaña, al fondo de los jardines, entre una columnata
de eucaliptos.

   —Quisiera comprar unos cacharros bonitos. Me mandaron aquí —dije turbado, porque estaba mintiendo.

   Era pequeño, delgado, apacible. Se me antojó pensar° **Se ... pensar** The
10 que era todo él como labrado en una sola sonrisa.   thought struck me

   —Entre, pues —me dijo al tiempo que se apartaba
ceremonioso para dejarme pasar—, entre y tal vez pudiera
ser.

   Había muchos al alcance de los ojos, surgiendo mag-
15 nificados de la penumbra,° y me detuve acongojado,°   **penumbra** *sombra*
sintiéndoles la fuerza que no puede encerrarse en pala-   *débil entre la luz y*
bras.[2]   *la oscuridad*
                                                          acongojado *afligido*

   —Yo los vendo —me dijo—, pero no los hago para
vender. Es diferente, aunque no lo parezca, así al decirlo.
20 Yo digo que no se puede hacer nada que valga la pena,
previendo° o calculando, diciéndose que va a ser así, o de **previendo**
la otra manera, o que va a servir para esto o lo de más allá. *conjeturando*
¿No le parece?

   Sí que me lo parecía y se lo dije. Entonces él continuó:
25 —Si yo hiciera mis cacharros pensando en los hombres que van a comprarlos después, ya no estaría yo en
ellos. Estarían esos hombres que los compran, y sus deseos, y la mirada de sus ojos. ¿Y para qué podía servir
eso? Un hijo tiene que ser como el vaso del corazón del
30 padre, ¿no? Y si no, dígame: ¿vio la enredadera que hay
sobre la tapia del frente?

   —Sí que la vi. Y para decirle lo que estoy pensando,
además de lo que usted me pregunta, tengo que decir que
se me antojó como si estuviera allí separando, partiendo el
35 mundo en dos, entre el cielo y la tierra, pero no como una
tapia precisamente, que es siempre la hija sombría de un
egoísmo, sino como otra cosa que no sé. Fue uno de esos
pensamientos que nos vienen sin saber por qué.

   Me miró con agrado.

---

2 *Pregunta:* ¿Qué quiere decir don Isidro?

—Yo creo que ésos son nuestros mejores pensamientos —dijo—. Pero le quería poner la enredadera por ejemplo: ¿Cree usted que la enredadera piensa en los que van a mirar sus flores, mientras las está fabricando, allá en la hondura de sus tallos,° en el secreto de sus raíces?   5

Le dije que no, que no lo creía.

—Pues ahí tiene: por eso las flores cargan ese no se sabe qué, capaz de hacer pensar a un hombre que pasa, en un muro° separando el mundo, dividiéndole en dos, entre el cielo y la tierra. Créame, en estas cosas no se puede ser   10
más que el mensajero:° un mensajero mudo° entre dos sombras.

Por los ojos me adivinó que no comprendía. Y sonrió para aclarar sin ofenderme.

—Al decir dos sombras, quería decir lo que anda por   15
dentro de uno, y lo que anda por dentro de los demás que le rodean. Si yo hiciera un cacharro pensando en el dinero que me van a dar por él, estaría metiendo en la arcilla cosas de fuera. Y al salir del horno, puede que hasta fuera bonito, pero ya no podría contarle nada a nadie.[3]   20

Me pidió permiso para seguir trabajando en el torno, porque la arcilla estaba a punto, y el pie menudo sobre el pedal de madera hizo circular la energía, trasvasándola° desde su cuerpo al torno. Era una imagen que venía repitiéndose desde el alba° del mundo. ¿Había acaso alguna   25
diferencia, algo que separase a don Isidro en aquel momento, del lejano antepasado neolítico que modeló en arcilla sus oscuros sueños? Desde el torno me llegó su voz interrogante.

—Dicen que en la fábrica de cerámica de San Miguel   30
del Monte, los tornos son eléctricos. ¿Se imagina?

Las dos palabras últimas venían envueltas en una sonrisa tan aguzada, que vi el absurdo de San Miguel del Monte sin necesidad de pensar más en él. Don Isidro ondulaba° la boca de un ánfora° con las yemas de los   35
dedos apenas posadas° sobre la arcilla en movimiento.

—Y yo me digo, ¿qué puede salir de esos tornos? ¡Cadáveres solamente! A lo mejor un día se les ocurre también que los dedos no son necesarios, y ponen una máquina a modelar la arcilla. Los alfareros desaparecerán   40

---

tallos *partes de la planta que llevan las flores*

muro *tapia*

mensajero *persona que lleva noticia*
mudo *que no habla*

trasvasando *pouring*

alba *primera luz del día*

ondulaba *was waving*
ánfora *long-necked jug or pitcher*
posadas *resting*

---

3   *Pregunta:* ¿Qué son las dos divisiones del mundo, las dos sombras?

y habrá sólo alfarerías. ¿Se da cuenta? Están matando al
hombre, asesinando su sonrisa. Por pensar esas cosas es
que me he preguntado muchas veces: ¿qué va a quedar de
nosotros cuando nos vayamos, y unos cuantos siglos dis-
5 persen el polvo que somos? Una máscara vacía: eso es lo
que quedará de nosotros. ¡Le digo a usted que da pena!

En aquel momento yo tenía en las manos un ánfora,
fina y frágil como el pensamiento. Y su peso estaba sobre
mis dedos, revelador: aquello era lo que me había miste-
10 riosamente acongojado, cuando tomara en mis manos el
cacharro, en el tenderete de la india: el peso inexpresable
del corazón de un hombre, su mensajero deslumbrador.° **deslumbrador**
                                                                      dazzling

—¡Nunca los tornos de San Miguel del Monte podrán
hacer un ánfora como ésta! —le dije mostrándole la que
15 tenía en mis manos.[4]

—Ya sé que no —se detuvo un instante sin separar los
dedos de la arcilla—, ya sé que no. Pero es que también
los ojos van perdiendo su fuerza. Pronto no serán capaces
de distinguir. Y entonces será como si se apagaran de una
20 vez° todas las lámparas que guían a los leñadores° extra- **de una vez** *para*
viados° en medio de los bosques. ¿No leyó eso cuando *siempre*
niño en muchos cuentos? Ahora yo comprendo lo que **leñadores**
querían decir.   woodcutters
                                                                      extraviados *perdidos*

—Tal vez el mal esté en que todo es demasiado fácil en
25 estos tiempos —le dije.

—Pudiera ser. Pero se me hace duro pensar que ése
sea nuestro destino sobre la tierra. ¿No ve adonde vamos a
parar por ese camino?

Hice un vago gesto de negativa.

30 —Yo digo que es como si camináramos hacia un hor-
miguero° de monstruosas hormigas ciegas, deslumbran- **hormiguero** anthill
tes, crueles. Un mundo siniestro, en el que el acto de
amamantar° a un niño no tendrá relación alguna con el **amamantar** to nurse
hermoso fluir° de la vida. Todo será entonces como salido **fluir** *movimiento*
35 de los tornos de San Miguel del Monte. Y los almarios° ya **almarios** *donde vive*
no tendrán almas.   *el alma*

Me escuché hablar como una voz ajena.

—Y si la sal pierde su sabor, ¿quién se lo devolverá?

—¡Más que la sal —dijo—, más que la sal! Es la
40 sonrisa, y la sangre de las venas, y la leche en los pechos

4   *Pregunta:* ¿Qué le parece a don Isidro la mecanización?

tope *límite*

cantarino *de cantar*

vara de medir
measuring rod
atisbando
*observando con
cuidado*

sutil *delgado*
alucinador
captivating

lienzo canvas

forastero *persona
que es de fuera*

de la madre. Todo está perdiendo su sabor. Y si llegara a
perderlo por entero, ¿quién podría devolvérselo?

—Será tal vez que hay un tope° —aventuré en un
murmullo—. Un tope, una medida fija de la que no puede
pasarse, sino volver atrás para recomenzar.   5

—¡Quién sabe! —murmuró con el acento cantarino°
de los indios. —¡Quién sabe! pero a mí se me hace difícil
imaginar a Dios con una vara de medir° entre los dedos,
atisbando° a los hombres desde sus nubes, para cortarles
las alas tan pronto les han crecido demasiado. Ya está.   10
¿Qué le parece?

Me costó trabajo volver a la cabaña en penumbra y
poner los ojos sobre el ánfora que las manos de don Isidro
acababan de sacar del torno y colocaban delicadamente
sobre la mesa.   15

—Muy hermosa —le dije—, no sé por qué, me hace
pensar en todo lo que acaba de decirme.

Sonrió complacido.

—Tenía que ser. Si le hiciera pensar en otra cosa,
entonces no valdría más que una cualquiera de las que   20
salen de los tornos de San Miguel del Monte.

En aquel preciso momento, el hilo sutil,° alucinador,°
que venía desde el tenderete de la india hasta la cabaña de
don Isidro, se rompió. Vi las sandalias primitivas en los
pies desnudos, vi el pantalón de lienzo° barato, vi el torno 25
y la cabaña a la luz cruda de las cosas que son. Y quise
saber dónde estaba la base de aquella espiral risueña, que
buscaba el cielo modelando ánforas cargadas de misterio.
Y se lo dije.

—¿No le contaron entonces? —me contestó con una 30
sonrisa—. Pues es raro. Siempre lo cuentan, sobre todo si
el que escucha es un forastero.° Yo soy un poco como la
catedral, la plaza de las cacharrerías y el viejo palacio
colonial: una curiosidad del pueblo.[5]

—No —le contesté—, no me contaron. Llegué ano- 35
che al pueblo atraído por la fama de su cerámica. Y si vine
aquí, fue porque compré un cacharro en la plazuela, y la
india que me lo vendió, me dijo que era hecho por usted.
El cacharro me gustó y vine.

5 *Pregunta:* ¿Cómo es la vida de don Isidro?

—Pues ya van a hablarle, y sobre todo ahora, cuando sepan que vino a verme.

—¿Por qué lo cree?

—Es que en un tiempo yo fui el hombre de más riqueza en todo el Estado.

Le miré y él me vio en el mirar la duda y el pensamiento mezquino.° Y añadió sonriendo:

mezquino petty, small-minded

—Puede creerme sin esperar a que se lo confirmen en el pueblo.

—Yo no tengo por qué dudarlo, don Isidro —me disculpé° torpemente.

disculpé *perdoné*

—No importa. Yo era el dueño de la casa grande, como le llaman los indios a esa que está al otro lado de los jardines. Y tenía otras además. Y tierras hasta hacer horizonte.° En aquel tiempo, yo no sabía aún hasta qué punto tener las cosas es matarlas. Quiero decir, tenerlas de la mala manera. ¿Me comprende?

hasta ... horizonte as far as the eye can see

Le confesé que no.

—Quiero decir,° que en aquel tiempo yo no sabía. No sabía que basta con que las cosas existan para tenerlas. Y eso va desde el sol hasta la más pequeña de las mariposas.° Puesto que° están ahí, son mías, que también estoy. Las miro, las tengo, me pertenecen. Pero si cojo un pedazo de bosque y tiendo una valla° todo alrededor, con una puerta, y un cerrojo,° y una llave que me guardo bien profundo en el bolsillo, entonces empieza la melancolía y la tristeza. Es así como de veras se tapa el sol con un dedo.

Quiero decir I mean

mariposas butterflies

Puesto que *Porque*

valla *línea de estacas que circunda un sitio*
cerrojo latch

Guardó silencio un momento, como para volver al punto de partida.

—Yo andaba así, como ciego, poniendo vallas a pedazos de bosque cada vez mayores. Y claro que no veía la hermosura de los árboles. No podía verla. Pero un día vi a uno de mis indios modelando en el torno una pieza. Y le escuché la congoja° de dentro. Aquel indio no tenía palabras para dejarla salir. Y por eso le brotaba de las yemas de los dedos, y se mezclaba con la arcilla. Y la congoja salía del horno encerrada en una bella forma melancólica. Ese fue el punto de partida de la paz, la primera vez que vi más allá de mis narices, por debajo de la piel del mundo. Mire ese grillo° que salta ahí. ¿Lo vio?

congoja *angustia*

grillo cricket
sobresaltó *sorprendió*

Me sobresaltó° con la pregunta. Pensé que divagaba,° pero no.

divagaba *hablaba sin concierto*

—¿Ha mirado alguna vez un grillo de cerca? ¡Seguro
que no! Y sin embargo, es un prodigio que emociona
hasta dar ganas de llorar. Todo su andamiaje° es como
tallado° en esmeralda. Y tan perfecto, que parece mentira.
¿Cree que eso puede estar en el mundo solamente para   5
ocultarse entre la hierba y saltar de tiempo en tiempo?
—A la verdad, nunca había pensado.
—Ahí está la semilla° del mal. Por ese camino es por
el que se llega a los tornos eléctricos de San Miguel del
Monte. Y de San Miguel del Monte sale el otro, el que nos 10
llevará hasta el hormiguero sombrío de que le hablé antes.
Plantó sobre el torno una masa de arcilla y el pedal
comenzó de nuevo su trabajo. Pensé que olvidaba mi
presencia allí, entregado por entero al deleite de crear.
—Mire, no hablo por hablar. Una mañana por aquel   15
tiempo, vi por primera vez un petirrojo° posado en una
rama, casi al alcance de la mano. Fíjese bien que digo por
primera vez, aunque mis ojos se habían detenido millares
y millares de veces en otros petirrojos como aquél. Pero es
que nunca los había visto verdaderamente. Y así me fue   20
pasando con todo. Estaba ganando el mundo y al mismo
tiempo comprendiendo lo fácilmente que puede perderse.
¿No iba a sentirme feliz si estaba salvado?[6]
Me miró con la interrogación, pero era evidente que
no esperaba respuesta.   25
—Y claro, entonces los que me rodeaban, comenzaron a pensar que mi cabeza no funcionaba bien. ¿Se
imagina? Ellos hablaban de los negocios, del dinero, de
colocar más vallas en más pedazos de bosque. Y yo me
estaba mientras tanto embelesado,° mirando a un petirrojo 30
en el jardín. Y comenzaron. Primero mis socios, luego
mis dos yernos, y mi hermano.
—¿Comenzaron a qué?
Hizo una pausa para que el pensamiento no le estor-
base a la sonrisa.   35
—A despojarme.° ¿Se va dando cuenta? Se tomaron
un trabajo enorme para hacerlo sin que yo lo viera. Y a mí
no se me escapaba uno solo de sus movimientos, y me
reía. Ya entonces venía a refugiarme aquí. Un indio me
enseñó a modelar, a manejar el torno, a tomarle el pulso al 40

andamiaje *esqueleto*
tallado *fabricado*

semilla seed

petirrojo robin

embelesado
encantado

despojar *robar*

6   *Pregunta:* ¿Qué le importa más en la vida a don Isidro?

horno para saber cuándo es capaz de cocer un cacharro sin romperlo. Y me enseñó también a tenderme bajo los eucaliptos y a mirar a las nubes que pasan y a las estrellas quietas. Ya puede imaginarse el tamaño° de mi alegría: **tamaño** *dimensión o*
5 había estado a punto de perder mi vida y en un momento *magnitud de una cosa*
todo había cambiado y la ganaba. Mientras tanto ellos, en la casa grande, se despedazaban° por mis despojos. Ya se **despedazaban** habían repartido legalmente—¿no le hace gracia la pala- *hacían pedazos*
bra?—ya se habían repartido legalmente mis casas y mis
10 tierras. Tenían un papel en el que decía no sé quien, que yo estaba incapacitado mentalmente para administrar mi fortuna. Después me olvidaron. Creo que por eso no me echaron también de esta cabaña. ¿No le parece maravillosa la historia?[7]
15   Me adivinó en los ojos que me lo parecía. Sus dedos se deslizaban suavemente sobre la arcilla del torno. El cuello del ánfora que modelaba, era alegre como la paz.

El dueño del hotel me oyó contarle que había estado en la casa grande para comprar unos cacharros a don
20 Isidro. Y en seguida me contó la historia, como si hablara de la catedral, de la plazuela o del palacio colonial. Pero tenía en los ojos la aspereza de los reproches.

—Le despojaron —decía—, le despojaron de todo lo que tenía. Poco a poco y con malas artes se lo quitaron
25 todo. Entre los socios, el hermano y los yernos, le dejaron poco menos que a pedir limosna.° Ya usted pudo ver en lo **limosna** *lo que se da* que le han convertido. ¡Le digo que hay gentes que no *a un pobre con* pueden tener perdón de Dios! *caridad*

—¡Quién sabe! —le respondí—. ¡Quién sabe!— A lo
30 mejor Dios les perdona. A lo mejor hasta don Isidro intercede por ellos. Uno nunca puede decir.[8]

Y sonreí, mientras él me miraba estupefacto, con el sol de la tarde que se colaba° por un cristal roto,° reflejado **colaba** *pasaba* en los ojos muy abiertos y asombrados. **roto** *de romper*

---

7   *Pregunta:* ¿Cómo fue su vida antes?
8   *Pregunta:* Describe la actitud de don Isidro.

DESPUÉS DE LEER

Resumen

Escribe en español un resumen de este cuento, y ven a clase preparado(a) a presentárselo oralmente a un(a) compañero(a) de clase. Tu compañero(a) te dirá si te equivocas o si omites algún dato importante.

Uso de palabras

Según los psicólogos la mente espera encontrar información lógica en una comunicación. Si lo que una persona oye o lee no es lógico, su mente rechaza la palabra o frase que ha oído o leído. Utilizando las siguientes palabras escribe por lo menos diez oraciones en las que hay una palabra inapropiada. Luego, cambia las oraciones con un(a) compañero(a) de clase para ver si sabe encontrar la palabra ilógica y sustituirla por una lógica. Por ejemplo, si tu oración es *El alfarero pone la arcilla en su corazón,* él que lee debe poner un círculo alrededor de la palabra «corazón» y sustituirla por «torno».

cacharro	alfarero	corazón	dedo
peso	cabaña	pensamiento	destino
sueño	socio	mensajero	sabor
despojado	torno	horno	grillo
arcilla	mirada	pena	deleite

Pensar y comentar

La india

¿Es rica o pobre? ¿Cómo gana la vida? ¿Qué piensa de don Isidro? ¿Qué le dice al narrador de él? ¿Qué función tiene ella en el cuento?

El narrador

¿Qué piensa él de la cerámica? ¿Qué palabras usa para describir el cacharro que le muestra la india? ¿Qué característica indica el valor del cacharro? ¿Por qué va a la cabaña

de don Isidro? ¿Comprende lo que le dice don Isidro del
arte? Explica tu respuesta. ¿Comprende lo que le dice
sobre la vida? Explica tu respuesta. ¿Cómo es él?

El dueño del hotel
¿Por qué cuenta al narrador la historia de don Isidro?
¿Qué piensa de los socios y parientes que despojaron a don
Isidro?

don Isidro
¿Cómo es su cerámica? ¿Sabes explicar por qué es así?
¿Cómo es don Isidro? ¿Cómo es su cabaña? ¿Cómo era
él antes? ¿Por qué hace la cerámica? ¿Qué hay que poner
en la cerámica, según él? ¿Qué opina de la fabricación
mecánica del arte? ¿Qué aspecto del futuro le da miedo?
Según él, ¿qué se perderán? ¿Con qué compara la vida del
posible futuro? ¿Qué no sabía y que no veía cuando era
rico? ¿Cómo cambió después de ver al indio modelando en
el torno? ¿Qué pensaban todos entonces? ¿Qué hicieron
sus socios y parientes? ¿Por qué? ¿Cuál era su reacción
cuando lo despojaban y después? ¿Qué don (dones) tiene
don Isidro? ¿Por qué dice de sí mismo que es una
curiosidad del pueblo?

Simbolismo
¿Qué tipo de personas representan el narrador, el dueño del
hotel, los socios y los parientes, el indio alfarero y don
Isidro? ¿Qué simbolizan la enredadera, los animalitos, el
petirrojo y el grillo?

Tema
Según este autor, ¿qué no ve, qué no comprende el típico
ser humano? ¿En qué consiste la riqueza? ¿Qué significa el
título? ¿En qué sentido está despojado don Isidro? ¿En qué
sentido no está despojado, o es rico?

¿Qué tiene que hacer uno para producir lo mejor?

Niveles de interpretación
A un nivel el autor describe la visita de un aficionado a la
cerámica de un artista. ¿Qué otros niveles de interpretación
hay?

Considera que el autor usa muchos nombres de la
Biblia: Adán, Dios, y Jesús. Al principio se refiere a
Adán, el primer hombre de la Biblia, y al fin habla del
perdón de Dios para los que despojaron a don Isidro.
También, habla de «los ojos que van perdiendo su fuerza,»
«la sal pierde su sabor,» y «había estado a punto de perder
mi vida y en un momento todo había cambiado y la
ganaba.» Explica por qué crees que es o que no es posible
decir que don Isidro iba perdiendo la vida y que encontró
la salvación. Explica por qué crees que es o que no es
posible interpretar el cuento a un nivel religioso.

Otros puntos de discusión

¿Por qué no le gustan a don Isidro las máquinas? Comenta
el significado de lo que dice don Isidro en las líneas 19–27,
en la página 203. ¿En qué momento empezó don Isidro a
encontrar la paz en su vida? ¿Qué relación hay entre la
profesión de don Isidro, alfarero, y el tema de este cuento?
¿Ha ganado o ha perdido don Isidro al fin del cuento?

Reacción personal

¿Cuál es tu opinión de don Isidro? ¿Es un sabio o un loco?
¿Tienes otra(s) idea(s) que quieras comentar con la clase?

Temas

A. ¿Qué ves tú en la vida? ¿Qué es más importante: la
    diversión, los estudios, las posesiones, la fe, los
    amigos, la familia, la fama, la carrera, el éxito, la paz,
    o qué? ¿Cuáles son tus metas? ¿En qué aspecto eres
    similar y en cuál diferente del estudiante típico?

B. El narrador dice, «Tal vez el mal esté en que todo es
    demasiado fácil en estos tiempos.» ¿Qué opinas tú?
    Comenta lo fácil y lo difícil de la vida contemporánea.

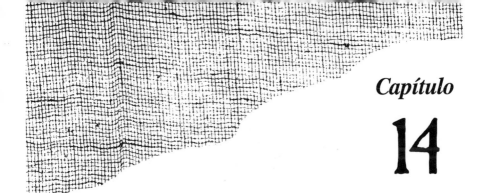

El caballo
de coral

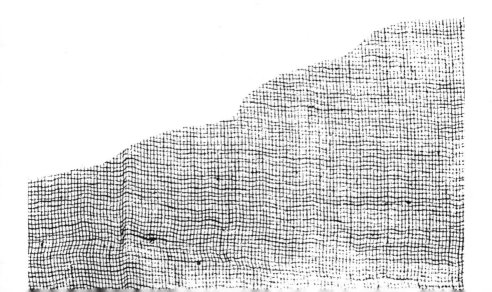

BOTERO, Fernando. *Prelado (Prelate)*. Circa 1959. Tempera and collage on artist board.
32 x 23 (81.5 x 58 cm). Art Museum of the Americas, OAS, Washington, DC. Extended
loan by Mr. and Mrs. Samuel M. Greenbaum.

ANTES DE LEER

Introducción

Este cuento tiene que ver con un barco, un pescador pobre,
un hombre rico, dos hambres y un caballo de coral. El
pescador es el narrador. (A causa de esto hay mucho
vocabulario relacionado con la pesca y los barcos y, a
menos que estés interesado en esta profesión, sería mejor
no perder tiempo buscando el significado de estas palabras.) El pescador es pobre y tiene que trabajar largas
horas para ganarse el pan. Por eso, no comprende el
por qué cuando un rico comienza a trabajar con él y con
sus compañeros. Se le hace muchas preguntas sobre este
misterio y se las hace a los otros pescadores, también.
De veras, cree que es una locura lo que hace el rico. Pero
el rico paga la oportunidad de trabajar en el barco. Esto
sí que es muy raro. Seguro que el pobre pescador no lo
entiende.

1. Define «caballo», «coral», «pescador» y «rico».

2. Comenta como será un «caballo de coral».

3. Shakespeare dijo en una de sus comedias «Beggars
   ofttimes are in the rarest things superfluous.» Analiza
   lo malo de ser pobre y lo malo de ser rico. Comenta
   lo que le falta a cada uno.

Vocabulario

A. Palabras con raíces similares
En el caso de muchas palabras de esta obra, la palabra
española y la palabra inglesa tienen raíces muy parecidas
en cuanto a la forma y al significado. Estudia las palabras
de la siguiente lista. Luego, indica una palabra inglesa
asociada con la palabra española y da el significado
en inglés de la palabra española.

1. cuatro	4. contestar
2. matrícula	5. bordo
3. acuerdo	6. contagiar

B. Palabras relacionadas

En el caso de otras palabras de esta obra, se puede deducir el significado pensando en palabras relacionadas en español. Busca las palabras relacionadas con las de la siguiente lista. ¿Qué significan en inglés la palabra dada y la palabra relacionada?

1. Una palabra relacionada con «pez, pescado», en la página 213 línea 1
2. Con «libre», en la página 216 línea 10
3. Con «entre, abrir», en la página 216 línea 27
4. Con «cuerpo», en la página 217 línea 25
5. Con «calor», en la página 221 línea 9

C. Palabras a adivinar

Examina el contexto en que ocurren las siguientes palabras y sin buscar la definición en el glosario trata de inferir el equivalente en inglés.

1. «crines», en la página 219 línea 38
2. «cascos», en la página 219 línea 38
3. «vida perra», en la página 220 línea 22
4. «torpeza», en la página 221 líneas 22–23
5. «clavar», en la página 223 línea 24
6. «vueltas», en la página 224 línea 2

Preguntas

Lee buscando las respuestas a las siguientes preguntas. Si no sabes el significado de una palabra y si no puedes deducirlo, búscalo en el glosario.

1. ¿Cuántos hombres hay en el barco?
2. ¿Cuál es su profesión?
3. ¿Cómo es el quinto «pescador»?
4. ¿Qué cosa no entiende el narrador?
5. ¿Por qué le permiten al rico trabajar en el barco?
6. ¿Cuál es la sospecha del narrador al principio?

7. Luego, ¿qué cree el narrador?
8. ¿Qué piensan los otros pescadores del rico?
9. Según el rico mismo, ¿qué busca?
10. ¿Al fin, ven el rico y el narrador lo que el rico busca?

El caballo de coral

Onelio Jorge Cardoso

*Cubano de una familia campesina. Emigró a la Habana cuando era
adolescente. Después de unos años de trabajar en distintos oficios, comenzó
a escribir para la radio, el cine, y los periódicos así como escribir
cuentos cortos. Ha publicado cuentos en varias revistas nacionales e
internacionales. En 1975 fue consejero cultural en la embajada
de Cuba en Perú.*
*Se dice que es el mejor criollista que escribe en Cuba durante su época,
y Pablo Neruda dijo que es «uno de los mejores cuentistas de América». En
1936 ganó el primer premio en el concurso de cuentos de la revista* Social,
*en 1945 el primer premio para autores cubanos, y en 1952 el Premio
Nacional por la Paz. De 1960 a 1969 se publicaron cuatro ediciones de sus*
Cuentos completos. *Aparecieron* Iba caminando *en 1966 y* Abrir y
cerrar los ojos *en 1969. En sus cuentos trata de los temas de la realidad
y la imaginación.*

É ramos cuatro a bordo y vivíamos de pescar langostas.° El «Eumelia» tenía un solo palo y cuando de noche un hombre llevaba entre las manos o las piernas el mango° del timón,° tres dormíamos hacinados° en el oscuro casti-
5 llo de proa y sintiendo cómo con los vaivenes° del casco° nos llegaba el agua sucia de la cala° a lamernos° los tobillos.°

> **langostas** lobsters
> **mango** handle
> **timón** rudder
> **hacinados** piled up
> **vaivenes** *movimientos*
> **casco** *cuerpo de la nave*
> **cala** hold (of a ship)
> **lamer** to lap
> **tobillos** ankles

Pero éramos cuatro obligados a aquella vida, porque
derrotero *dirección*   cuando un hombre coge un derrotero° y va echando
cuerpo en el camino ya no puede volverse atrás. El cuerpo
tiene la configuración del camino y ya no puede en otro
nuevo. Eso habíamos creído siempre, hasta que vino el 5
quinto entre nosotros y ya no hubo manera de acomodarlo
en el pensamiento. No tenía razón ni oficio de aquella vida
y a cualquiera de nosotros le doblaba los años. Además
era rico y no había porqué enrolarlo por unos pesos de
participación. Era una cosa que no se entiende, que no 10
gusta, que un día salta y se protesta después de haberse
anunciado mucho en las miradas y en las palabras que no
se quieren decir. Y al tercer día se dijo, yo por mí, lo dije:[1]

—Mongo, ¿qué hace el rico aquí?, explícalo.

—Mirar el fondo del mar. 15

—Pero si no es langostero.

—Mirarlo por mirar.

presa the catch   —Eso no ayuda a meter la presa° en el chapingorro.°
chapingorro net

—No, pero es para nosotros como si ya se tuviera la
langosta en el bolsillo vendida y cobrada. 20

—No entiendo nada.

—En buenas monedas, Lucio, en plata que rueda y se
en ... gasta in hard   gasta.°
cash

—¿Paga entonces?

—Paga. 25

tocamos *recibimos*   —¿Y a cuánto tocamos?°

—A cuanto queramos tocar.

Y Mongo empezó a mirarme fijamente y a sonreír
como cuando buscaba que yo entendiera, sin más palabras, alguna punta pícara de su pensamiento. 30

—¿Y sabe que a veces estamos algunas semanas sin
volver a puerto?

—Lo sabe.

nevera *refrigerador*   —¿Y que el agua no es de nevera° ni de botellón con
el cuello para abajo? 35

—Lo sabe.

—¿Y que aquí no hay dónde dormir que no sea tabla
pura y dura?

—También lo sabe y nada pide, pero guárdate algunas

---

1   *Pregunta:* ¿Qué crees tú? ¿Qué hace el rico aquí?

preguntas, Lucio, mira que en el mar son como los ciga-
rros; luego las necesitas y ya no las tienes.

    Y me volvió la espalda el patrón° cuando estaba em-   **patrón** *jefe del*
pezando a salir sobre El Cayuelo el lucero de la tarde.   *barco*

5   Aquella noche yo pensé por dónde acomodaba al
hombre en mi pensamiento. Mirar, cara al agua, cuando
hay sol y se trabaja, ¿acaso no es bajar el rostro para no ser
reconocido de otro barco? ¿Y qué puede buscar un hombre que deja la tierra segura, y los dineros seguros? ¿Qué

10 puede buscar sobre la pobre «Eumelia» que una noche de
éstas se la lleva el viento norte sin decir a dónde? Me
dormí porque me ardían los ojos de haber estado todo el
día mirando por el fondo de la cubeta° y haciendo entrar   **cubeta** bucket
de un culatazo° las langostas en el chapingorro. Me dormí   **culatazo** *golpe*

15 como se duerme uno cuando es langostero, desde el fondo
del pensamiento hasta la yema° de los dedos.   **yema** *parte extrema*

    Al amanecer, como si fuera la luz, hallé la respuesta;
otro barco de más andar ha de° venir a buscarlo. A Yuca-   **ha de** is to
tán irá, a tierra de mexicanos, por alguna culpa de las que

20 no se tapan con dinero y hay que poner agua, tierra y cielo
por medio. Por eso dice el patrón que tocaremos a como
queramos tocar. Y me pasé el día entero boca abajo sobre
el bote con Pedrito a los remos° y el «Eumelia» anclado°   **remos** oars
en un mar dulce y quieto, sin brisa, dejando mirarse el   **anclado** anchored

25 cielo en él.

    —El hombre ha hecho lo mismo que tú; todo el día
con la cabeza para abajo mirando el fondo —dijo son-
riendo Pedrito y yo, mientras me restregaba° las manos   **me restregaba**
para no mojar el segundo cigarro del día, le pregunté: rubbed

30   —¿No te parece que espera un barco?

    —¿Qué barco?

    —¡Vete tú a ponerle el nombre,° qué sé yo! Acaso de   **Vete ... nombre**
matrícula de Yucatán.[2]   What do you mean
   "what boat?"

    Los ojos azules de Pedrito se me quedaron mirando,

35 inocentemente, con sus catorce años de edad y de mar.

    —No sé lo que dices.

    —Querrá irse de Cuba.

    —Dijo que volvía a puerto, que cuando se vayan las   **arribará** *llegará a*
calmas arribará° a la costa de nuevo.   *puerto*

---

2 *Pregunta:* ¿Qué hicieron el pescador y el rico durante el día?

—¿Tú lo oíste?

—¡Claro! Se lo dijo a Mongo: «Mientras no haya viento estaré con ustedes, después volveré a casa.»

—¡Cómo!

—El acuerdo es ése, Lucio, volverlo a puerto cuando empiecen aunque sean las brisas del mediodía. · 5

Luego el hombre no quería escapar, y era rico. Hay que ser langostero para comprender que estas cosas no se entienden; porque hasta una locura cualquiera piensa uno hacer un día por librarse para siempre de las noches en el castillo y proa y los días con el cuerpo boca abajo. 10

Le quité los remos y nos fuimos para el barco sin más palabras.

popa *parte posterior del barco*

Cuando pasé por frente de la popa° miré; estaba casi boca abajo. No miró nuestro bote ni pareció siquiera oír el golpe de los remos y sólo tuvo una expresión de contrarie- 15
dad cuando una onda° del remo vino a deshacer bajo su mirada el pedazo de agua clara por donde metía los ojos hasta el fondo del mar.

onda *movimiento del agua del mar*

Uno puede hacer sus cálculos con un dinero por venir, 20
pero hay una cosa que importa más: saber por qué se conduce un hombre que es como un muro° sin sangre y con los ojos grandes y con la frente despejada.° Por eso volví a juntarme con el patrón: —Mongo, ¿qué quiere? ¿Qué busca? ¿Por qué paga? 25

muro *pared*

despejada *ancha*

Mongo estaba remendando° el jamo° de un chapingo-
rro y entreabrió los labios para hablar, pero sólo le salió una nubecita del cigarro que se partió en el aire en seguida.

remendando *reparando*
jamo net

—¿No me estás oyendo? —insistí. 30

—Sí.

—¿Y qué esperas para contestar?

—Porque sé lo que vas a preguntarme y estoy pensando de qué manera te puedo contestar.

—Con palabras. 35

—Sí, palabras, pero la idea . . .

aguja needle
trenzar to braid

Se volvió de frente a mí y dejó a su lado la aguja° de trenzar.°

Yo me mantuve unos segundos esperando y al fin quise apurarlo: 40

—La pregunta que yo hago no es nada del otro mundo ni de éste.

—Pero la respuesta sí tiene que ver con el otro mundo,
Lucio —me dijo muy serio y cuando yo cogí aire para
decir mi sorpresa fue que° Pedrito dio la voz:

—¡Ojo, que nos varamos!°

5   Nos echamos al mar y con el agua al cuello fuimos
empujando el vientre° del «Eumelia» hasta que se recobró
y quedó de nuevo flotando sobre un banco de arenilla que
giraba sus remolinos.° Mongo aprovechó para registrar el
vivero° por si las tablas del fondo,° y a mí me tocó hacer el
10 almuerzo. De modo y manera que en todo el día no pude
hablar con el patrón. Mas, pude ver mejor el rostro del
hombre y por primera vez comprendí que aquellos ojos,
claros y grandes, no se podían mirar mucho rato de frente.
No me dijo una palabra pero se tumbó° junto a la barra del
15 timón y se quedó dormido como una piedra. Cuando vino
la noche el patrón lo despertó y en la oscuridad sorbió°
sólo un poco de sopa y se volvió a dormir otra vez.

Estaba soplando una brisita suave que venía de los
uveros° de El Cayuelo y fregué° como pude los platos en
20 el mar para ir luego a la proa donde el patrón se había
tumbado panza° arriba bajo la luna llena. No le dije casi
nada, empecé por donde había dejado pendiente la cosa:

—La pregunta que yo hago no es nada del otro mundo
ni de éste.

25 Sonrió blandamente bajo la luna. Se incorporó sin
palabras y mientras prendía su tabaco, habló iluminán-
dose la cara a relámpagos.°

—Ya sé lo que puedo contestarte, Lucio, siéntate.

Pegué la espalda al palo de proa y me fui resbalando°
30 hasta quedar sentado.

—Escúchame, piensa que no está bien de la cabeza y
que le vuelve el cuerpo a su dinero por estar aquí.

—¿Cabecibajo todo el día mirando el agua?

—El fondo.

35 —El agua o el fondo, ¿no es un disparate?

—¿Y qué importa si un hombre paga por su disparate?

—Importa.

—¿Por qué?

De pronto yo no sabía por qué, pero le dije algo como
40 pude:

—Porque no basta sólo con tener un dinero ajeno al
trabajo, uno quiere saber qué inspira la mano que lo da.

---

que *cuando*

nos varamos we are running aground

vientre *estómago*

remolinos *movimiento giratorio y rápido del agua*

vivero *estanque para peces vivos*

si ... fondo *incluir la expresión «hubieran sido dañadas»*

tumbó *cayó*

sorbió *bebió*

uveros sea grapes

fregué *limpié y lavé*

se ... panza *se había echado a dormir estómago*

relámpagos *descargas eléctricas en el cielo*

resbalando sliding

La locura, supónte
Suppose it's
madness

me ... **preguntarle** I
asked him directly

balsa raft

toldo cubierta

carcajada risa
ruidosa
estruendosa ruidosa

mansamente
apaciblemente

—La locura, supónte.°

—¿Y es sano estar con un loco a bordo de cuatro tablas?

—Es una locura especial, Lucio, tranquila, sólo irreconciliable con el viento.   5

Aquello otra vez, y me enderecé para preguntarle:°

—¿Qué juega el viento aquí, Mongo? Ya me lo dijo Pedrito. ¿Por qué quiere el mar como una balsa?°

—Lo digo: locura, Lucio.

—¡No! —le contesté levantando la voz, y miré hacia   10
popa en seguida seguro de haberlo despertado, pero sólo vi sus pies desnudos que se salían de la sombra del toldo° y los bañaba la luna. Luego, cuando me volví a Mongo vi que tenía toda la cara llena de risa:

—¡No te asustes, hombre! Es una locura tonta y paga   15
por ella. Es incapaz de hacer daño.³

—Pero un hombre tiene que desesperarse por otro —le dije rápido y comprendí que ahora sí había podido contestar lo que quería.

—Bueno, pues te voy a responder: el hombre cree que   20
hay alguien debajo del mar.

—¿Alguien?

—Un caballo.

—¡Cómo!

—Un caballo rojo, dice, muy rojo como el coral—. Y   25
Mongo soltó una carcajada° demasiado estruendosa,° tanto que no me equivoqué; de pronto entre nosotros estaba el hombre y Mongo medio que se turbó preguntando:

—¿Qué pasa, paisano, se le fue el sueño?   30

—Usted habla del caballo y yo no miento, yo en estas cosas no miento.⁴

Me fui poniendo de pie poco a poco porque no le veía la cara. Solamente el contorno de la cabeza contra la luna y aquella cara sin duda había de estar molesta a pesar de   35
que sus palabras habían sonado tranquilas; pero no, estaba quieto el hombre como el mar. Mongo no le dio importancia a nada, se puso mansamente° de pie y dijo:

3   *Pregunta:* ¿Qué opina Mongo?
4   *Pregunta:* ¿Qué busca el rico?

—Yo no pongo a nadie por mentiroso, pero no buscaré
nunca un caballo vivo bajo el mar —y se deslizó en
seguida a dormir por la boca cuadrada del castillo de proa.

—No, no lo buscará nunca —murmuró el hombre— y
5 aunque lo busque no lo encontrará.

—¿Por qué no? —dije yo de pronto como si Mongo no
supiera más del mar que nadie, y el hombre se ladeó° **ladeó** *inclinó*
ahora de modo que le dio la luna en la cara:

—Porque hay que tener ojos para ver. «El que tenga
10 ojos vea.»[5]

—¿Ver qué, ver qué cosa?

—Ver lo que necesitan ver los ojos cuando ya lo han
visto todo repetidamente.

Sin duda aquello era locura; locura de la buena y
15 mansa . . .

Mongo tenía razón, pero a mí no me gusta ganar
dinero de locos ni perder el tiempo con ellos. Por eso
quise irme y di cuatro pasos para la popa cuando el hombre volvió a hablarme:

20 —Oiga, quédese; un hombre tiene que desesperarse
por otro.

Eran mis propias palabras y sentí como si tuviera que
responder por ellas:

—Bueno, ¿y qué?

25 —Usted se desespera por mí.

—No me interesa si quiere pasarse la vida mirando el
agua o el fondo.

—No, pero le interesa saber por qué.

—Ya lo sé.

30 —¿Locura?

—Sí, locura.

El hombre empezó a sonreír y habló dentro de su
sonrisa:

—Lo que no se puede entender hay que ponerle algún
35 nombre.

—Pero nadie puede ver lo que no existe. Un caballo
está hecho para el aire con sus narices, para el viento con
sus crines y las piedras con sus cascos.

—Pero también está hecho para la imaginación.

40 —¡Qué!

---

5 *Pregunta:* Explica «El que tenga ojos vea».

plazca *de placer*

desbocado *fuera de control*

relumbrada *resplandecida*

chillidos *gritos agudos*
corúas *species of cormorant*

—Para echarlo a correr donde le plazca° al pensamiento.

—Por eso usted lo pone a correr bajo el agua.

—Yo no lo pongo, él está bajo el agua; lo veo pasar y lo oigo. Distingo entre la calma el lejano rumor de sus 5
cascos que se vienen acercando al galope desbocado° y luego veo sus crines de algas y su cuerpo rojo como los corales, como la sangre vista dentro de la vena sin contacto con el aire todavía.

Se había excitado visiblemente y yo sentí ganas de 10
volverle la espalda. Pero en secreto yo había advertido una cosa: que es lindo ver pasar un caballo así, aunque sea en palabras y ya se le quiere seguir viendo, aunque siga siendo en palabras de un hombre excitado. Este sentimiento, desde luego tenía que callarlo, porque tampoco 15
me gustaba que me ganara la discusión.

—Está bien que se busque un caballo porque no tiene que buscarse el pan.

—Todos tenemos necesidad de un caballo.

—Pero el pan lo necesitan más hombres. 20

—Y todos el caballo.

—A mí déjeme con el pan porque es vida perra la que llevamos.

—Hártate de pan y luego querrás también el caballo.[6]

Quizás yo no podía entender bien pero hay una zona 25
de uno en la cabeza o una luz relumbrada° en las palabras que no se entienden bien, cuya luz deja un relámpago suficiente. Sin embargo, era una carga más pesada para mí que echarme todo el día boca abajo tras la langosta. Por eso me fui sin decir nada, con paso rápido que no permitía 30
llamar otra vez, ni mucho menos volverme atrás.

Como siempre el día volvió a apuntar por encima del Cayuelo y el viento a favor trajo los chillidos° de las corúas.° Yo calculé encontrarme a solas con Mongo y se lo dije ligero, sin esperar respuesta, mientras entraba con 35
Pedrito en el bote:

—Olvídate de la parte mía, no le quito dinero al hombre.

---

6 *Pregunta:* Explica «Hártate de pan y luego querrás también el caballo».

Y nos fuimos a lo mismo de toda la vida: al agua
transparente, el chapingorro y el fondo sembrado° de   **sembrado** *cubierto*
hierbas, donde por primera vez eché a reír de pronto
volviendo la cabeza a Pedrito:

5 —¿Qué te parece —le dije—, qué te parece si pesco
en el chapingorro un caballo de coral?

Sus ojos inocentes me miraron sin contestar, pero de
pronto me sentí estremecido° por sus palabras: **estremecido** *turbado*

—Cuidado, Lucio, que el sol te está calentando dema-
10 siado la cabeza.

«El sol no, el hombre,» pensé sin decirlo y con un
poco de tristeza no sé por qué.

Pasaron tres días, como siempre iguales y como siempre el hombre callado comiendo poco y mirando mucho,
15 siempre inclinado sobre la borda° sin hacerles caso a   **borda** *edge*
aquellas indirectas de Vicente que había estado anun-
ciando en sus risitas y que acabaron zumbando° en pala-   **zumbando**
bras: *bromeando*

—¡Hey!, paisano, más al norte las algas del fondo son
20 mayores, parece que crecen mejor con el abono° del ani-   **abono** *sustancia con*
malito.   *que se fertiliza*

Aquello no me parecía una crueldad, sino una torpeza. Antes yo me reía siempre con las cosas de Vicente
pero ahora aquellas palabras eran tan por debajo y tristes
25 al lado de la idea de un caballo rojo, desmelenado,° libre,   **desmelenado** *mane*
que pasaba haciendo resonar sus cascos en las piedras del   *flying*
fondo, y tanto me dolían que a la otra noche me acerqué de
nuevo al hombre aunque dispuesto a no ceder.

—Suponga que existe, suponga que pasa galopando
30 por debajo. ¿Qué hace con eso? ¿Cuál es su destino?

—Su destino es pasar, deslumbrar,° o no tener des-   **deslumbrar** *dar luz*
tino.   *excesiva*

—¿Y vale el suplicio° de pasarse los días como usted   **suplicio** *dolor físico*
se los pasa sólo por verlo correr y desvanecerse°?   *o moral*
                                                       desvanecerse
35 —Todo lo nuevo vale el suplicio, todo lo misterioso   *desaparecerse*
por venir vale siempre un sacrificio.

¡Tonterías, no pasará nunca, no existe, nadie lo ha
visto!

—Yo lo he visto y lo volveré a ver.

40 Iba a contestarle, pero le estaba mirando los ojos y me
quedé sin hablar. Tenía una fuerza tal de sinceridad en su
mirada y una nobleza en su postura que no me atreví a

desmentir *decir que miente*
alcatraz *pelícano*
chapuzón *cabeza primero*

desmentirlo.° Tuve que separar la mirada para seguir sobre su hombro el vuelo cercano de un alcatraz° que de
pronto cerró las alas y se tiró de un chapuzón° al mar.
        El hombre me puso entonces su mano blanda en el
hombro: 5
        —Usted también lo verá, júntese conmigo esta tarde.
        Le tumbé la mano casi con rabia por decirme aquello.
A mí no me calentaba más la cabeza; que lo hiciera el sol
que estaba en su derecho pero él no, él no tenía que
hacerme mirar visiones ni de éste ni del otro mundo.   10
        —Me basta con las langostas. No tengo necesidad de
otra cosa—. Y le volví la espalda, pero en el aire oí sus
palabras.
        —Tiene tanta necesidad como yo. «Tiene ojos para
ver.»   15
        Aquel día casi no almorcé, no tenía apetito. Además,
había empezado a correr en firme a langosta y había
mucho que hacer. Así que antes que se terminara el reposo
me fui con Pedrito en el bote y me puse a trabajar hasta las
cinco de la tarde en que ya no era posible distinguir en el 20
fondo ningún animalito regular. Volvimos al barco y lo
peor para mí, fue que los tres: Vicente, Pedrito y Mongo

hicacos *coco plums*

se fueron a la costa a buscar hicacos.° Yo me hubiera ido
con ellos, pero no los vi cuando se pusieron a remar. Me
quedé en popa remendando jamos y buscando cualquier   25
trabajo que no me hiciera levantar la cabeza y encontrar al
hombre. Estábamos anclados por el sur del Cayuelo, en el
hondo. La calma era más completa que nunca. Ni las

barbas *slime*
limo *barro que forma en agua en el suelo*

barbas° del limo° bajo el timón del «Eumelia» se movían.
Sólo un agujón verde ondeaba el cristal del agua tras la   30
popa. El cielo estaba alto y limpio y el silencio dejaba oír
la respiración misma en el aire. Así estaba cuando lo oí:
        —¡Venga!
        Se me cayó un jamo de la mano y las piernas quisieron
impulsarme, pero me contuve.   35
        —¡Venga, que viene!⁷
        —¡Usted no tiene derecho a contagiar a nadie de su
locura!
        —¿Tiene miedo de encontrarse con la verdad?

---

7 *Preguntas:* ¿Quién llama? ¿A quién llama? ¿Qué viene? ¿Qué va
   a pasar?

Aquello era mucho más de lo que yo esperaba. No
dije nada entonces. De una patada° me quité la canasta° de   **patada** *golpe de la*
enfrente y corrí a popa para tirarme a su lado: *pata*
                                                                canasta *cesto*
—Yo no tengo miedo —le dije.
5   —¡Oiga . . . es un rumor!
    Aguanté cuanto pude la respiración y luego me volví a
él:
    —Son las olas.
    —No.
10   —Es el agua de la cala, las basuras° que se fermentan   **basuras** *garbage*
allá abajo.
    —Usted sabe que no.
    —Es algo entonces, pero no puede ser eso.
    —¡Óigalo, óigalo . . . a veces toca en las piedras!
15   ¿Qué oía yo? Yo lo que oía, ¿lo estaba oyendo con mis
oídos o con los de él? No sé, quizás me ardía demasiado la
frente y la sangre me latía° en las venas del cuello.   **latía** *palpitaba*
    —Ahora, mire abajo, mire fijo.
    Era como si me obligara, pero uno pone los ojos
20   donde le da la gana° y yo volví la cara al mar, sólo que me   **de la gana** *quiere*
quedé mirando una hoja de mangle° que flotaba en la   **mangle** *arbusto*
superficie junto a nosotros.   *tropical*
    —¡Viene, viene! —me dijo casi furiosamente, aga-
rrándome° el brazo hasta clavarme las uñas, pero yo seguí   **agarrando** *cogiendo*
25   obstinadamente mirando la hoja de mangle. Sin embargo,   *con fuerza*
el oído era libre, no había donde dirigirlo, hasta que el
hombre se estremeció° de pies a cabeza y casi gritó: **se estremeció**
    —¡Mírelo!   *tembló*
    De un salto llevé los ojos de la hoja de mangle a la cara
30   de él. Yo no quería ver nada de este mundo ni del otro.
Tenía que matarme si me obligaba, pero súbitamente° él se   **súbitamente** *de*
olvidó de mí; me fue soltando el brazo mientras abría cada   *pronto*
vez más los ojos, y en tanto° yo sin quererlo, miraba pasar   **en tanto** *meanwhile*
por los ojos reflejado desde el fondo, un pequeño caballito
35   rojo como el coral, encendido de las orejas a la cola,° y   **cola** *apéndice*
que se perdía dentro de los propios ojos del hombre.   *posterior*
    Hace algún tiempo de todo esto, y ahora de vez en
cuando voy al mar a pescar bonito° y alguna que otra vez   **bonito** *tipo de pez*
langosta. Lo que no resisto es el pan escaso, ni tampoco
40   me resigno a que no se converse de cosas de cualquier
mundo, porque yo no sé si pasó galopando bajo el «Eumelia» o si lo vi sólo en los ojos de él, creado por la fiebre de

su pensamiento que ardía en mi propia frente. El caso es
que mientras más vueltas le doy a las ideas más fija se me
hace una sola: aquélla de que el hombre siempre tiene dos
hambres.

DESPUÉS DE LEER

Resumen

Escribe en español un resumen de este cuento, y ven a
clase preparado(a) a presentárselo oralmente a un(a) com-
pañero(a) de clase. Tu compañero(a) te dirá si te equivocas
o si omites algún dato importante.

Uso de palabras

Con las palabras de la siguiente lista escribe veinte
oraciones originales. Escribe diez que sean lógicas y diez
que sean ilógicas. Mézclalas y léeselas a un(a) compa-
ñero(a) de clase para que las conteste diciendo cuál es
lógica y cuál ilógica.

pescar	cielo	caballo	mirada
mar	dormido	agua	ojos
pensamiento	disparate	buscar	derecho
rostro	sano	entender	miedo
culpa	locura	fondo	hambre

Pensar y comentar

Los pescadores
Describe su trabajo. ¿Por qué trabajan? Según Lucio,
¿por qué no les es posible hacer otro trabajo? ¿Qué piensan
del rico? ¿Por qué le es tan difícil a Lucio comprender al
principio lo que hace el rico?

El rico

¿Qué les da a los pescadores por la oportunidad de trabajar en el barco? No es buen amigo de los pescadores. ¿Por qué? ¿Qué busca? ¿Lo ve? ¿A quién le muestra el caballo de coral? ¿Por qué se lo muestra a Lucio?

El caballo de coral

¿Dónde vive? ¿De qué color es? ¿Quién lo puede ver? ¿Cuál es su destino?

Niveles de interpretación

Esto es más que un relato de un rico que trabaja en un barco de pesca. ¿A qué otro nivel se puede interpretar este cuento?

Simbolismo

En tu opinión, ¿qué simboliza el caballo de coral? ¿Qué tiene que ver el color con el simbolismo? ¿Qué tiene que ver la formación del coral con el simbolismo? Buscando el caballo de coral, miran mucho en el agua y especialmente en el fondo. ¿Qué función simbólica tienen el agua y el fondo en este cuento?

Tema

¿Qué son las «dos hambres»? ¿Quiénes las tienen? ¿Cuál es el significado de las dos maneras de «ver» en este cuento? ¿Cuál es la reacción del individuo frente a algo que no comprende? ¿Qué otros temas hay?

Otros puntos de discusión

Decir que «cuando un hombre coge un derrotero y va echando cuerpo en el camino ya no puede volverse atrás» es muy fatalista. ¿Cuál es la filosofía de hoy en día con respecto a una carrera?

Explica el sentido del autor cuando dice «la respuesta sí tiene que ver con el otro mundo.» ¿De dónde viene la cita, «El que tenga ojos vea.»? ¿Qué quiere decir? Según el rico, ¿cuándo se necesita el caballo? ¿Quién necesita ver el caballo?

Reacción personal

¿Te gusta este cuento? ¿Por qué dijiste que sí o que no?
¿Tienes otra(s) idea(s) que quieras comentar con la clase?

Temas

A. Comenta las necesidades, las «hambres», del individuo
   típico en nuestra sociedad. ¿Qué se necesita para
   vivir una buena vida? ¿Qué necesidades especiales
   o diferentes tienes tú?

B. ¿Por qué es posible que un rico esté descontento y un
   pobre no? ¿Qué necesidades humanas tiene un pobre
   a veces que no tiene un rico y viceversa?

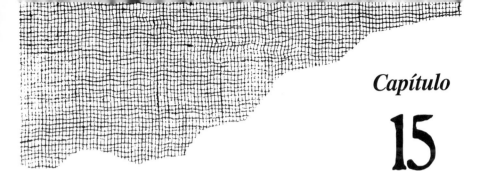

Pastoral

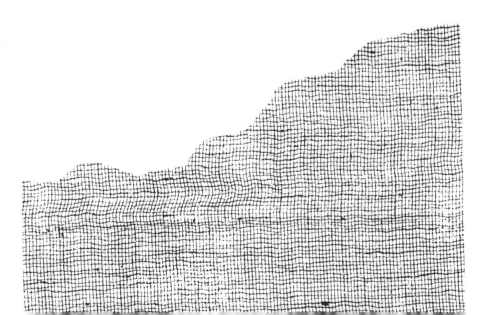

RAMIREZ, Dora. *Autorretrato en una Ventana Abierta (Self-portrait at an Open Window).* 1977. Acrylic on canvas. 48 x 47 (122 x 120 cm) Art Museum of the Americas, OAS, Washington, DC. Purchase Fund, 1978.

ANTES DE LEER

Introducción

Esta es una obra de teatro en la que la fantasía hace un
papel muy importante. Al principio, dos pastores, uno
viejo y otro joven, están hablando. El viejo le describe al
joven la reina Sol. En la madrugada del día siguiente el
joven sale a buscarla, y en el camino encuentra a Rosa
María y otros personajes. Pasa por cuatro estaciones,
trabaja, bebe vino. Su búsqueda llega a ser una obsesión.

Este autor hace uso de los colores, símiles, y
metáforas para describir las estaciones. Hay muchas pin-
turas descritas no con colores del pintor sino con palabras
para estimular los sentidos del lector. Sus descripciones
son muy hermosas, y las usa para impresionar al lector con
la belleza del mundo natural.

1. El término «pastoral» se refiere a un drama bucólico
   o a algo perteneciente a los pastores. Define «drama
   bucólico» y «pastor».

2. Comenta las características de las cuatro estaciones del
   año: la primavera, el verano, el otoño y el invierno.

3. Describe las varias «estaciones» de la vida de un
   individuo: niño, joven, padre o madre, y viejo.

Vocabulario

A. Palabras con raíces similares

En el caso de muchas palabras de este drama, la palabra
española y la palabra inglesa tienen raíces muy parecidas
en cuanto a la forma y al significado. Estudia las palabras
de la siguiente lista. Luego, indica una palabra inglesa
asociada con la palabra española y da el significado
en inglés de la palabra española.

1. último   4. Vía Láctea

2. suscitar   5. vestidura

3. peregrinar   6. durar

B. Palabras relacionadas

En el caso de aun otras palabras de esta obra, se puede
deducir el significado pensando en otras palabras relacionadas en español. Busca las palabras relacionadas con las
de la siguiente lista. ¿Qué significan en inglés la palabra
dada y la palabra relacionada?

1. Una palabra relacionada con «nevar», en la página 231
   línea 2

2. Con «blanco», en la página 231 línea 2

3. Con «ramo», en la página 232 línea 2

4. Con «noche, bueno», en la página 234 línea 27

5. Con «bosque», en la página 235 línea 9

6. Con «camino», en la página 238 línea 6

7. Con «poder», en la página 239 líneas 15–16

C. Palabras a adivinar

Examina el contexto en que ocurren las siguientes palabras
y sin buscar la definición en el glosario trata de inferir el
equivalente en inglés.

1. «llamas», en la página 233 línea 24

2. «ceniza», en la página 233 línea 24

3. «cocer», en la página 240 línea 2

4. «cortezas», en la página 240 línea 4

5. «pasta», en la página 240 línea 5

6. «morena», en la página 240 línea 7

Preguntas

Lee buscando las respuestas a las siguientes preguntas.
Si no sabes el significado de una palabra y si no puedes
deducirlo, búscalo en el glosario.

1. Al principio, ¿qué estación es?

2. ¿Quiénes hablan?

3. ¿De qué hablan?

4. ¿A quién busca el joven?

5. ¿Quién le acompaña al joven en su viaje?

6. ¿A quiénes conocen durante el tiempo de rosas?

7. ¿Qué hacen durante el tiempo de amapolas?

8. ¿Qué prueba Alcino durante el tiempo de hojas secas para encontrar la felicidad?

9. ¿Quién lo salva cuando pierde la razón?

10. ¿Adónde va Rosa María al fin de la obra?

11. ¿Qué estación es al fin de la obra?

Pastoral

Gregorio Martínez Sierra

Nacido en Madrid en 1881, donde vivió y murió. Aunque en España había un gran pesimismo en aquella época, él era optimista. Vivió una vida productiva. Su primera poesía fue publicada cuando tenía diecisiete años. Fundó varias revistas literarias. Tradujo las obras de Rusiñol y Maeterlinck. Sirvió como editor de una casa editorial, y fue director del Teatro Eslava de Madrid fomentando un renacimiento del teatro en España. Aunque fue principalmente poeta y dramaturgo, también escribió novelas y artículos. Escribió más comedias que tragedias. En su obra se puede notar tanto la influencia modernista como la de su mujer, María de la O Lejárraga. La más conocida de sus publicaciones es Canción de cuna *(1911).*

Tiempo de Nieve

(Es la noche del último día del año. El bosque está cubierto de nieve, y sobre su blancura surgen los troncos negros de los árboles, como columnas de ébano; las copas desnudas cruzan su ramaje bajo el cielo, que está sereno.

Aparece la luna y pinta su luz pálida, sobre la nitidez° del suelo, sombras azules. Todo es silencio y parece llegado el reino de la paz. Sobre el techo inclinado de la cabaña, que tiene nieve encima de las pajas y diamantea bajo la 5

penacho plume
claridad de la luna, hay un penacho° de humo, y su sombra, como sombra de alas, inquieta y ligera, es lo único que vive en la calma tenaz del paisaje, dormido por la noche y el invierno. 10

Dentro de la cabaña, junto al hogar que hace fiesta de
chispas sparks
llamas y chispas,° Eudoro, el pastor viejo, y Alcino, el
charla *conversación*
pastor mozo, tienen una charla° en la que el viejo dice las amables mentiras de un cuento.)

Érase Once upon a time there was
Eudoro   Érase° una reina blanca y rosa, como una rosa 15 que hubiese caído en la nieve; tenía los ojos azules como el azul del cielo en noche de agosto, y cabellos

musgo moss
peñas *piedras grandes*
dorados y lucientes como el dorado musgo° que nace entre las peñas.°

Alcino   ¿Has visto alguna vez a esa reina, abuelo? 20

Eudoro   Sí, muchas veces . . . cuando he soñado.

Alcino   ¿Iba vestida de blanco?

Eudoro   Iba vestida del color del sueño.

Alcino   ¿Tienen color los sueños?

Tiénenle Yes, they do
lentejuelas *pequeños discos de metal para adornar la ropa*
carmín *rojo encendido*
recamados *bordados*
puestas de sol sunsets
funden melt
anegan *ahogan*
Eudoro   Tiénenle:° los sueños de los niños son blancos y 25 llevan lentejuelas° de plata; los sueños de los mozos tienen el carmín° de las rosas y están recamados° de oro; los sueños de los hombres son púrpura y topacio, del color de las puestas de sol;° los sueños de los viejos tienen el color indeciso de las hojas que van a 30 caer, color en que se funden° y se anegan° todos los colores que fueron, color de recuerdos: porque has de saber, hijo, que el soñar de los viejos es sólo recordar.

Alcino   Yo no quiero soñar con la reina que dices; quiero verla. ¿No vive? 35

Eudoro   Dicen que vive.

Alcino   ¿No es posible encontrarla?

Eudoro   Dicen que hay quien la encuentra.

Alcino ¿La oíste hablar?

Eudoro Hablaba como el agua que corre: con voz de cristal.

Alcino ¿Y qué decía?

5 **Eudoro** Nunca supe entender sus decires, pero eran amables y sonaban a promesa.

Alcino ¿Y sonreía cuando tú la viste?

Eudoro Siempre sonríe.

Alcino ¿No quisieras tú hallarla?

10 **Eudoro** Ya es tarde: soy viejo y moriré este año.

Alcino ¿Por qué? Ya han caído las hojas y vives.

Eudoro Los viejos no se mueren cuando caen las hojas, sino cuando las flores van a nacer.

(Por la ventana entra un rayo de luna y las llamas del 15 hogar palidecen.)

Alcino Y dime, abuelo: ¿cómo se llama la reina de tu cuento?

Eudoro Se llama reina Sol.

Alcino ¡Sol! Es lindo nombre, y parece que cuando se 20 pronuncia llueve paz.

Eudoro Es que al oírlo se duermen en el alma los deseos.

(En el hogar vase° muriendo el fuego: ya no hay llamas. Los troncos hechos ascua° se cubren de ceniza que 25 es como espuma° gris; uno cae y se quiebra; suscítase un chisporroteo moribundo.)

vase *se va*

ascua *ember*

espuma *foam*

Eudoro Hora es de recogerse, rapaz.° Signémonos. «En el nombre del Padre y del Hijo y del Espíritu Santo: que el Señor Dios nos libre de los malos sueños 30 y de la muerte súbita° que viene callando, con paso de lobo:° que Santa María nos guarde bajo su manto,° y el Angel Custodio bajo la sombra de sus alas.»

rapaz *joven*

súbita *de pronto*
lobo *wolf*
manto *capa*

(Es la hora del alba.° A oriente, rojo y formidable, surge de entre las nieblas del crepúsculo° el sol. Las ramas

alba *primera luz del día*
crepúsculo *claridad del amanecer*

altas se doran y la nieve desde ellas cae a tierra fundida en gotas de cristal. Con el primer rayo de sol levántase Alcino: tiene en el rostro rosetas de fiebre y en los ojos

fulgores
resplandores

fulgores° extraños.)

Alcino   Abuelo: dadme la bendición. Márchome en 5
busca de la reina Sol.

Eudoro   Ve que es invierno y ha cubierto la nieve los caminos.

huellas *señales que dejan los pies*

Alcino   Acaso en la nieve encuentre sus huellas.°

Eudoro   Mira que es frío el aire y son cortos los días.   10

Alcino   El frío es buen amigo del caminar y en las noches de invierno la luna es clara.

Eudoro   ¡Que Dios te bendiga!

Alcino   Es blanca y rosa; tiene voz de cristal, ojos color de cielo, y cabellos dorados como el musgo que crece 15
entre las peñas. La encontraré.[1]

hielo *agua congelada*
presas *aprisionadas*
témpanos *icicles*
colina *elevación del terreno*

zarza *bramble*
vellón *lana*
cordero *cría de la oveja*
copla *canción popular breve*

(Pasa junto al río, que está quieto y callado, porque el hielo° tiene presas° las aguas. De los palos del puente cuelgan témpanos° turbios que poco a poco se van fundiendo. Más allá del río hay una colina,° y en las laderas 20
crecen los pinos siempre verdes y siempre tristes. Bajo aquel pino hay una cabaña y junto a la cabaña un huerto: tiene cerca de piedras vestida de zarza,° y en los espinos parece la nieve vellón° de cordero.° Rosa María está hilando a la puerta de la cabaña, y mientras hila, canta esta 25
copla° vieja:)

La Nochebuena se viene,
la Nochebuena se va,
y nosotros nos iremos
y no volveremos más.   30

ensueño *dream*

(Alcino pasa, pero, absorto en su ensueño,° no la ve.)

Rosa María   ¿Dónde tan de mañana, pastor?

----

1   *Pregunta:* ¿Cómo se diferencian la actitud de Eudoro y la de Alcino?

Alcino   Marcho a peregrinar por el mundo hasta que
encuentre a la reina Sol.

Rosa María   Iré contigo.

(Rosa María deja la rueca° y camina junta al pastor.)

rueca *instrumento
para hilar*

Tiempo de Rosas

(En el reino de la Primavera. Hay un mullido° tapiz° de
césped° y en él las margaritas° muestran sus corazones de
oro circundados de coronas blancas; las borrajas° yer-
guen° sus corolas° azules henchidas° de miel; un boscaje
10 de almendros° floridos hace dosel° al trono de la reina,
que está coronada de violetas. Zephiros guarda la entrada
del boscaje escoltado° por susurrante° legión de abejas.°
Alcino y Rosa María aparecen. Vienen de tierras en
que reina el invierno y sus ojos se alegran mirando las
15 flores.)

Rosa María   ¿Dónde estamos, Alcino? ¿Cuál es este
país donde no hay nieve y sobre el cual parece que han
llovido flores?

Alcino   Acaso es el reino de la reina Sol. Acerqué-
20   monos.

Zephiros   ¿Quiénes sois?

Alcino   Somos peregrinos.

Zephiros   ¿Cumplís un voto?

Alcino   Vamos en busca de una promesa.

25 **Rosa María**   ¿Podremos descansar en este boscaje?

Zephiros   Sí, si hacéis homenaje a nuestra reina.

Alcino   ¿Se llama Sol?

Zephiros   Se llama Primavera. Entrad. Señora: ved
estos peregrinos que traigo a vuestros pies.

30 **La Primavera**   ¿Dónde vais?

Alcino   Yo voy en busca de la dicha.

mullido soft
tapiz tapestry
césped *hierba*
margaritas daisies
borrajas herbal
plants
yerguen *levantan*
corolas *cubiertas
interiores de la flor*
henchidas *llenadas*
almendros almond
trees
dosel canopy
escoltado
acompañado
susurrante buzzing
abejas *insectos que
producen la miel*

Rosa María   Yo voy con Alcino.

Alcino   Yo sé que es hermosa.

Rosa María   Yo sé que está lejos.

Alcino   Yo sé que su reino es triunfante.

Rosa María   Yo sé que en el camino de su reino hay   5
flores y hay espinas.

Alcino   Y voy a él mirando a lo alto.

Rosa María   Y voy junto a él quitando las espinas de su
paso y cortando las flores para su frente.

Alcino   Voy con mi ensueño.   10

Rosa María   Voy con Alcino.

La Primavera   Rapaza, tú tienes el secreto de la vida.
Zephiros, coronadla de rosas, porque sabe amar. Y tú,
pastor, ¿no sabes que es locura desdeñar el amor que
pasa por la dicha que ha de venir?   15

Alcino   Señora, ¿conocéis a la reina Sol?

La Primavera   Conózcola.

Alcino   ¿Dónde es su reino?

La Primavera   No tiene reino, porque es inquieta como
el agua que corre; donde quiera que va, reina y pasa.   20

Alcino   ¿Cómo encontrarla, entonces?

La Primavera   Dejándose encontrar por ella. Algunos,
a la sombra de mis boscajes, gustaron el gozo de su
visitación, porque es mi amiga y a menudo descansa
entre la pompa de mis flores. Breve y fugaz° es mi   25
reinado; mientras dura, puedes vivir bajo mi cetro y
esperar, si te place.

fugaz *de muy breve duración*

Alcino   Señora, soy vuestro esclavo.

Rosa María   Alcino, mira las rosas sobre mi frente.

Alcino   Así serán las rosas de su rostro: rosas caídas en   30
la nieve.

Rosa María   Mira las borrajas azules que traigo pren-
didas en el pecho.

Alcino   Así serán sus ojos: azules como el cielo de
agosto.   35

Rosa María   Mira el rayo del sol que me ha dado esta
reina por corona.

Alcino   Dorados han de ser sus cabellos como el dorado
musgo que crece entre las peñas.

La Primavera   ¿No piensas, Zephiros, que el pastor
está loco?

5 **Zephiros**   Pienso que su alma no merece la dicha,
puesto que° desoye el amor y cierra los ojos a la   **puesto que** since
Primavera.

(Alcino y Rosa María descansan a la sombra del
boscaje; viene la noche.)

10 **Rosa María**   ¿Por qué no te duermes sobre mi corazón?

Alcino   No dormiré: es preciso que atisbe° su venida.   **atisbe** *observe con*
Duerme tú.   *cuidado*

Rosa María   No dormiré; porque si pasa, huirás con ella
y me quedaré sola.

15 **Alcino**   Duerme: dondequiera° que vaya, vendrás con-   **dondequiera**
migo.   *wherever*

Rosa María   ¿Y qué harás tú en la noche?

Alcino   Mientras duermes cantaré mi ensueño.

Rosa María   Y yo, durmiendo, soñaré que le cantas
20 para mí.[2]

(Rosa María se reclina en el césped; un rayo de luna la
besa en la boca y luego en los ojos y luego en la frente;
después la sombra movediza de las ramas floridas la en-
vuelve en los encajes° de un velo. Un ruiseñor° trina° en lo   **encajes** lace
25 alto de una copa;° y ajustando estrofas a la música de sus   **ruiseñor** nightingale
trinos, Alcino canta su canción.)   **trina** warbles
                                                                 copa *parte alta de*
                                                                 árbol

> Por el mes era de mayo,
> cuando hace el calor,
> cuando canta la calandria°   **calandria** lark
30 > y responde el ruiseñor:
> cuando los enamorados
> van a servir al amor.

2   *Pregunta:* ¿Cómo se diferencian los objetivos de Alcino y de
Rosa María?

Tiempo de Amapolas°

amapolas poppies
planicie llanura
mies cereal
esmalte enamel
refulge resplandece

cigarras locusts

(Es mediodía. En la planicie,° que está cubierta de mies° madura, ponen las amapolas el triunfo de sus pétalos rojos; el cielo, placa de azul esmalte,° está bañado en sol, y la planicie, espejo de los cielos, refulge.° Son los ca- 5 minos polvorientos y la fatiga pesa sobre los caminantes; las cigarras,° ásperamente, cantan la gloria del verano.

El pastor y su amiga van camino adelante.)

Rosa María   ¿Estás triste?

Alcino   Pasó la Primavera y no vino. Aquella reina bur- 10 lóse de nosotros.

Rosa María   Nos dio todas las flores de su jardín.

Alcino   Que se han caído.

arroyos streams

Rosa María   Nos convidó con la frescura de sus arroyos.°   15

Alcino   Que se han secado.

halagó demostró
cariño

Rosa María   Nos halagó° con sus promesas.

Alcino   Que han mentido.

espigas cabezas del
tallo del trigo

Rosa María   Pero que estaban dichas con tan dulce voz . . . Escucha, Alcino: puesto que todo pasa, go- 20 cémoslo todo mientras vive; mira las espigas,° que son de oro; mira la luz, que es como una cascada que cae del cielo; mira las amapolas, que son como bocas de niño que se ríen. ¿No te gustan los niños? Yo soy amiga de los niños y de los corderos. Cuando encon- 25 tremos a tu reina Sol, le pedirás una cabaña con un

prado meadow
parra grapevine

juncos rushes
felpudos plush
sapos toads
ranas frogs

jardín y un prado;° en el jardín habrá una parra° y en el prado un arroyo; las flores de la parra, cuando llega el verano, huelen a gloria y la corriente del arroyo canta con voz de fiesta. Nacerán en la orilla juncos° fel- 30 pudos° y habrá piedras redondas y blancas, y cantarán los sapos° y las ranas,° como si fuesen flautas, con notas de cristal. ¿No me escuchas, Alcino?

Alcino   . . . Su vestidura es de color de ensueño.

Rosa María   ¡Ay de mí!³   35

---

3   *Pregunta:* ¿Qué no puede ver Alcino?

(Siguen caminando; la planicie se puebla de gentes
que trabajan: son segadores° que van cortando la rubia   **segadores** *personas*
mies; con las espigas caen las amapolas; el suelo, despo-   *que cortan mieses*
jado° se riza° con la aspereza del rastrojo;° el sudor dia-   **despojado** *desnudo*
5 mantea en las frentes de los que trabajan, y uno de ellos   **riza** curls
canta.)   **rastrojo** stubble

        Viento, vientiño del norte,
        viento, vientiño nortero:
        viento, vientiño del norte . . .
10   ¡Arriba mi compañero!

Alcino   ¿Oyes cómo canta ese hombre?

Rosa María   Acerquémonos.

Alcino   Vos,° el que cantáis . . . , ¿queréis decirme   **Vos** You
        quién sois y a quién servís?

15 **Segador**   Estos campos son el imperio del Estío, pode-
        roso señor que dora la mies y madura° los frutos.   **madura** matures,
                                                                        ripens
Alcino   ¿Y decís que la reina Sol mora° entre vosotros?   **mora** *habita*

Segador   La reina Sol es extranjera en todos los países;
        pero si hombres hay cerca de su trono y propicios°   **propicios** *favorables*
20   ante su corazón, somos nosotros, los trabajadores de
        la tierra, porque ella es amiga de la abundancia.
        ¿Queréis vivir a nuestro lado mientras dura el agosto?
        Acaso venga y logréis su favor.

Alcino   Viviremos a vuestro lado y esperaremos vuestra
25   promesa.

Segador   Tomad vuestras hoces;° el trabajo es buen   **hoces** *instrumentos*
        compañero de la esperanza.   *para cortar las*
                                                                         mies

(Los peregrinos emprenden la tarea. Rosa María va y
viene entre la mies, ligera y reidora como sirena entre las
30 aguas; su hoz centellea,° y sus brazos estrechan las es-   **centellea** *raya*
pigas para formar el haz,° como brazos de madre ciñen al   **haz** *porción atada*
hijo; y piensa con gozo en la abundancia del hogar, en el
pan blanco que saldrá de los granos dorados, y canta la
canción de los segadores y se corona con las amapolas que
35 caen también segadas.)

Rosa María Escucha, Alcino. En nuestra casa ten-

dremos un horno° para cocer el pan; yo amasaré° la
harina, y será gozo remover con los brazos su blancura, y respirar aquella fragancia de las cortezas que
se van tostando, y ver como la pasta blanca se va   5
haciendo morena. Mira, yo, que era blanca también,
estoy morena, porque el sol me ha besado. ¿Te gusta
el sol?

Alcino A ti todo te place y a todas horas estás contenta.

Rosa María Porque soy amiga de todo lo que veo. 10
Parece que el alma se me rompe en pedazos y cada

uno halla morada° en un rincón del mundo. Si oigo
cantar un pájaro, paréceme que tengo corazón del
pájaro; si huelo una flor, paréceme que su aroma es mi
alma; si miro al cielo, creo que soy el cielo; si me baño 15
en las aguas, soy como las aguas y en ellas me pierdo:
todo el mundo está en mí y todas sus alegrías son mi
gozo.

Alcino Yo estoy lejos del mundo y su alegría parece un

insulto a mi añoranza.°   20

Rosa María Acaso esa reina que buscas no existe.

Alcino Existe y me llama.

Rosa María Tal vez pasó junto a nosotros y no la cono-
cimos.

Alcino Mi corazón ha de reconocerla dondequiera que 25
esté.[4]

(En la noche los pastores peregrinos duermen en la
era,° sobre el montón fragante de mies cortada; las estrellas tejen° y destejen su eterno caminar bajo el azul perlino
de los cielos; la Vía Láctea se tiende en el espacio como 30
blanca bandera de paz. Cantan los grillos° y parecen en su
áspera salmodia° burlarse del pastor enamorado de la
reina de un cuento.)

4 *Pregunta:* ¿Por qué está contenta Rosa María y no está contento
Alcino?

Tiempo de hojas secas

(En el bosque, que comienza a vestirse de púrpura. Los
vientos pasan, y las ramas, sintiéndolos pasar, murmuran:
«Estamos en el reino del Otoño.» Alcino y Rosa María
5 caminan lentamente.)

Rosa María   Mira, Alcino: la primera hoja que ha caído
de un árbol; parece una mariposa. ¿Te has fijado? En
todas las estaciones hay mariposas: en invierno son
blancas y se llaman copos° de nieve; en el otoño son
10   las hojas que caen; en el verano . . . ¿Te acuerdas del
verano?

Alcino   En el verano no hay mariposas.

Rosa María   Sí que las hay. ¿No has visto en las eras
como revolotea° el tamo° al aventar° la mies, y como
15   el sol le dora? Aquel polvillo de oro es un enjambre°
de mariposas.

Alcino   No me hables de la mies ni de las eras; entre ellas
ha caído el sudor de mi frente, y la reina Sol no ha
querido venir.

20   (Se oyen cantos, que vienen de lejos. Es un coro en
que hombres y mujeres mezclan su voz para ensalzar° el
gozo de la vendimia.°)

Rosa María   Otros que cantan.

Alcino   Otros que prometen.

25 **Rosa María**   Acaso estos digan la verdad.

(Más allá de la linde° del bosque se extienden los
viñedos,° surgen los sarmientos° poblados de pámpanos,°
gallardamente° retorcidos° como cuernos° de sátiro. Cantan y danzan los vendimiadores, celebrando el fin de la
30   tarea; en los labios rojos rebosa° la miel del racimo° y en
los ojos se encienden chispas febriles.)

copos *cada una de
las porciones de
nieve que cae al
nevar*

revolotea *viene por
el aire dando
vueltas*
tamo *paja menuda
de mies separada*
aventar *echar al
viento para
limpiarla*
enjambre *multitud*

ensalzar *alabar*

vendimia *provecho
abundante*

linde *límite*
viñedos *viñas*
sarmientos vine
shoots
pámpanos young
vine branches
gallardamente
valientemente
retorcidos *con
contorsiones*
cuernos horns
rebosa spills
racimo *grupo de
uvas*

Por San Juan y San Pedro
pintan las uvas;
por San Miguel Arcángel*
ya están maduras.

tirso thyrsus (Greek staff)

Una Mujer   (que agita un tirso° vestido de follaje) ¡Viva 5
la vida! Cantad conmigo la alegría que ha puesto el sol
en las uvas color de ámbar, en las uvas color de

ajenjo absinthe

ajenjo,° en las uvas color de púrpura. ¡Venid a gustar
su gozo en mis labios!

Un Hombre   (que lleva en alto el último racimo) ¡Viva 10
la vida! Cantad conmigo el placer que se encuentra en
el vino color de oro, en el vino color de sangre; la vida
que salta en la espuma.

corro cerco de gente

(Hombres y mujeres danzan, formando corro.°)

¡Viva la vida!   15

Alcino   (adelantándose) ¿Sabéis de la reina Sol?

Los Vendimiadores   ¡Viva la vida!

Alcino   (ansiosamente) ¿Digo que si sabéis de la reina
Sol?

Ellas   La dicha está en las mieles de la uva.   20

Ellos   La dicha está en la espuma y en el vino rojo, que
es fuego y es sangre.

Ellas   Probad nuestros labios.

Ellos   Bebed nuestro vino.

Alcino   ¿Y la hallaré?   25

Todos   Está con nosotros.

Alcino   Dadme vuestros labios y vuestras copas.

Rosa María   ¡Alcino, Alcino, vámonos de aquí . . .
huyamos de estas gentes, que están locas!

Alcino   Dicen que la dicha mora con ellos.   30

Rosa María   ¡Vámonos de aquí!

Ellos   Gusta nuestro vino.

* San Juan: *the feast of Saint John (June 24th, the midsummer
festival);* San Pedro: *the feast of Saint Peter (June 29th) and the
feast of Michael the Archangel (September 29th).*

Rosa María   ¡Huyamos; no saben lo que dicen!

Alcino   Vuestro soy.[5]

(Entra en el corro, que se cierra en derredor suyo° y **en ... suyo** *alrededor*
que emprende nueva danza y canto nuevo. Rosa María   *de él*
5 huye y se pierde en el bosque; llega la noche; despiértanse
los vientos y las hojas caen de prisa, más de prisa.
La voz de Alcino, que se escucha lejana:)

¡Viva la vida!

(En la cabaña de Eudoro. Alcino duerme. Rosa María
10 le mira dormir y suspira. Ha vuelto el invierno y otra vez
cae la nieve. Rosa María canta bajito su copla de Navidad.)

Alcino   (despertándose) ¿Dónde estamos?

Rosa María   En nuestra tierra.

15 **Alcino**   Y en nuestro invierno.

Rosa María   En el invierno del año.

Alcino   ¿Y cómo hemos venido hasta aquí? No me
acuerdo de nada.

Rosa María   Aquellas gentes te hicieron perder la ra-
20   zón.

Alcino   Tampoco estaba con ellos mi sueño. ¿Por qué
me abandonaron?

Rosa María   Una mañana, cuando salí del bosque, te
hallé a la orilla de la carretera:° decías locuras como   **carretera** *camino*
25   ellos. Te cogí de la mano como a un niño, y te he   *pavimentado*
traído aquí.

Alcino   ¿Quién te mostró el camino?

Rosa María   Nadie. Mi alma le sabía de haberle recorrido tantas veces . . . ¿Estás contento?

30 **Alcino**   Mírame bien. Parece que hasta hoy no te he
visto.

Rosa María   Acaso hasta hoy no quisiste mirarme.

Alcino   Eres blanca y rosa.

5   *Pregunta:* ¿Qué le va a pasar a Alcino?

Rosa María   ¿Nunca lo viste?

Alcino   Y tienes los ojos azules.

Rosa María   Viniste a mi lado y nunca en ellos te miraste.

Alcino   Y los cabellos dorados como musgo. ¿Por qué   5
hasta hoy no me mostraste tus cabellos?

Rosa María   Junto a ti los peiné muchas veces; nunca
me los viste peinar.

Alcino   Tu eres la reina Sol.

Rosa María   Tal vez sí; tal vez tú sueñas que lo soy.   10
¿Qué importa?

Alcino   Perdóname.

Rosa María   Yo no guardo rencores . . . Perdonado
estás. Adiós.

Alcino   ¿Qué dices?   15

Rosa María   Vuélvome a mi cabaña, a hilar mi rueca.

Alcino   ¿Apenas conocida he de dejarte?

Rosa María   Has de saber, pastor, que una vez en la vida
soy compañera de cada mortal. Pasa por mi cabaña;
voyme con él; si su amor me adivina, suya soy; si le   20
finado *muerto*   ciega el orgullo de su sueño, finado° el camino, me
aparto de él. Adiós . . .

Alcino   ¿Y no volveré nunca a encontrarte en la puerta
de tu cabaña?

Rosa María   Acaso; pero sabe que jamás hilo la misma   25
rueca ni canto la misma canción.

(La reina Sol desaparece.)

Alcino   ¡Ay de mí!

DESPUÉS DE LEER

Resumen

Escribe en español un resumen de esta obra, y ven a clase preparado(a) a presentárselo oralmente a un(a) compañero(a) de clase. Tu compañero(a) te dirá si te equivocas o si omites algún dato importante.

Uso de palabras

Estudia el significado de las siguientes palabras. En clase el profesor o la profesora va a leer rápidamente tres veces todas las palabras mientras que ustedes escriban la primera palabra que se les ocurra. La primera vez que oyes las palabras escribe el nombre de un lugar; la segunda vez el nombre de una persona; y la tercera vez el nombre de una actividad.

Compara las respuestas. ¿Hay muchas respuestas en común? ¿Existe telepatía mental entre tú y otro(s) estudiante(s)?

nieve	invierno	dicha	tierra
pastor	flor	otoño	alegría
reina	bosque	verano	orgullo
sueño	camino	gozo	razón
luna	amor	vino	cabello
peregrinar	hogar	canto	árbol
primavera			

Pensar y comentar

Eudoro
¿Cómo es? ¿A quién describe? ¿Por qué no la busca? ¿Qué le pasa durante la obra?

la reina Sol
¿Cómo es ella? ¿Dónde está? ¿Qué es necesario hacer para encontrarla? ¿A quién se parece?

Rosa María

¿Cómo es ella? ¿Por qué acompaña a Alcino en su viaje?
¿Adónde lo lleva cuando pierde la razón? ¿Por qué sale al
fin de la obra? Compara la descripción de ella y la de la
reina Sol. ¿Quién es ella en realidad?

Alcino

¿Qué quiere? ¿Qué busca? ¿Por qué trabaja con los trabajadores de la tierra? ¿Por qué bebe vino con los hombres y
las mujeres durante el tiempo de las hojas secas? ¿Qué le
pasa a causa del vino? ¿Quién lo salva? ¿Dónde está
cuando se despierta? ¿Qué estación es? Cuando vuelve a
su tierra, ¿a quién ve por primera vez? Cuando la ve por
primera vez, ¿qué cree?

Simbolismo

¿Qué representan las varias estaciones? ¿A quién
representa Alcino? ¿Qué simboliza la reina Sol? ¿Eudoro?

Niveles de interpretación

A un nivel leemos la historia de un joven que busca a una
reina. A otro nivel, ¿de qué trata el drama?

Tema

¿Qué nos dice el autor? ¿Cuál es la actitud de Alcino
durante el tiempo de rosas? Nota los verbos que usa
cuando habla. ¿Qué hace durante el tiempo de Amapolas
para encontrar la dicha? ¿Tiene éxito? ¿Qué hace durante
el tiempo de las hojas secas para encontrar la dicha?
¿Tiene éxito? ¿En qué época de su vida está cuando ve a la
reina Sol? ¿Qué pasa cuando Alcino se da cuenta de que
Rosa María tiene las mismas características como la
descrita reina Sol? ¿Dónde está la dicha? ¿Qué hacen unos
para encontrarla? ¿Qué es necesario hacer para
encontrarla?

Otros puntos de discusión

Eudoro dice que los viejos no mueren cuando caen las
hojas. ¿Cuándo mueren?

¿Qué significa Eudoro, el pastor viejo, cuando le dice
a Alcino, el pastor joven, que «nunca supe entender sus
decires (los de la reina Sol), pero eran amables y sonaban

a promesa»? ¿Entendió el pastor joven mejor que él? ¿Por
qué sí o no?

    Comenta el discurso de la Primavera cuando le dice
a Rosa María, «tú tienes el secreto de la vida. Zephiros,
coronadla de rosas, porque sabe amar. Y tú, pastor, ¿no
sabes que es locura desdeñar el amor que pasa por la dicha
que ha de venir?» ¿Qué no comprende el pastor joven?

    Comenta el discurso de Rosa María cuando le dice
a Alcino, «puesto que todo pasa, gocémosle todo mientras
vive.» ¿Por qué no goza Alcino de la vida? ¿Por qué
siempre está contenta Rosa María?

    ¿Cuándo es la reina Sol compañera de cada mortal?
¿Qué tiene que hacer para que ella sea suya? ¿Qué le
pasa si no la reconoce? ¿Qué impide que la reconozca?
Discute el significado de la respuesta de Rosa María
cuando Alcino le pregunta si la volverá a encontrar.
¿Cambia la dicha?

Reacción personal

¿Es una comedia o una tragedia esta obra? Explica tu
respuesta. ¿Cómo te hace sentir? ¿Tienes otra(s) idea(s)
que quieras comentar con la clase?

Temas

A. Describe las características del individuo durante la
    primavera, el verano, el otoño y el invierno de su vida.
    ¿Qué te parece el uso de esta metáfora para describir
    la vida?

B. En general, ¿están contentos tus amigos? ¿Por qué
    sí o por qué no? ¿Qué le hace falta a una persona para
    estar contenta? Define la dicha en nuestra sociedad, en
    tu vida personal. ¿Qué se hace para encontrar la dicha?
    ¿Cuándo estás más contento(a)? ¿Dónde estás? ¿Con
    quién estás? ¿Qué haces? ¿Dónde vives más—en el
    presente, en el pasado, o en el futuro?

TAMAYO, Rufino. *Animals*. 1941. Oil on canvas, 30 1/8 x 40 (76.5 x 101.6 cm).
The Museum of Modern Art, New York. InterAmerican Fund.

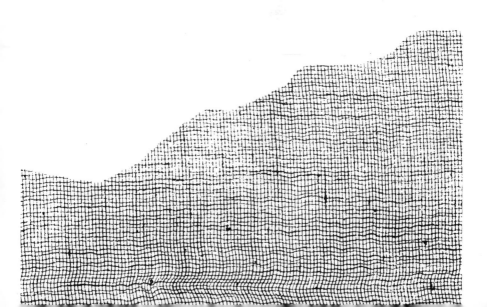

Juan Darién

ANTES DE LEER

Introducción

«Juan Darién» es un cuento sobre hombres y animales
y sobre la naturaleza. La acción tiene lugar en un pueblo
cerca de la selva. La gente tiene mucho miedo de los
animales feroces de la selva. También tiene mucho miedo
de lo que no comprende y a la gente no le gusta nada
que sea diferente. Para comprender el sentido de este
cuento es necesario aceptar por completo lo que pasa en la
narración. Es pura fantasía. Si hay animales que hablan,
animales salvajes que se convierten en seres humanos
y viceversa, o un inspector que comprende que un alumno
es en realidad un tigre, no te inquietes. Acepta todo lo
que te relata el autor. Sólo aceptando el cuento a un nivel
básico de fantasía es posible llegar a otros niveles de
mayor importancia donde se puede comprender lo que
quiere decir Quiroga.

1. En los Estados Unidos mucha gente tiene un animalito
   de compañía y lo trata casi como un ser humano y
   aun casi como un familiar. Describe las características
   humanas de un animalito de compañía que has tenido.
   Da ejemplos.

2. También, en inglés se usan muchas palabras de
   animales para describir a otras personas. Por ejemplo,
   "He's bull-headed." "He's foxy." "He has buck teeth."
   "Don't be catty." A veces los seres humanos se portan
   de una manera que se describe como de animales.
   Por ejemplo, los que siguen el ejemplo de los demás
   sin pensar en lo que hacen se describe como «ovejas».
   Da otros ejemplos.

Vocabulario

A. Palabras con raíces similares

En el caso de muchas palabras de esta obra, la palabra
española y la palabra inglesa tienen raíces muy parecidas
en cuanto a la forma y al significado. Estudia las palabras
de la siguiente lista. Luego, indica una palabra inglesa

asociada con la palabra española y da el significado
en inglés de la palabra española.

1. narrar   3. instruirse   5. devorar

2. alumno   4. evocación   6. convertir

B. Palabras relacionadas

En el caso de aun otras palabras de esta obra, se puede
deducir el significado pensando en otras palabras relacionadas en español. Busca las palabras relacionadas con las
de la siguiente lista. ¿Qué significan en inglés la palabra
dada y la palabra relacionada?

1. Una palabra relacionada con «cariño», en la página
   254 línea 24

2. Con «decir», en la página 256 línea 3

3. Con «alto», en la página 257 línea 39

4. Con «malo», en la página 258 línea 28

5. Con «dañar», en la página 259 línea 7

6. Con «furioso», en la página 259 línea 19

7. Con «gritar», en la página 259 línea 23

8. Con «loco», en la página 260 línea 19

9. Con «probar», en la página 260 línea 21

10. Con «sangre», en la página 261 línea 6

C. Palabras a adivinar

Examina el contexto en que ocurren las siguientes palabras
y sin buscar la definición en el glosario trata de inferir el
equivalente en inglés.

1. «apresúrate», en la página 255 línea 9

2. «echar», en la página 255 línea 9

3. «abajo», en la página 255 línea 9

4. «explotará», en la página 258 línea 28

5. «domador de fieras», en la página 258 línea 35

6. «arrancaron», en la página 260 línea 4

7. «arrojaron», en la página 260 línea 5

8. «cazadores», en la página 260 línea 13

9. «rayas», en la página 260 línea 13

10. «quemar», en la página 263 línea 1

11. «lazo», en la página 263 línea 29

12. «liga», en la página 263 línea 29

Preguntas

Lee buscando las respuestas a las siguientes preguntas.
Si no sabes el significado de una palabra y si no puedes
deducirlo, búscalo en el glosario.

1. ¿Qué había perdido la mujer?

2. ¿Qué entró en su casa?

3. ¿Qué hizo con la criatura?

4. ¿Qué le dijo la serpiente?

5. ¿Qué tipo de hijo era Juan Darién?

6. ¿Qué sospechó el inspector?

7. ¿Qué hicieron para probar que era una fiera?

8. ¿En qué insistió la mujer con el bebé?

9. ¿Cómo trataron de matar a Juan Darién?

10. ¿Qué le pasó en el fuego?

11. ¿Cómo se curó?

12. ¿A quién mató?

13. ¿Qué escribió en la tumba de su madre?

14. ¿Adónde fue después?

15. ¿Con quiénes iba a vivir?

Juan Darién

Horacio Quiroga

*Uruguayo. Estudió en la Universidad de Montevideo. En 1901 se trasladó
a la Argentina donde vivió en las selvas de Chaco y Misiones.
Allí trabajó en explotaciones de algodón y de madera. Fue profesor,*

campesino, hombre de negocios, oficial del gobierno y escritor. Tuvo una
vida muy trágica. Su padre, su padrastro, un hermano, y un amigo
murieron en un accidente. Su primera mujer se suicidó
y él mismo se suicidó.
Aunque escribió un libro de poesías, Los arrecifes de coral *(1901), es*
conocido principalmente como uno de los mejores cuentistas de
Latinoamérica. Admiró especialmente a Poe, cuya influencia se puede ver
en muchos de sus temas. Los cuentos más famosos son Cuentos de amor,
de locura, y de muerte *(1917). Escribió también cuentos para niños,*
Cuentos de la selva *(1918), en los que emplea la selva y la naturaleza,*
especialmente la víbora, para examinar el carácter del ser humano y de la
vida. La última colección fue Más allá *publicada en 1935.*

Aquí se cuenta la historia de un tigre que se crió y educó
entre los hombres, y que se llamaba Juan Darién. Asistió
cuatro años a la escuela vestido de pantalón y camisa, y
dio sus lecciones corrientemente, aunque era un tigre de

5   las selvas;° pero esto se debe a que su figura era de   **selvas** *terrenos*
hombre, conforme se narra en las siguientes líneas.   *grandes llenos de*
                                                               árboles
    Una vez, a principios de otoño, la viruela° visitó un   **viruela** *enfermedad*
pueblo de un país lejano y mató a muchas personas. Los   *contagiosa con*
hermanos perdieron a sus hermanitas, y las criaturas que   *erupción de*
                                                                pústulas
10 comenzaban a caminar quedaron sin padre ni madre. Las
madres perdieron a su vez a sus hijos, y una pobre mujer
joven y viuda llevó ella misma a enterrar a su hijito, lo
único que tenía en este mundo. Cuando volvió a su casa,
se quedó sentada pensando en su chiquito. Y murmuraba:

15 —Dios debía haber tenido más compasión de mí, y
me ha llevado a mi hijo. En el cielo podrá haber ángeles,
pero mi hijo no los conoce. Y a quien él conoce bien es a
mí, ¡pobre hijo mío!

    Y miraba a lo lejos, pues estaba sentada en el fondo de
20 su casa, frente a un portoncito donde se veía la selva.

    Ahora bien;° en la selva había muchos animales fe-   **Ahora bien** Now
roces que rugían° al caer la noche y al amanecer. Y la   *then*
                                                            rugían *hacían ruido*
pobre mujer, que continuaba sentada, alcanzó a ver en la   *fuerte*
obscuridad una cosa chiquita y vacilante que entraba por
25 la puerta, como un gatito que apenas tuviera fuerzas para
caminar. La mujer se agachó° y levantó en las manos un   **agachó** *inclinó*
tigrecito de pocos días, pues aún tenía los ojos cerrados. Y

cachorro *cría de tigre*

cuando el mísero cachorro° sintió el contacto de las manos, ronroneó de contento, porque ya no estaba solo. La madre tuvo largo rato suspendido en el aire aquel pequeño enemigo de los hombres, a aquella fiera indefensa que tan fácil le hubiera sido exterminar. Pero quedó 5

desvalido *falto de protección*

pensativa ante el desvalido° cachorro que venía quién sabe de dónde, y cuya madre con seguridad había muerto. Sin pensar bien en lo que hacía llevó al cachorrito a su seno y lo rodeó con sus grandes manos. Y el tigrecito, al sentir el calor del pecho, buscó postura cómoda, ronroneó tran- 10

adherida *pegada*

quilo y se durmió con la garganta adherida° al seno maternal.

La mujer, pensativa siempre, entró en la casa. Y en el

gemidos *expresiones de dolor con sonido quejumbroso*

resto de la noche, al oír los gemidos° de hambre del cachorrito, y al ver cómo buscaba su seno con los ojos 15 cerrados, sintió en su corazón herido que, ante la suprema ley del Universo, una vida equivale a otra vida . . .

dio de mamar *nursed*

Y dio de mamar° al tigrecito.[1]

El cachorro estaba salvado, y la madre había hallado un inmenso consuelo. Tan grande su consuelo, que vio 20

arrebatado *quitado con violencia*
llegaba a saber *sabía*

con terror el momento en que aquél le sería arrebatado,° porque si se llegaba a saber° en el pueblo que ella amamantaba a un ser salvaje, matarían con seguridad a la pequeña fiera. ¿Qué hacer? El cachorro, suave y cariñoso —pues jugaba con ella sobre su pecho—, era ahora su 25 propio hijo.

En estas circunstancias, un hombre que una noche de lluvia pasaba corriendo ante la casa de la mujer oyó un

ronco *harsh*
sobresaltan *asustan*
a tientas *en la oscuridad*

gemido áspero—el ronco° gemido de las fieras que, aun recién nacidas, sobresaltan° al ser humano—. El hombre 30 se detuvo bruscamente, y mientras buscaba a tientas° el revólver, golpeó la puerta. La madre, que había oído los pasos, corrió loca de angustia a ocultar al tigrecito en el jardín. Pero su buena suerte quiso que al abrir la puerta del

mansa *benigna*

fondo se hallara ante una mansa,° vieja y sabia serpiente 35 que le cerraba el paso. La desgraciada mujer iba a gritar de terror, cuando la serpiente habló así:

—Nada temas, mujer —le dijo—. Tu corazón de madre te ha permitido salvar una vida del Universo, donde todas las vidas tienen el mismo valor. Pero los hombres no 40

---

1   *Pregunta:* ¿Qué va a hacer la madre?

te comprenderán, y querrán matar a tu nuevo hijo. Nada
temas, ve tranquila. Desde este momento tu hijo tiene
forma humana; nunca le reconocerán. Forma su corazón,
enséñale a ser bueno como tú, y él no sabrá jamás que no
5   es hombre. A menos . . . a menos que° una madre de   **A menos ... a menos
entre los hombres lo acuse; a menos que una madre le   que** Unless ...
exija que devuelva con su sangre lo que tú has dado por él,   unless
tu hijo será siempre digno de ti. Ve tranquila, madre, y
apresúrate, que el hombre va a echar la puerta abajo.
10   Y la madre creyó a la serpiente, porque en todas las
religiones de los hombres la serpiente conoce el misterio
de las vidas que pueblan los mundos. Fue, pues, corriendo
a abrir la puerta, y el hombre, furioso, entró con el revólver en la mano y buscó por todas partes sin hallar nada.
15 Cuando salió, la mujer abrió, temblando, el rebozo° bajo   **rebozo** shawl
el cual ocultaba al tigrecito sobre su seno, y en su lugar vio
a un niño que dormía tranquilo. Traspasada° de dicha,   **Traspasada**
lloró largo rato en silencio sobre su salvaje hijo hecho   Overcome
hombre; lágrimas de gratitud que doce años más tarde ese
20 mismo hijo debía pagar con sangre sobre su tumba.[2]
Pasó el tiempo. El nuevo niño necesitaba un nombre:
se le puso Juan Darién. Necesitaba alimentos, ropa, cal-
zado:° se le dotó de todo, para lo cual la madre trabajaba   **calzado** *zapatos*
día y noche. Ella era aún muy joven, y podría haberse
25 vuelto a casar, si hubiera querido; pero le bastaba el amor
entrañable° de su hijo, amor que ella devolvía con todo su   **entrañable** *muy*
corazón.   *querido*
Juan Darién era, efectivamente, digno de ser querido:
noble, bueno y generoso como nadie. Por su madre, en
30 particular, tenía una veneración profunda. No mentía
jamás. ¿Acaso por ser un ser salvaje° en el fondo de su   **salvaje** savage
naturaleza? Es posible; pues no se sabe aún qué influencia
puede tener en un animal recién nacido la pureza de una
alma bebida con la leche en el seno de una santa mujer.
35   Tal era Juan Darién. E iba a la escuela con los chicos
de su edad, los que se burlaban a menudo de él, a causa de
su pelo áspero y su timidez. Juan Darién no era muy
inteligente; pero compensaba esto con su gran amor al
estudio.

2   *Pregunta:* ¿Qué quiere decir esta profecía?

Así las cosas, cuando la criatura iba a cumplir diez años, su madre murió. Juan Darién sufrió lo que no es

apaciguó *aquietó* ✗ decible, hasta que el tiempo apaciguó° su pena. Pero fue en adelante un muchacho triste, que sólo deseaba instruirse.   5

Algo debemos confesar ahora: a Juan Darién no se le amaba en el pueblo. La gente de los pueblos encerrados en la selva no gustan de los muchachos demasiado generosos y que estudian con toda el alma. Era, además, el primer alumno de la escuela. Y este conjunto precipitó el desen- 10

desenlace *final* lace° con un acontecimiento que dio razón a la profecía de la serpiente.

Aprontábase el pueblo a celebrar una gran fiesta, y de la ciudad distante habían mandado fuegos artificiales. En la escuela se dio un repaso general a los chicos, pues un 15 inspector debía venir a observar las clases. Cuando el inspector llegó, el maestro hizo dar la lección al primero de todos: a Juan Darién. Juan Darién era el alumno más

tartamudeó *stuttered* aventajado; pero con la emoción del caso, tartamudeó° y
trabó *stammered* la lengua se le trabó° con un sonido extraño.   20

El inspector observó al alumno un largo rato, y habló en seguida en voz baja con el maestro.

—¿Quién es ese muchacho? —le preguntó—. ¿De dónde ha salido?

—Se llama Juan Darién —respondió el maestro—, y 25 lo crió una mujer que ya ha muerto; pero nadie sabe de dónde ha venido.

—Es extraño, muy extraño . . . —murmuró el inspector, observando el pelo áspero y el reflejo verdoso que tenían los ojos de Juan Darién cuando estaba en la som- 30 bra.

El inspector sabía que en el mundo hay cosas mucho más extrañas que las que nadie puede inventar, y sabía al mismo tiempo que con preguntas a Juan Darién nunca podría averiguar si el alumno había sido antes lo que él 35 temía: esto es, un animal salvaje. Pero así como hay hombres que en estados especiales recuerdan cosas que les han pasado a sus abuelos, así era también posible que, bajo una sugestión hipnótica, Juan Darién recordara su vida de bestia salvaje.[3]   40

3   *Pregunta:* ¿Qué piensa hacer el inspector?

Por lo cual el inspector subió a la tarima° y habló así: **tarima** *plataforma*
—Bien, niño. Deseo ahora que uno de ustedes nos   *movible*
describa la selva. Ustedes se han criado casi en ella y la
conocen bien. ¿Cómo es la selva? ¿Qué pasa en ella? Esto
5 es lo que quiero saber. Vamos a ver, tú —añadió dirigiéndose a un alumno cualquiera—. Sube a la tarima y cuén-
tanos lo que hayas visto.

El chico subió, y aunque estaba asustado, habló un
rato. Dijo que en el bosque hay árboles gigantes, enreda-
10 deras° y florecillas. Cuando concluyó, pasó otro chico a la   **enredaderas** *plantas*
tarima, y después otro. Y aunque todos conocían bien la   *que suben*
selva, todos respondieron lo mismo, porque los chicos y   *torciéndose*
muchos hombres no cuentan lo que ven, sino lo que han
leído sobre lo mismo que acaban de ver. Y al fin el
15 inspector dijo:
—Ahora le toca al alumno Juan Darién.

Juan Darién dijo más o menos lo que los otros. Pero el
inspector, poniéndole la mano sobre el hombro, exclamó:
—No, no. Quiero que tú recuerdes bien lo que has
20 visto. Cierra los ojos.

Juan Darién cerró los ojos.
—Bien —prosiguió el inspector—. Dime lo que ves
en la selva.

Juan Darién, siempre con los ojos cerrados, demoró°   **demoró** *tardó*
25 un instante en contestar.
—Pronto vas a ver. Figurémonos que son las tres de la
mañana, poco antes del amanecer. Hemos concluido de
comer, por ejemplo . . . Estamos en la selva, en la obscu-
ridad . . . Delante de nosotros hay un arroyo° . . . ¿Qué   **arroyo** *small stream*
30 ves?

Juan Darién pasó otro momento en silencio. Y en la
clase y en el bosque próximo había también un gran
silencio. De pronto Juan Darién se estremeció,° y con voz   **estremeció** *tembló*
lenta, como si soñara, dijo:
35 —Veo las piedras que pasan y las ramas que se doblan . . . Y el suelo . . . Y veo las hojas secas que se
quedan aplastadas sobre las piedras . . .
—¡Un momento! —le interrumpió el inspector—. Las
piedras y las hojas que pasan, ¿a qué altura las ves?
40 El inspector preguntaba esto porque si Juan Darién
estaba «viendo» efectivamente lo que él hacía en la selva
cuando era animal salvaje e iba a beber después de haber

comido, vería también que las piedras que encuentra un
tigre o una pantera que se acercan muy agachados al río
pasan a la altura de los ojos. Y repitió:

—¿A qué altura ves las piedras?

Y Juan Darién, siempre con los ojos cerrados, respon- 5
dió:

Rozan *Tocan*

—Pasan sobre el suelo . . . Rozan° las orejas . . . Y
las hojas sueltas se mueven con el aliento . . . Y siento la

barro mud

humedad del barro° en . . .

La voz de Juan Darién se cortó.   10

—¿En dónde? —preguntó con voz firme el inspector—. ¿Dónde sientes la humedad del agua?

bigotes *pelo largo*
cerca de la boca

—¡En los bigotes!° —dijo con voz ronca Juan Darién,
abriendo los ojos espantado.[4]

crepúsculo *claridad*
al anochecer
lóbrega *oscura*

Comenzaba el crepúsculo,° y por la ventana se veía 15
cerca la selva ya lóbrega.° Los alumnos no comprendieron
lo terrible de aquella evocación; pero tampoco se rieron de
esos extraordinarios bigotes de Juan Darién, que no tenía
bigote alguno. Y no se rieron, porque el rostro de la
criatura estaba pálido y ansioso.   20

La clase había concluido. El inspector no era un mal
hombre; pero, como todos los hombres que viven muy
cerca de la selva, odiaba ciegamente a los tigres; por lo
cual dijo en voz baja al maestro:

—Es preciso matar a Juan Darién. Es una fiera del 25
bosque, posiblemente un tigre.[5] Debemos matarlo, porque, si no, él, tarde o temprano, nos matará a todos. Hasta
ahora su maldad de fiera no ha despertado; pero explotará
un día u otro, y entonces nos devorará a todos, puesto que
le permitimos vivir con nosotros. Debemos, pues, ma- 30
tarlo. La dificultad está en que no podemos hacerlo mientras tenga forma humana, porque no podremos probar
ante todos que es un tigre. Parece un hombre, y con los
hombres hay que proceder con cuidado. Yo sé que en la
ciudad hay un domador de fieras. Llamémoslo, y él ha- 35
llará modo de que Juan Darién vuelva a su cuerpo de tigre.
Y aunque no pueda convertirlo en tigre, las gentes nos

4 *Pregunta:* ¿Qué revela Juan Darién cuando dice «en los
   bigotes»?

5 *Pregunta:* ¿Por qué cree el inspector que es preciso matar a Juan
   Darién?

creerán y podremos echarlo a la selva. Llamemos en
seguida al domador, antes que Juan Darién se escape.

Pero Juan Darién pensaba en todo menos en escaparse, porque no se daba cuenta de nada. ¿Cómo podía
5 creer que él no era hombre, cuando jamás había sentido
otra cosa que amor a todos, y ni siquiera tenía odio a los
animales dañinos?

Mas las voces fueron corriendo de boca en boca, y
Juan Darién comenzó a sufrir sus efectos. No le respon-
10 dían una palabra, se apartaban vivamente a su paso, y lo
seguían desde lejos de noche.

—¿Qué tendré?° ¿Por qué son así conmigo? —se
preguntaba Juan Darién.

> **¿Qué tendré?** What can be the matter with me?

Y ya no solamente huían de él, sino que los mucha-
15 chos le gritaban:

—¡Fuera de aquí! ¡Vuélvete donde has venido!
¡Fuera!

Los grandes también, las personas mayores, no estaban menos enfurecidas que los muchachos. Quién sabe
20 qué llega a pasar si la misma tarde de la fiesta no hubiera
llegado por fin el ansiado domador de fieras. Juan Darién
estaba en su casa preparándose la pobre sopa que tomaba,
cuando oyó la gritería de las gentes que avanzaban precipi-
tadas hacia su casa. Apenas tuvo tiempo de salir a ver qué
25 era: Se apoderaron de° él, arrastrándolo hasta la casa del
domador.

> **Se apoderaron de** tomaron control violentamente

—¡Aquí está! —gritaban, sacudiéndolo—. ¡Es éste!
¡Es un tigre! ¡No queremos saber nada con° tigres! ¡Quí-
tele su figura de hombre y lo mataremos!

> **saber nada con** to have anything to do with

30 Y los muchachos, sus condiscípulos° a quienes más
quería, y las mismas personas viejas, gritaban:

> **condiscípulos** compañeros de estudio

—¡Es un tigre! ¡Juan Darién nos va a devorar! ¡Muera
Juan Darién!

Juan Darién protestaba y lloraba porque los golpes
35 llovían sobre él, y era una criatura de doce años. Pero en
ese momento la gente se apartó, y el domador, con grandes botas de charol,° levita° roja y un látigo° en la mano,
surgió ante Juan Darién. El domador lo miró fijamente, y
apretó con fuerza el puño° del látigo.

> **charol** patent leather
> **levita** frock coat
> **látigo** whip
> **puño** handle

40 —¡Ah! —exclamó—. ¡Te reconozco bien! ¡A todos
puedes engañar, menos a mí! ¡Te estoy viendo, hijo de
tigres! ¡Bajo tu camisa estoy viendo las rayas del tigre!

¡Fuera la camisa, y traigan los perros cazadores! ¡Veremos ahora si los perros te reconocen como hombre o como tigre!

En un segundo arrancaron toda la ropa a Juan Darién y lo arrojaron dentro de la jaula° para fieras.   5

—¡Suelten los perros, pronto! —gritó el domador—. ¡Y encomiéndate° a los dioses de tu selva, Juan Darién!

Y cuatro feroces perros cazadores de tigres fueron lanzados dentro de la jaula.

El domador hizo esto porque los perros reconocen   10 siempre el olor del tigre; y en cuanto olfatearan° a Juan Darién sin ropa, lo harían pedazos, pues podrían ver con sus ojos de perros cazadores las rayas de tigre ocultas bajo la piel de hombre.[6]

Pero los perros no vieron otra cosa en Juan Darién que   15 al muchacho bueno que quería hasta a los mismos animales dañinos. Y movían apacibles° la cola° al olerlo.

—¡Devóralo! ¡Es un tigre! ¡Toca! ¡Toca! —gritaban a los perros. Y los perros ladraban° y saltaban enloquecidos por la jaula, sin saber a qué atacar.   20

La prueba no había dado resultado.

—¡Muy bien! —exclamó entonces el domador—. Estos son perros bastardos, de casta de tigre. No lo reconocen. Pero yo te reconozco, Juan Darién, y ahora nos vamos a ver nosotros.   25

Y así diciendo entró él en la jaula y levantó el látigo.

—¡Tigre! —gritó—. ¡Estás ante un hombre, y tú eres un tigre! ¡Allí estoy viendo, bajo tu piel robada de hombre, las rayas de tigre! ¡Muestra las rayas!

Y cruzó el cuerpo de Juan Darién de un feroz latigazo.   30 La pobre criatura desnuda lanzó un alarido° de dolor, mientras las gentes, enfurecidas, repetían:

—¡Muestra las rayas de tigre!

Durante un rato prosiguió el atroz suplicio; y no deseo que los niños que me oyen vean martirizar de este modo a   35 ser alguno.

—¡Por favor! ¡Me muero! —clamaba Juan Darién.

—¡Muestra las rayas! —le respondían.

---

6   *Pregunta:* ¿Crees que la gente va a aceptar esta prueba que Juan Darién no es animal?

Margin glosses:

jaula *caja con rejas para encerrar animales*
encomiéndate *encárgate*

olfatearan *olieran repetidas veces*

apacibles *pacíficamente*
cola *apéndice posterior*
ladraban *were barking*

alarido *grito*

—¡No, no! ¡Yo soy hombre! ¡Ay, mamá! —sollozaba° **sollozaba** *lloraba*
el infeliz.   *convulsivamente*

—¡Muestra las rayas! —le respondían.

Por fin el suplicio concluyó. En el fondo de la jaula,
5 arrinconado,° aniquilado° en un rincón, sólo quedaba su **arrinconado** *puesto*
cuerpo sangriento de niño, que había sido Juan Darién. *en un rincón*
Vivía aún, y aún podía caminar cuando se le sacó de allí; **aniquilado** *destruido*
pero lleno de tales sufrimientos como nadie los sentirá *por entero*
nunca.

10   Lo sacaron de la jaula, y empujándolo por el medio de
la calle, lo echaban del pueblo. Iba cayéndose a cada
momento, y detrás de él los muchachos, las mujeres y los
hombres maduros,° empujándolo. **maduros** mature

—¡Fuera de aquí, Juan Darién! ¡Vuélvete a la selva,
15 hijo de tigre y corazón de tigre! ¡Fuera, Juan Darién!

Y los que estaban lejos y no podían pegarle, le tiraban
piedras.[7]

Juan Darién cayó del todo,° por fin, tendiendo en **cayó del todo** fell
busca de apoyo sus pobres manos de niño. Y su cruel *down flat*
20 destino quiso que una mujer, que estaba parada a la puerta
de su casa sosteniendo en los brazos a una inocente criatura, interpretara mal ese ademán de súplica.

—¡Me ha querido robar mi hijo! —gritó la mujer—.
¡Ha tendido las manos para matarlo! ¡Es un tigre! ¡Maté-
25 mosle en seguida, antes que él mate a nuestros hijos!

Así dijo la mujer. Y de este modo se cumplía la
profecía de la serpiente: Juan Darién moriría cuando una
madre de los hombres le exigiera la vida y el corazón de
hombre que otra madre le había dado con su pecho.

30   No era necesaria otra acusación para decidir a las
gentes enfurecidas. Y veinte brazos con piedras en la
mano se levantaban ya para aplastar° a Juan Darién **aplastar** to flatten
cuando el domador ordenó desde atrás con voz ronca:

—¡Marquémoslo con rayas de fuego! ¡Quemémoslo
35 en los fuegos artificiales!

Ya comenzaba a obscurecer, y cuando llegaron a la **luces de bengala**
plaza era noche cerrada. En la plaza habían levantado un *luces rojas*
castillo de fuegos de artificio, con ruedas, coronas y luces **prendieron la**
de bengala.° Ataron en lo alto del centro a Juan Darién, y **mecha** *pusieron*
40 prendieron la mecha° desde un extremo. El hilo de fuego *fuego a la cuerda*
inflamable para
dar fuego a
cohetes

7 *Pregunta:* ¿Qué puede hacer Juan Darién?

corrió velozmente subiendo y bajando, y encendió el castillo entero. Y entre las estrellas fijas y las ruedas gigantes de todos colores, se vio allá arriba a Juan Darién sacrificado.

—¡Es tu último día de hombre, Juan Darién! — ₅ clamaban todos—. ¡Muestra las rayas!

—¡Perdón, perdón! —gritaba la criatura, retorciéndose° entre las chispas° y las nubes de humo. Las ruedas amarillas, rojas y verdes giraban vertiginosamente,° unas a la derecha y otras a la izquierda. Los chorros° de fuego ₁₀ tangente trazaban° grandes circunferencias; y en el medio, quemado por los regueros° de chispas que le cruzaban el cuerpo, se retorcía Juan Darién.

—¡Muestra las rayas! —rugían aún de abajo.

—¡No, perdón! ¡Yo soy hombre! —tuvo aún tiempo ₁₅ de clamar la infeliz criatura. Y tras un nuevo surco° de fuego, se pudo ver que su cuerpo se sacudía convulsivamente; que sus gemidos adquirían un timbre profundo y ronco, y que su cuerpo cambiaba poco a poco de forma. Y la muchedumbre,° con un grito salvaje de triunfo, pudo ₂₀ ver surgir por fin, bajo la piel del hombre, las rayas negras, paralelas y fatales del tigre.

La atroz obra de crueldad se había cumplido; habían conseguido lo que querían. En vez de la criatura inocente de toda culpa, allá arriba no había sino un cuerpo de tigre ₂₅ que agonizaba rugiendo.

Las luces de bengala se iban también apagando. Un último chorro de chispas con que moría una rueda alcanzó la soga° atada a las muñecas° (no: a las patas° del tigre, pues Juan Darién había concluido), y el cuerpo cayó pesa- ₃₀ damente al suelo. Las gentes lo arrastraron hasta la linde° del bosque, abandonándolo allí para que los chacales° devoraran su cadáver y su corazón de fiera.[8]

Pero el tigre no había muerto. Con la frescura nocturna volvió en sí,° y arrastrándose presa de horribles ₃₅ tormentos se internó en la selva. Durante un mes entero no abandonó su guarida° en lo más tupido° del bosque, esperando con sombría paciencia de fiera que sus heridas curaran. Todas cicatrizaron° por fin, menos una, una pro-

---

retorciéndose *haciendo contorsiones*
chispas *partículas sueltas de algo encendido*
vertiginosamente *que produce vértigo*
chorros streams
trazaban *señalaban los contornos de*
regueros showers
surco furrow

muchedumbre *gran número de gente*

soga *cuerda gruesa*
muñecas *partes del cuerpo donde se une la mano con el brazo*
patas *pies de animal*
linde *límite*
chacales jackals

volvió en sí *he regained consciousness*
guarida *refugio*
tupido *denso*
cicatrizaron *curaron completamente*

---

8   *Pregunta:* ¿Qué va a pasar al cadáver del tigre?

funda quemadura en el costado,° que no cerraba, y que el
tigre vendó° con grandes hojas.

Porque había conservado de su forma recién perdida
tres cosas: el recuerdo vivo del pasado, la habilidad de sus
5 manos, que manejaba° como un hombre, y el lenguaje.
Pero en el resto, absolutamente en todo, era una fiera, que
no se distinguía en lo más mínimo de los otros tigres.

Cuando se sintió por fin curado, pasó la voz a los
demás tigres de la selva para que esa misma noche se
10 reunieran delante del gran cañaveral° que lindaba° con los
cultivos. Y al entrar la noche se encaminó silenciosa-
mente al pueblo. Trepó° a un árbol de los alrededores y
esperó largo tiempo inmóvil. Vio pasar bajo él sin inquietarse a mirar siquiera, pobres mujeres y labradores fati-
15 gados, de aspecto miserable; hasta que al fin vio avanzar
por el camino a un hombre de grandes botas y levita roja.

El tigre no movió una sola ramita al recogerse para
saltar. Saltó sobre el domador; de una manotada lo de-
rribó° desmayado, y cogiéndolo entre los dientes por la
20 cintura, lo llevó sin hacerle daño hasta el juncal.°

Allí, al pie de las inmensas cañas que se alzaban
invisibles, estaban los tigres de la selva moviéndose en la
obscuridad, y sus ojos brillaban como luces que van de un
lado para otro. El hombre proseguía desmayado. El tigre
25 dijo entonces:

—Hermanos: Yo viví doce años entre los hombres,
como un hombre mismo. Y yo soy un tigre. Tal vez pueda
con mi proceder° borrar más tarde esta mancha. Hermanos: esta noche rompo el último lazo que me liga al
30 pasado.⁹

Y después de hablar así, recogió en la boca al hombre,
que proseguía desmayado, y trepó con él a lo más alto del
cañaveral, donde lo dejó atado entre dos bambúes. Luego
prendió fuego a las hojas secas del suelo, y pronto una
35 llamarada crujiente° ascendió.

Los tigres retrocedían espantados ante el fuego. Pero
el tigre les dijo: «¡Paz, hermanos!» Y aquéllos se apaci-
guaron, sentándose de vientre° con las patas cruzadas a
mirar.

costado *parte lateral de un cuerpo*
vendó bandaged

manejaba *usaba*

cañaveral *sitio poblado de cañas*
lindaba *estaba contiguo*
Trepó *Subió*

derribó *hizo caer*
juncal ground full of rushes

proceder *conducta*

crujiente crackling

vientre *estómago*

9 *Pregunta:* ¿Qué intenta hacer Juan Darién, el tigre?

El juncal ardía como un inmenso castillo de artificio.
Las cañas estallaban° como bombas, y sus gases se cruzaban en agudas flechas° de color. Las llamaradas ascendían
en bruscas° y sordas bocanadas,° dejando bajo ellas lí-
vidos huecos;° y en la cúspide,° donde aún no llegaba el   5
fuego, las cañas se balanceaban crispadas° por el calor.

Pero el hombre, tocado por las llamas, había vuelto en
sí. Vio allá abajo a los tigres con los ojos cárdenos°
alzados a él, y lo comprendió todo.

—¡Perdón, perdónenme! —aulló° retorciéndose—.   10
¡Pido perdón por todo!

Nadie contestó. El hombre se sintió entonces abandonado de Dios, y gritó con toda su alma:

—¡Perdón, Juan Darién!

Al oír esto, Juan Darién alzó la cabeza y dijo fría-   15
mente:

—Aquí no hay nadie que se llame Juan Darién. No
conozco a Juan Darién. Éste es un nombre de hombre y
aquí somos todos tigres.

Y volviéndose a sus compañeros, como si no com-   20
prendiera, preguntó:

—¿Alguno de ustedes se llama Juan Darién?

Pero ya las llamas habían abrasado el castillo hasta el
cielo. Y entre las agudas luces de bengala que entrecruza-
ban la pared ardiente, se pudo ver allá arriba un cuerpo   25
negro que se quemaba humeando.

—Ya estoy pronto, hermanos —dijo el tigre—. Pero
aún me queda algo por hacer.

Y se encaminó de nuevo al pueblo, seguido por los
tigres sin que él lo notara. Se detuvo ante un pobre y triste   30
jardín, saltó la pared, y pasando al costado de° muchas
cruces y lápidas,° fue a detenerse ante un pedazo de tierra
sin ningún adorno, donde estaba enterrada la mujer a
quien había llamado madre ocho años. Se arrodilló—se
arrodilló como un hombre—, y durante un rato no se oyó   35
nada.

—¡Madre! —murmuró por fin el tigre con profunda
ternura—. Tú sola supiste, entre todos los hombres, los
sagrados derechos a la vida de todos los seres del Universo. Tú sola comprendiste que el hombre y el tigre se   40
diferencian únicamente por el corazón. Y tú me enseñaste
a amar, a comprender, a perdonar. ¡Madre! Estoy seguro

---

estallaban
 explotaban
flechas arrows
bruscas *de repente*
bocanadas puffs
huecos *cavidades*
cúspide top
crispadas twisted

cárdenos *púrpuras
 oscuras*

aulló he howled

al costado de to the
 side of
lápidas *piedras
 planas en que se
 graba una
 inscripción*

de que me oyes. Soy tu hijo siempre, a pesar de lo que
pase en adelante, pero de ti sólo. ¡Adiós, madre mía!

Y viendo al incorporarse los ojos cárdenos de sus
hermanos que lo observaban tras la tapia,° se unió otra vez   **tapia** *pared*
5 a ellos.

El viento cálido les trajo en ese momento, desde el
fondo de la noche, el estampido° de un tiro.   **estampido** crack

—Es en la selva —dijo el tigre—. Son los hombres.
Están cazando, matando, degollando.°   **degollando** *cortando*
10 Volviéndose entonces hacia el pueblo que iluminaba   *la garganta*
el reflejo de la selva encendida, exclamó:

—¡Raza sin redención! ¡Ahora me toca a mí!

Y retornando a la tumba en que acababa de orar,°   **orar** *rezar*
arrancóse de un manotón la venda de la herida y escribió
15 en la cruz con su propia sangre, en grandes caracteres,
debajo del nombre de su madre:

Y
JUAN DARIÉN

—Ya estamos en paz —dijo. Y enviando con sus
20 hermanos un rugido de desafío° al pueblo aterrado, con-   **desafío** defiance
cluyó:

—Ahora, a la selva. ¡Y tigre para siempre![10]

DESPUÉS DE LEER

Resumen

Escribe en español un resumen de este cuento, y ven a
clase preparado(a) a presentárselo oralmente a un(a) com-
pañero(a) de clase. Tu compañero(a) te dirá si te equivocas
o si omites algún dato importante.

---

10   *Pregunta:* ¿Cómo va a pasar Juan Darién, el tigre, el resto de la
vida?

Uso de palabras

Divide la siguiente lista de palabras en grupos de palabras
con significado similar. Luego, escribe una oración con
tantas palabras de cada grupo como sean posibles.

selva	salvaje	odiar	quemar
enterrar	gritar	matar	cuerpo
hijo	seno	enfurecido	gente
fiera	alumno	golpe	desmayado
pecho	escuela	herida	llamas
corazón	fuego	látigo	derecho
sangre			

Pensar y comentar

La madre

¿Por qué estaba tan triste al principio del cuento? ¿Por qué
dio de mamar al tigrecito? ¿Qué sintió en su corazón?
¿Para quién vivió después? ¿Qué tipo de madre era ella?

El inspector

Cuando oyó la voz de Juan Darién, ¿qué sospechó? ¿Cómo
engañó a Juan Darién para que le indicara que era un tigre?
¿Qué le recomendó cuando creyó que tenía la prueba de
que Juan Darién era un tigre? ¿Por qué recomendó esto?
Según el autor, ¿cómo era el inspector?

El domador

¿Qué hizo para revelar las rayas de tigre de Juan Darién?
¿Qué le pasó al final del cuento?

La gente

¿Por qué no le gustaba a la gente Juan Darién? ¿Por qué
quería la gente matarlo? ¿Para qué quería matarlo?

La serpiente

¿Qué función tiene en el cuento? ¿Qué profecía relató a la
mujer?

Juan Darién

¿Qué era al principio del cuento? ¿Qué tipo de muchacho era? ¿Cómo reveló que era tigre? ¿Qué era al fin del cuento? En tu opinión, ¿cómo pasó el resto de la vida?

Simbolismo

¿Qué simbolizan el tigrecito, Juan Darién, y el tigre? ¿Qué tipo de sociedad representan los otros alumnos de la escuela y la gente del pueblo?

Niveles de interpretación

A un nivel tenemos un cuento de un tigrecito que se convirtió en un ser humano y que luego se convirtió en un tigre otra vez. ¿Qué lo convirtió de un animal salvaje en el primer alumno de la escuela? ¿Qué lo convirtió de un ser «noble, bueno, y generoso» en un animal salvaje? ¿Habla de veras el autor de gente y animales en un pueblo cerca de la selva o habla de fuerzas sociales y actitudes psicológicas del individuo?

Tema

¿Cuál es el mensaje del autor? ¿Qué cree con respecto al poder del corazón (amor) de la madre, a la reacción de la gente frente a alguien o algo que sea diferente, y a la reacción del individuo rechazado y/o castigado por la gente? ¿Qué piensa de la importancia de la vida? ¿Qué cree que existe dentro del hombre? ¿Qué opinión tiene de la sociedad?

Otros puntos de discusión

Comenta «la suprema ley del Universo». Comenta la reacción de la gente cuando cree que Juan Darién es un tigre, cuando lo expulsa del pueblo, y cuando lo quema. ¿Por qué se porta así la gente? Comenta el paralelismo entre lo que pasa en este cuento y lo que pasa en la sociedad. ¿Qué similitudes y diferencias hay?

Presta atención a la palabra «salvaje». Según la gente, ¿cómo era Juan Darién? ¿Cómo era de veras? ¿Cómo era Juan Darién cuando recibió el amor de la madre? ¿Cómo era cuando la gente trató de matarlo? ¿Cómo era al fin del cuento? ¿Cómo era la gente cuando trató de matar a

Juan? ¿Por qué se convirtió Juan Darién en un animal
salvaje?

Reacción personal

Haz una lista de las varias emociones de la madre, Juan
Darién, el domador, y la gente del cuento. Comenta tus
propias emociones al leer el cuento—cuando la mujer dio
de mamar al tigrecito, mientras el inspector y el domador
le hacían preguntas a Juan Darién, mientras el domador le
daba latigazos y la gente gritaba, mientras la gente lo
expulsaba del pueblo, mientras lo quemaba en los fuegos
artificiales, cuando Juan Darién mató al domador, cuando
Juan Darién visitó la tumba de su madre y cuando se
marchó con los tigres. ¿Tienes otra(s) idea(s) que quieras
discutir con la clase?

Temas

A. Juan Darién, criatura noble, bueno e inocente,
   es víctima del perjuicio de otros. Describe un(os)
   ejemplo(s) de amigo(s), pariente(s) o miembro(s) de
   la familia que sufrió (sufrieron) a causa de ser dife-
   rente(s) de los otros. ¿Debe uno tratar de estar de
   acuerdo con las opiniones de los otros o tratar de ser
   individuo? ¿Cuánto importa lo que creen y lo que
   te dicen los otros?

B. Sin duda alguna, la gente mató a un muchacho inocente, que sufrió horriblemente. Explica y defiende sus
   acciones.

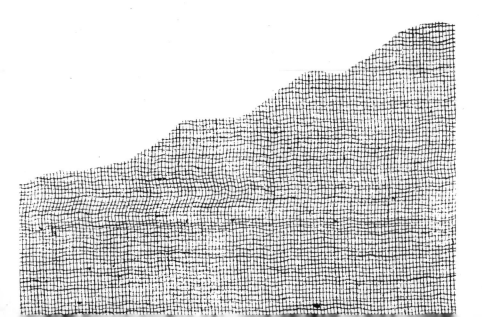

La poesía de Neruda

DE MILLAN, Carmen. *Mujeres No. 2 (Women No. 2)*. 1971. Oil on canvas. 45 x 32
(114 x 81 cm). Art Museum of the Americas, OAS, Washington, DC. Purchase Fund,
1971.

ANTES DE LEER

Introducción

Estos poemas son de una obra más larga *Veinte poemas de amor y una canción desesperada* que «constituyen sin duda una de las mayores cimas de la poesía amorosa en lengua castellana». El poeta describe a su amor y los sentimientos de él al perderla. Así, tú puedes compartir su alegría y su sufrimiento, su gozo y su pena.

1. Describe a un viejo amor o un(a) amigo(a). ¿Con qué puedes compararlo(la)? Es decir, ¿qué imágenes puedes utilizar para representarlo(la) más claramente?

2. Shakespeare dijo, «Parting is such sweet sorrow.» Piensa en las despedidas. ¿Puede ser dulce la tristeza? ¿Con qué sentimientos piensas en un viejo amor o un(a) amigo(a)? ¿Son dulces o amargos los recuerdos?

3. Claro que uno está muy triste al perder el amor de una persona querida. ¿Cómo se puede describir los sentimientos de la persona que pierde a la persona que quiere?

Vocabulario

A. Palabras con raíces similares

En el caso de muchas palabras de esta poesía, la palabra española y la palabra inglesa tienen raíces muy parecidas en cuanto a la forma y al significado. Estudia las palabras de la siguiente lista. Luego, indica una palabra inglesa asociada con la palabra española y da el significado en inglés de la palabra española.

1. último
2. corazón
3. ardía
4. emigraban
5. brasas
6. navío
7. labios
8. sienten
9. noche
10. voz
11. cuerpo

B. Palabras relacionadas

En el caso de algunas palabras de esta poesía, se puede deducir el significado pensando en otras palabras relacionadas en español. Busca las palabras relacionadas con las de la siguiente lista. ¿Qué significan en inglés la palabra dada y la palabra relacionada?

1. Una palabra relacionada con «tarde», en la página 274 línea 23
2. Con «cazar», en la página 275 línea 1
3. Con «estrella», en la página 275 línea 8
4. Con «amor», en la página 275 línea 16
5. Con «blanco», en la página 275 línea 27
6. Con «olvidar», en la página 276 línea 4

C. Palabras a adivinar

Examina el contexto en que ocurren las siguientes palabras y sin buscar la definición en el glosario trata de inferir el equivalente en inglés.

1. «viajar», en la página 274 línea 9
2. «sonrosa», en la página 274 línea 21
3. «presa», en la página 275 línea 3
4. «astros», en la página 275 línea 9

Preguntas

Lee buscando las respuestas a las siguientes preguntas. Si no sabes el significado de una palabra y si no puedes deducirlo, búscalo en el glosario.

Primer poema

1. ¿Qué recuerda el poeta?
2. ¿Cómo son los recuerdos?

Segundo poema
1. ¿Qué describe el poeta?
2. ¿Qué papel hacía en su vida?

Tercer poema
1. ¿Cómo se siente el poeta?
2. ¿Por qué se siente así?

Selecciones de
Veinte poemas de amor
y una canción desesperada

Pablo Neruda

*Poeta chileno del siglo veinte. Nació y se murió en Chile. Su padre fue
obrero. Su madre se murió dentro de un mes después de que nació.
Empezó a escribir la poesía cuando tenía diez años. A la edad de doce años
conoció a Gabriela Mistral, la famosa poeta chilena, y eso lo influyó
muchísimo. A causa de ella decidió ser poeta.
Fue a Santiago en 1921 cuando tenía diecisiete años con el objetivo
de estudiar francés, pero se dedicó más a escribir poesía. Ese año ganó el
primer premio en el concurso de poesía de la Federación de Estudiantes
Chilenos. Publicó su primer libro,* Crepusculario, *por vender sus
muebles y un reloj que su padre le había dado. El próximo año se publicó*
Veinte poemas de amor y una canción desesperada, *su obra más conocida,
que fue un éxito inmediato y que ha sido muy famoso desde que apareció.*

A la edad de veinte años y con dos libros llegó a ser uno de los
poetas chilenos más conocidos. Más tarde escribió Canto general, *uno de*
los mejores poemas épicos de América. En 1953 ganó el Premio Lenin
de Paz y en 1971 ganó el Premio Nobel de Literatura.

Poema I

boina beret

peleaban *luchaban*
crepúsculo *claridad*
que hay al
amanecer y al
anochecer
enredadera climbing
vine
estupor *asombro*
jacinto hyacinth

anhelos *deseos*
vehementes
brasas *leña o carbón*
encendido
navío *buque grande*
estanque *receptá-*
culo de agua

Te recuerdo como eras en el último otoño.
Eras la boina° gris y el corazón en calma.
En tus ojos peleaban° las llamas del crepúsculo.°
Y las hojas caían en el agua de tu alma.

Apegada a mis brazos como una enredadera,°   5
las hojas recogían tu voz lenta y en calma.
Hoguera de estupor° en que mi sed ardía.
Dulce jacinto° azul torcido sobre mi alma.

Siento viajar tus ojos y es distante el otoño:
boina gris, voz de pájaro y corazón de casa   10
hacia donde emigraban mis profundos anhelos°
y caían mis besos alegres como brasas.°

Cielo desde un navío.° Campo desde los cerros.
Tu recuerdo es de luz, de humo, de estanque° en calma!
Más allá de tus ojos ardían los crepúsculos.   15
Hojas secas de otoño giraban en tu alma.

Poema II

agrio *ácido,* sour
segadora harvester

En mi cielo al crepúsculo eres como una nube
y tu color y forma son como yo los quiero.
Eres mía, eres mía, mujer de labios dulces,
y viven en tu vida mis infinitos sueños.   20

La lámpara de mi alma te sonrosa los pies,
el agrio° vino mío es más dulce en tus labios:
oh segadora° de mi canción de atardecer,
cómo te sienten mía mis sueños solitarios!

Eres mía, eres mía, voy gritando en la brisa   25
de la tarde, y el viento arrastra mi voz viuda.

Cazadora del fondo de mis ojos, tu robo
estanca° como el agua tu mirada nocturna.   **estanca** checks,
                                                              stems, stanches
En la red de mi música estás presa, amor mío,
y mis redes de música son anchas como el cielo.
5   Mi alma nace a la orilla de tus ojos de luto.°   **luto** mourning
    En tus ojos de luto comienza el país del sueño.

Poema III

Puedo escribir los versos más tristes esta noche.

Escribir, por ejemplo: "La noche está estrellada,
y tiritan,° azules, los astros, a lo lejos".   **tiritan** *tiemblan de
                                                              frío*
10 El viento de la noche gira en el cielo y canta.

Puedo escribir los versos más tristes esta noche.
Yo la quise, y a veces ella también me quiso.

En las noches como ésta la tuve entre mis brazos.
La besé tantas veces bajo el cielo infinito.

15 Ella me quiso, a veces yo también la quería.
Cómo no haber amado sus grandes ojos fijos.

Puedo escribir los versos más tristes esta noche.
Pensar que no la tengo. Sentir que la he perdido.

Oír la noche inmensa, más inmensa sin ella.
20 Y el verso cae al alma como al pasto° el rocío.°   **pasto** *hierba que
                                                              come el ganado,*
                                                              pasture, grass
                                                              rocío dew
Qué importa que mi amor no pudiera guardarla.
La noche está estrellada y ella no está conmigo.

Eso es todo. A lo lejos alguien canta. A lo lejos.
Mi alma no se contenta con haberla perdido.

25 Como para acercarla mi mirada la busca.
Mi corazón la busca, y ella no está conmigo.

La misma noche que hace blanquear los mismo árboles.
Nosotros, los de entonces, ya no somos los mismos.

Ya no la quiero, es cierto, pero cuánto la quise.
30 Mi voz buscaba el viento para tocar su oído.

De otro. Será de otro. Como antes de mis besos.
Su voz, su cuerpo claro. Sus ojos infinitos.

Ya no la quiero, es cierto, pero tal vez la quiero.
Es tan corto el amor, y es tan largo el olvido.

Porque en noches como ésta la tuve entre mis brazos,   5
mi alma no se contenta con haberla perdido.

Aunque éste sea el último dolor que ella me causa,
y éstos sean los últimos versos que yo le escribo.

DESPUÉS DE LEER

Resumen

Escribe en español un resumen de los recuerdos del poeta
de la mujer que ama y ven a clase preparado(a) a presentárselo a un(a) compañero(a) de clase. Tu compañero(a)
te dirá si te equivocas o si omites algún dato importante.

Uso de palabras

Piensa en los siguientes temas y apunta las palabras y
expresiones que se te ocurran.

1. El otoño   5. Tu novio(a)

2. El amor   6. La tristeza

3. El cielo   7. Estar enamorado(a)

4. Los sueños   8. La noche

En clase compara tus ideas con las de los compañeros.
Alguién las escribirá en la pizarra.

Pensar y comentar

Primer poema

Primera estrofa Piensa en las palabras «otoño»,
«crepúsculo», «las hojas caían». ¿En qué período de
su amor piensa el poeta? ¿Qué quiere decir el poeta cuando
describe su amor como «la boina gris»? Explica la frase
«tus ojos peleaban las llamas del crepúsculo».

    Segunda estrofa Piensa en las palabras «apegada»,
«enredadera» y «torcido» y describe el amor de los dos.
Contrasta la voz «lenta y en calma» con la «sed ardía» del
poeta.

    Tercera estrofa Fíjate en las palabras «viajar tus ojos»
y «es distante el otoño». Describe lo que pasa entre ellos.
Sin embargo, él tiene «profundos anhelos» y «besos
alegres como brasas». ¿Cómo se siente él?

    Cuarta estrofa ¿Qué quiere decir las dos imágenes del
primer verso y «más allá» del tercer verso? El poeta dice
que ella es «de luz, de humo, de estanque en calma» y
«hojas secas de otoño». ¿Cómo es su amor por él?
Contrasta esta estrofa con los últimos dos versos de la
última estrofa.

Segundo poema

Describe los sentimientos del poeta en estas estrofas.

    Sin embargo, hay palabras y frases que revelan algo
contrario. Por ejemplo, «nube», «sueños solitarios», «voz
viuda», «mirada nocturna» y «ojos de luto». ¿Qué pasa?

Tercer poema

¿Qué ha pasado?

    ¿Quién salió primero, él o ella?

    ¿Cómo se siente el poeta al escribir este poema?

    ¿Qué opinas tú? ¿Cuáles son las líneas en que expresa
mejor el poeta su tristeza y su soledad?

    Explica las imágenes de la «noche» y «estrellada».

Temas

A. Escribe un poema del tipo *cinquain* sobre uno de los siguientes temas. (Véase páginas 96–7 si no recuerdas el formato de un poema *cinquain*.)

    1. El otoño   3. Un amor

    2. El cielo   4. Un viejo amigo

B. Lee otra vez el segundo poema. Luego, escribe una carta a una persona amada en la que le dices cuanto te importa, es decir, cuanto lo(a) quieres.

C. Con la línea dada escribe un párrafo apropiado basado en esta idea.

    «Puedo escribir las líneas más (tristes, alegres, melancólicas, etc. etc.) esta noche.»

D. Lee otra vez el tercer poema. Después, escribe una respuesta de parte de la mujer a quien el autor dirige estos versos.

Apéndice

Preguntas comparativas y contrastivas para los temas

Capítulo 1: Los dos reyes y los dos laberintos

Analiza las semejanzas y/o las diferencias entre:
1. El rey de Babilonia y su laberinto
2. El rey árabe y el desierto
3. El rey de Babilonia y el rey árabe
4. El laberinto de Babilonia y el desierto
5. El motivo de los dos reyes al hacerle al otro penetrar en su laberinto

Capítulo 2: El buen ejemplo

Hay dos maestros, dos escuelas, y dos grupos de estudiantes en esta obra. Compáralos. ¿Cómo son semejantes?

Capítulo 3: La caja de oro

Evalúa los motivos de la mujer y del hombre. ¿Por qué hicieron lo que hicieron? ¿Cuál fue el resultado para cada uno?

Capítulo 4: Selecciones de Don Quijote

Don Quijote y Sancho Panza son dos de las figuras literarias más conocidas del mundo. Contrasta estos dos personajes. ¿Cómo son físicamente y psicológicamente? ¿Cómo ve cada uno el mundo? ¿Cuáles son sus motivos?

Capítulo 5: Héctor Max

Analiza los pensamientos, los sentimientos, y las acciones del narrador al aprender que se van a organizar muchos festejos en honor de su viejo amigo Jaime.

Capítulo 6: Algunas Rimas *de Bécquer*

Contrasta los sentimientos de Bécquer en las *Rimas XXI,
XXIV, XXX* y *XLI*. Basado en estas cuatro *Rimas*, relata la
historia de las relaciones entre el poeta y su amor.

Capítulo 7: Una señora

Lee otra vez los últimos dos párrafos y coméntalos. ¿Qué
imagen le presenta al lector? ¿En qué sentido es un
laberinto? Compáralo con los de «Los dos reyes y los dos
laberintos».

Capítulo 8: El mejor lugar

Un aspecto de la vida es la búsqueda del individuo para
«su vida». Compara y contrasta la búsqueda de don
Quijote, Sancho Panza, Héctor Max, y el narrador de esta
obra.

Capítulo 9: Las abejas de bronce

En esta obra y en «Los dos reyes y los dos laberintos» los
autores enfocan lo del hombre y lo de la naturaleza.
Analiza sus actitudes ante los dos.

Capítulo 10: Selecciones de La dama del alba

Angélica muere al fin de esta obra y la mujer muere al fin
de «Una señora». Contrasta las dos muertes. ¿Cómo se
diferencia el resultado de cada uno? ¿En qué sentido refleja
cada una una actitud distinta ante la vida y la muerte?

Capítulo 11: La poesía de Martí

Contrasta el tema, los sentimientos, el enfoque y el estilo de «La presentación» de Martí con las «Rimas» de Bécquer. ¿Cuál te gusta más? ¿Por qué?

Capítulo 12: El guardagujas

No es nada raro que un autor critica algún aspecto de la sociedad en que vive y es así en «El buen ejemplo» y en esta obra. ¿Cómo se parece y cómo se diferencia la crítica de estas dos obras? ¿Qué métodos se usan para la crítica?

Capítulo 13: El despojado

Evalúa la vida del despojado antes y después de haber estado despojado. ¿Cómo se puede explicar que no es una persona amarga? ¿Por qué ha estado más contento que antes?

Capítulo 14: El caballo de coral

Compara y contrasta «las necesidades» y «los deseos» de los seres humanos. ¿Qué opinas de la creencia del rico que cada persona tiene «dos hambres»? ¿Qué necesitamos? ¿Qué deseamos? ¿En qué consiste la riqueza?

Capítulo 15: Pastoral

En «El caballo de coral» el rico dice «Porque hay que tener ojos para ver.» y «El que tenga ojos vea.» Explica qué no pueden ver y por qué no pueden ver Alcino en esta obra, el narrador en «El mejor lugar», el despojado, cuando era rico, en «El despojado» y el pescador en «El caballo de coral».

Capítulo 16: Juan Darién

Analiza el prejuicio. Del punto de vista del origen de la palabra y de sus partes (pre y juzgar), ¿qué quiere decir la palabra? ¿Cuál es el resultado? ¿Qué opinas tú? ¿Por qué utilizó el autor una combinación de seres humanos y de animales en esta obra?

Capítulo 17: La poesía de Neruda

Compara y contrasta la poesía de Neruda con la de Bécquer. ¿Cuál te gusta más? ¿Por qué?

ANSWER KEY

Capítulo preliminar
Easily recognizable words

B. Jesus   tank   hour
   commercial   attack   system
   affirmative   telephone   theme
   assassin   executive   characteristic
   occupant   enthusiasm   chemistry
   apparent   terrace   rhetoric
   attractive   special   frequent
   occasion

C. 1. flor   7. largo   12. vaso
   2. grande   8. ropa   13. desgracia
   3. sopa   9. distinto   14. conferencia
   4. campo   10. pariente 15. ignora
   5. Mar   11. lectura   16. miles
   6. educada

D. dirección   a. direction
                 b. address
   título   a. title
                 b. degree
   estación   a. station
                 b. season
   público   a. public (adj.)
                 b. audience, public (n.)
   historia   a. history
                 b. story

E. 1. C, meat   6. M, to believe   10. I, to think
   2. G, useful   7. H, hand   11. D, to feel
   3. J, to sing   8. K, to sell   12. E, love
   4. A, to write   9. F, to sleep   13. B, heart
   5. L, to find

Word formation

A.	Stem	Meaning	Literal Meaning
2.	decir	to contradict	to say against
3.	tierra	subterranean	under the earth
4.	tener	to abstain	to have away from
5.	cambio	interchange	change between or among
6.	verter	introvert	to pour within
7.	portar	to export	to carry out of
8.	decir	to predict	to say before
9.	esperar	unexpected	not waited or hoped for
10.	portar	to import	to carry into
11.	existir	to coexist	to exist together with
12.	volver	to revolve	to turn or return again
13.	guerra	postwar	after the war
14.	mover	to promote	to move forward

B. a. to put back   g. to put forth
   b. to put away   h. to put down
   c. to put against   i. to put over
   d. to put out of   j. to put upon
   e. to put between   k. to put across
   f. to put together with

C.
1. form	14. verbose	27. fragile
2. instant	15. center	28. to extend
3. conduct	16. ceremony	29. to limit
4. fame	17. abundance	30. to confuse
5. case	18. agriculture	31. to cure
6. palace	19. logic	32. to move
7. adversary	20. orator	33. to serve
8. vicarious	21. ornate	34. to meditate
9. census	22. nation	35. to classify
10. museum	23. national	36. communism
11. divine	24. potential	37. communist
12. active	25. society	38. personally
13. eternal	26. multitude	

D. 1. something to keep the sun off, a sunshade or parasol
   2. something to stop falls, a parachute
   3. something to carry coins, a coin purse
   4. something to save lives, a lifesaver
   5. something to play records, a record player

6. something to open cans, a can opener
7. someone without shame, a shameless person
8. a that to do, chores

E. *(tierra)* 1. E   5. H   *(creer)* 1. D   5. C
              2. G   6. B   2. H   6. E
              3. A   7. F   3. G   7. B
              4. C   8. D   4. A   8. F

Additional practice exercises
1. student   spiral   stimulant
    Spanish   scandal   stamp
    spirit
    participant, distant, permanent
    famous, curious, industrious
2. day, daily, dial, diary
3. book, library, librarian
4. hour, hourly, hour
5. a. bad dream   d. serious loss
    b. nightmare   e. weight of gold or silver
    c. heavyhearted and sad   f. heaviness of spirit
6. young, juvenile, juvenile, rejuvenate
7. wait, waiting room, without hope, without hope, one who has no hope,
    criminal or outlaw
8. write, writer, desk, writing, one who writes, writing sloppily, the
    writing, Holy Writing

1. Los dos reyes y los dos laberintos
A. Palabras afines
  architect, to construct, labyrinth, perplexed, subtle, prudent, to venture,
  to enter, scandal, confusion, marvel, operations, court, simplicity, to
  penetrate, to implore, divine, to serve, to return, captain, fortune,
  camel, desert, substance, bronze, galleries, to abandon, glory

B. Palabras con raíces similares
  1. C, g   6. E, d
  2. H, f   7. J, c
  3. A, i   8. B, j
  4. I, a   9. F, e
  5. D, b   10. G, h

C. Palabras relacionadas
1. to make fun of, fun of
2. front, affronted
3. to complain, complaint
4. joined or united, gathered together
5. king, kingdom
6. horse, rode
7. fatigue, fatiguing
8. to tie, to untie

2. El buen ejemplo
A. Palabras afines
example, reason, credit, narration, part, to take refuge, rays, obligation, martyr, to need, specie, chorus, letters, doctrine, Christian, daily, enthusiastic, tremulous, to accompany, fatigue, respectable, maternal, confidence, grain, persecution, distinguished, scholar, ingratitude, courteous, distance, immobility, silence, hallucination, clear, majestically, vertigo

B. Palabras con raíces similares
1. C, a
2. A, e
3. D, b
4. E, d
5. B, c
6. F, g
7. H, f
8. G, h

C. Palabras relacionadas
1. weight, weighty (heavy)
2. far, to move away
3. weak, weakness
4. to run, to run
5. to sit, seat
6. to forget, oblivion
7. chair, to saddle
8. dark, darkness

3. La caja de oro
A. Palabras afines
melancholic, object, crime, to employ, force, exalted, inspiration, comedy, sentiment, sincerity, solemnly, irritating, artistic, inoffensive, history, conduct, to concede, triumph, paradise, conscience, science, farce, anguish, symptoms, monster, creature, passion, compensation, to dissimulate, satisfied, to castigate

B. Palabras con raíces similares
1. B, b
2. A, a
3. E, d
4. C, e
5. D, c
6. H, k
7. J, h
8. I, f
9. F, j
10. K, g
11. G, i

C. Palabras relacionadas
1. to close, to enclose (to lock up)
2. love, in love
3. teacher, mastery
4. to cure, healer

5. sure, to assure, assured
6. to fall, to decay (to weaken)
7. bad, to say, to curse

4. Selecciones de *Don Quijote*
A. Palabras afines
active, moments, dedicated, completely, exercise, administration, curiosity, class, disputes, barber, questions, episodes, applied, passed, misfortunes, absurd, impossible, effect, imagination, inventions, history, necessary, glory, service, nation, arms, adventures, occasions, terminating, eternal, renown, fame, industry, consider, imagining, just, to meditate, opinion, significant, employment, declared, honored, fruit, title, princess, musician, rare, July, arm, lance, corral, jubilation, desire, terrible, memory, to vacillate, intention, decided, imitation, to occur, extraordinary, castle, adventurer, distance, trumpet, content, to enter, gentile, tranquil, order, profess, presences, figure, abundance, humility, responded, difficulty, animal, becoming comfortable, music, disliked, legitimately, to receive, perturbed, courtesy, favor, benefit, human, promised, magnificence, liberality, conceded, adventures, tranquil, during, intelligent, persuaded, to serve, governor, promises, hour, provision, sure, patriarch, route, fortune, enormous, battle, versed, to attend, note, contrary, attack, commence, to move, dedicating, precipitate, gallop, fury, continuous, transformation, rob, enmity, arts, amen, possible, diverse, melancholic, appetite, license, comforted, stomach, announced, to sustain, to defend, to offend, obeyed, naturally

B. Palabras con raíces similares
1. E, c
2. G, e
3. A, g
4. B, a

5. D, f
6. F, b
7. C, d

C. Palabras relacionadas
1. fan, fondness (interest)
2. horse, knight (cavalier)
3. horse, chivalry (knighthood)
4. to read, reading

5. to enchant, enchantments
6. un, to do, undoing (righting)
7. to defeat, defeat
8. enemy, enmity

5. Héctor Max

A. Palabras afines

(latest) news, informed, to interest, entering, study, continuation, machine, interrogating (questioning), exclaimed, air, triumphant, instant, terminated, project, glory, noted, abandoned, to organize, honor, plaque, named, innumerable, fiestas, equal, concluded, to sustain, content, satisfaction, impossible, habitation, pipe, suspended, exterior, panorama, extensive, intensive, immense, cross, unlimited, horizon, contemplating, illusions, ambitions, possible, obstacles, encountering, imagination, exalted, triumph, commented, complete, internal, promised, triumphed, patience, valor, misery, privations, to risk, final, plans, projects, capital, pardoned, desertion, intimate, triumphant, famous, universally, imagine, rapid, demoralized, desperate, to desert, merit, compensation, envy, patient, literary, vocation, ideal, to renounce, gratuitously (freely), sacrifice, to resign oneself, themes, ideas, reality, contingencies, continued, systematically, monstrous, style, form, commence, intended, violence, cost, suffered, accustomed, editor, decided, to publish, title, stupid, history (story), invented, explosive, people with pistols, intention, to dedicate oneself, authentic, immerse, novels, cured, drug, occurred, sufficient, site, ironies, to renounce, produce, satisfaction, creator, pain, continue, fatigue, atrophy, torture, create, impotent, millionaire, remotely, relations, continually, prefer, literature, compassion, profound, vehement, preparations, descending, returned, desire, potent, dominates

B. Palabras con raíces similares

1. B, g   5. F, e
2. E, d   6. C, a
3. H, b   7. D, h
4. G, f   8. A, c

C. Palabras relacionadas

1. chair, large (easy) chair
2. to question, questioning
3. to end (finish), end
4. party, celebrations (festivals)
5. sad, sad
6. no hope, hopeless (desperate)
7. between, to see, interview
8. pain, to uncover, painful, discovery
9. to say good things, to say bad things, to bless, to curse
10. arm, to embrace

6. Algunas *Rimas* de Bécquer

A. Palabras afines

angle, silent, harp, note, voice, poetry, pupil, trunk, to form, space, harmonious, vapor, idea, echo, phrase, pardon, to expire, mutual, air, hurricane, tower, ocean, rock, firm, accustomed, inevitable

B. Palabras con raíces similares

1. D, e
2. H, d
3. B, h
4. I, c
5. A, m
6. J, b
7. K, l
8. C, k
9. M, f
10. L, a
11. F, j
12. G, i
13. E, g

C. Palabras relacionadas

1. living room, meeting room
2. to cover, covered
3. to snow, snow
4. arm, embrace
5. to walk, road (way)
6. to be able, power

7. Una señora

A. Palabras con raíces similares

1. G, to remember
2. B, to cross
3. A, book
4. D, empty
5. H, to sit
6. F, to sound
7. I, movie
8. C, to return
9. E, to breathe

B. Palabras relacionadas

1. sure (certain), certainty
2. to know, I do not know
3. to run, current
4. letter, sign
5. to stop, umbrella
6. strange, strangeness (surprise)
7. beginning, I began
8. dark, it got dark
9. that, to do, chores
10. to console, consolation

C. Palabras a adivinar

1. I realized
2. wet
3. came on
4. (I didn't think) again
5. regularly
6. seats
7. I entertained myself
8. paths
9. lace
10. (daily) paper

8. El mejor lugar
A. Palabras con raíces similares
1. A, congratulations
2. B, spirit
3. G, to make a show of
4. E, storm
5. C, boat
6. H, sovereign
7. D, to abhor
8. F, next, nearby

B. Palabras relacionadas
1. foot, pedestrian
2. in, row, lined up (in rows)
3. to enter, admission
4. in prison, imprisoned
5. to spend, expenditure
6. blame, to excuse
7. to know, wisdom
8. sea, sea
9. smoke, steaming

C. Palabras a adivinar
1. only
2. sticking out
3. direct to them (speak to them)
4. disposed (prepared) to
5. film
6. he stretched out
7. foolish
8. stopped
9. received
10. share
11. kept quiet

9. Las abejas de bronce
A. Palabras con raíces similares
1. F, disdainful
2. H, to advise
3. C, foreigner
4. D, to demolish
5. G, caprice, whim
6. A, to prove
7. B, venomous
8. E, to delay, to take

B. Palabras relacionadas
1. in, earth, they will bury
2. skin, hide
3. to count, accounting
4. to save, savings
5. to earn, earnings
6. not, alphabet, illiterate
7. empty, to empty
8. to lose, loss
9. crazy, craziness

C. Palabras a adivinar
1. beginning
2. skill
3. to deal with, handle
4. scale
5. did not show any emotion
6. blusterer (coward)
7. he stammered
8. buzzed
9. queens
10. drones
11. workers
12. good
13. evil
14. beak
15. swallowed
16. tore
17. cords
18. died

10. Selecciones de *La dama del alba*

A. Palabras con raíces similares

1. E, cold
2. F, to infect
3. J, hate
4. G, to deny
5. C, harm, damage
6. H, to lead, conduct
7. B, happy
8. I, alone
9. A, dress
10. D, to vacillate, hesitate

B. Palabras relacionadas

1. well, to say, blessed
2. heat, warm
3. horse, horseman
4. country, country girls
5. before, hands, beforehand
6. to remember, memory

C. Palabras a adivinar

1. is striking
2. on time
3. I don't trust
4. knots
5. in the other direction

11. La poesía de Martí

A. Palabras con raíces similares

1. I, to die
2. F, grows
3. J, mountain
4. B, name
5. K, to be born
6. C, to leave
7. G, to live
8. D, poor
9. L, to read
10. E, world
11. H, hidden
12. A, luxury

B. Palabras relacionadas

1. to deceive, deceptions
2. beautiful, beauty
3. to enter, entrance
4. wine, vineyard
5. to die, death
6. to tire, rest
7. earth, buries
8. rhyme, rhymer

C. Palabras a adivinar

1. grows
2. grasses, herbs
3. light
4. reflection
5. stung
6. governor
7. lair

12. El guardagujas
A. Palabras con raíces similares
1. valise, bag (luggage)
2. extraneous, strange
3. edifice, building
4. intention, to try to
5. alimentary (canal), foods
6. debility, weak
7. juvenile, young
8. perdition, to lose
9. debt, to owe
10. impede, to prevent

B. Palabras relacionadas
1. to think, thoughtful
2. to owe, duly (properly)
3. not, to please, displeasure
4. not, to hope, without hope (desperate)
5. to bother, bother (discomfort)
6. to wait, wait
7. money, wealthy (well-to-do)
8. tired, weariness
9. easy, to facilitate

C. Palabras a adivinar
1. rails
2. are not familiar
3. succeeded in boarding
4. course, direction
5. passages, fares
6. was enough
7. railroad ties
8. dismantled, taken apart
9. hitting each other
10. moving

13. El despojado
A. Palabras con raíces similares
1. capacity, capable
2. donation, gift (talent)
3. elaborate, to work, carve
4. fabricate, to manufacture
5. cargo, to burden
6. associate, member (partner)
7. savor, taste (flavor)
8. negotiate, business

B. Palabras relacionadas
1. rule, he makes rules for
2. in, to return, wrapping
3. to weigh, weight
4. peace, peaceful
5. to think, thoughts
6. before, past, ancestor

C. Palabras a adivinar
1. shine
2. breathed, blew
3. veins
4. fit
5. hinders
6. others
7. end up, stop
8. salt
9. blood
10. milk

14. El caballo de coral
A. Palabras con raíces similares
1. quartet, four
2. matriculate, register, roll
3. accord, agreement
4. contestant, to answer
5. aboard, board
6. contagious, to infect

B. Palabras relacionadas
1. fish, fish, to fish for
2. free, to free oneself
3. between, open, he half opened
4. body, he sat up
5. heat, to heat

C. Palabras a adivinar
1. mane
2. hooves
3. dog's life
4. stupidity
5. to sink, stick in
6. turns

15. Pastoral
A. Palabras con raíces similares
1. ultimatum, last
2. resuscitate, to revive
3. peregrination, to roam
4. via, lactation, Milky Way
5. vestments, apparel
6. duration, to last

B. Palabras relacionadas
1. to snow, snow
2. white, whiteness
3. branch, branches
4. night, good, Christmas Eve
5. woods, grove
6. roads, travelers
7. power, powerful

C. Palabras a adivinar
1. flames
2. ashes
3. to bake
4. crusts
5. dough
6. brown

16. Juan Darién
A. Palabras con raíces similares
1. narration, to narrate
2. alumnus, student
3. instruct, to teach (oneself)
4. evoke, evocation (calling)
5. devour, to devour
6. convert, to convert

B. Palabras relacionadas
1. affection, affectionate
2. to say, speakable
3. tall, height
4. bad, wickedness
5. to harm (hurt), harmful
6. furious, infuriated
7. to shout, shouting
8. crazy, crazed
9. to test, test
10. blood, bloody

C. Palabras a adivinar

1. hurry
2. to knock
3. down
4. he will explode
5. wild-animal trainer
6. tore off
7. threw
8. hunting
9. stripes
10. burn
11. tie, bond
12. binds, connects

17. La poesía de Neruda

A. Palabras con raíces similares

1. ultimate, last
2. coronary, heart
3. ardent, was burning
4. emigrate, was leaving the country
5. brazier, coals
6. naval, ship
7. labial, lips
8. sentiment, they feel
9. nocturnal, night
10. vocal, voice
11. corporal, body

B. Palabras relacionadas

1. late, afternoon, late afternoon
2. to hunt, hunter
3. star, starry
4. love, loved
5. white, to turn white (whiten)
6. to forget, oblivion

C. Palabras a adivinar

1. wandering
2. gives a rose color
3. caught
4. stars

GLOSARIO

Words commonly studied in elementary courses, words and forms glossed in the margin, easily recognized cognates, articles, possessives, personal pronouns, demonstratives, numbers, and adverb forms ending in -*mente* have not generally been included in this vocabulary list. If there was some doubt about any word, it was included.

Because nouns ending in -*o, -e, -n, -l, -r,* and -*s* are usually masculine and those ending in -*a, -d, -ción, -sis, -ie,* and -*umbre* are usually feminine, gender is indicated only for those words not conforming to this pattern. The masculine singular form of all adjectives and nouns is given.

Since irregular verb forms are not always easily recognized or readily recalled, the forms actually encountered are entered alphabetically and followed by the infinitive.

Words that are cognates, related to an English word with a similar root, related to another Spanish word, or deducible from context, are followed by a *PA (palabra afín), RS (raíz similar),* or *PR (palabra relacionada).* Often this assistance clarifies the word's meaning, and the definition is omitted. If needed, the definition(s) follows.

The boldface numbers indicate the chapter in which the word with that particular meaning first occurs. The following abbreviations are used:

adj.	adjective	*p.*	plural
adv.	adverb	*PA*	*palabra afín*
conj.	conjunction	*PR*	*palabra relacionada*
f.	feminine	*prep.*	preposition
inf.	infinitive	*pro.*	pronoun
m.	masculine	*RS*	*raíz similar*
n.	noun	*s.*	singular

A

a bordo *adv.* on board **12**
a bordo de *prep.* on board **12**
a cambio de *prep.* in exchange for **4**
a casa *adv.* home **5**
a causa de *prep.* because of **1**
a coro *adv.* in a chorus **9**
a costa de *prep.* at the cost of **5**
a cubierto de *prep.* protected from, under cover of **12**
a falta de *prep.* *(PR, faltar)* for want of **3**
a favor favorable **14**
a favor de *prep.* under cover of **9**
a gusto as you like it **8**
a la derecha *adv.* to (on) the right **16**
a la hora *adv.* up to date **8**
a la izquierda *adv.* to (on) the left **1**
a la verdad to tell the truth **13**
a la vez *adv.* at the same time **8**
a lo largo de *prep.* throughout **5**, along **7**
a lo lejos *adv.* *(PR, lejos)* in the distance **2**
a lo mejor *adv.* maybe, perhaps **13**
a medias *adj.* half **7**
a medida que *conj.* as **2**
a menos que *conj.* unless **4**
a menudo *adv.* often **5**
a pedazos *adv.* in pieces **13**
a pesar de *prep.* in spite of **5**
a principios de *prep.* around the beginning of **16**
a propósito intentionally
a propósito de *prep.* because of
a punto *adv.* ready **13**
a salvo *adj.* saved **9**
a solas *adv.* alone **14**
a su modo *adv.* in his way **5**
a su vez *adv.* on their part **9**, in turn **16**
a sus espaldas *adv.* behind his back **9**
a tiempo *adv.* on time **10**
a toda hora *adv.* at all hours **7**
a todo vapor *adv.* at full speed **12**
a todo volumen *adv.* at full volume **8**
a través de *prep.* through **2**, across **11**

a veces *adv.* at times **2**, sometimes **3**
abajo *adv.* *(PR, bajo)* down **2**, below **5**
abandono *(PR, abandonar)* **10**
abeja bee **9**
abismo *(PA, abyss)* **12**
abnegación *(RS, negation)* self-denial **3**
abogado lawyer **4**
abordaje *(PR, abordar)* boarding **12**
abordar *(PA, to board)* **12**
abrasar to set fire to **16**
abrigo shelter **2**, coat **7**
abrir to open **7**
abrumado *adj.* overwhelmed, crushed **10**
absorto *adj.* *(PA, absorbed)* **15**
abuelo grandfather **10**
aburrirse to become bored **7**
acabar to end (up), to finish **5**
acabar de + inf. to have just **2**
acariciar *(RS, to caress)* **3**
acaso *adv.* perhaps **3**
aceite oil **6**
acera sidewalk **7**
acerca de *prep.* about **7**
acercarse a *(PR, cerca)* to approach **8**, to go closer **15**
aclarar *(PR, claro)* to clarify **3**
acogedor *adj.* *(PR, acoger)* hospitable **8**
acompasado *adj.* rhythmical, in rhythm **2**
acomplejado *adj.* with a complex **8**
acongojarse to grieve **13**
acontecimiento event **2**
acordarse (de) to remember **4**
acostarse to go to bed **8**
acostumbrarse *(PA, to become accustomed)* **5**
acre *adj.* *(PA, acrid)* **9**
actitud *(PA, attitude)* **2**
actual *adj.* present **12**
actualmente *adv.* at present **4**
acudir to come; come together **4**

adelantar(se) to advance, to move forward **2**

adelante *adv.* forward **12**

ademán gesture **9**

además *adv.* besides **3**

además de *prep.* besides **4**

adentro *adv. (PR, dentro)* inside **3**

adiós *(PR, a + Dios)* goodbye **10**

adivinar *(RS, to divine)* to guess **3**

adormecer *(PR, dormir)* to put to sleep **5**

advertir to warn **3,** to notice **5**

afecto *(RS, affection)* **2**

aficionado a *adj.* fond of **3,** fan of **13**

afrontar *(RS, to confront)* **12**

afuera *adv. (PR, fuera)* outside **5**

agachado *adj.* crouching **16**

agradar *(PR, agradable)* to please **7**

agradecer *(PR, a + gracias + decir)* to thank **13**

agraviarse *(PA, to aggravate)* to take offense **4**

agregar to add **9**

aguantar to endure **9**

aguardar to wait for, to await **5**

agudo *adj.* sharp **16**

águila eagle **11**

agujón large needle **14**

aguzado *adj.* penetrating **13**

ahí *adv.* there **4**

ahogar to stifle, to smother, to extinguish **5**

ahora mismo *adv.* right now **3**

aislado *adj. (PA, isolated)* **7**

ajeno *adj.* another's **13**

ajustar *(PA, to adjust)* to adapt, to fit **15**

al + inf. *prep.* upon + verb **2**

al aire libre *adv.* in the open air **9**

al alcance de *prep.* within range of, within reach **13**

al cabo de *prep.* at the end of **7**

al día siguiente *adv.* the next day **7**

al fin *adv.* at the end **2,** finally **3**

al final *adv.* finally **5**

al fondo *adv.* in the back **5**

al fondo de *prep.* behind, at the back of **13**

al lado de *prep.* alongside **8,** by the side of **11**

al mediodía *adv.* at noon **8**

al menos at least **8**

al mismo rey the king himself **1**

al mismo tiempo *adv.* at the same time **4**

al otro lado de *prep.* on the other side of **13**

al parecer *adv.* seemingly, apparently **7**

al pie de *prep.* at the foot of **16**

al poco tiempo *adv.* after (in) a little while **5**

al principio *adv.* at the beginning **1**

al tiempo *adv.* at the same time **13**

ala wing **2**

alabanza praise **4**

alba dawn **10**

alborotar to make a racket **8**

alcance reach **3**

alcanzar *(PR, alcance)* to achieve **5,** to catch up **9,** to succeed **16**

aldea village **3**

alegrar *(PR, alegre)* to make happy **5**

alegrarse *(PR, alegre)* to become happy **15**

alemán German **1**

alfarería pottery **13**

alfarero potter **13**

algo *pro.* something **1**

algo por hacer something to do **16**

algodón cotton **16**

alguien *pro.* someone **3**

alguna que otra vez *adv.* sometimes **14**

alguno *adj.* some **1,** any **4**

aliento breath **16**

alimentarse *(RS, alimentary)* to feed oneself **9**

alineado *adj. (PR, linea)* **8**

allá *adv.* there **5**

allá abajo *adv.* down there **14**

allí *adv.* there **1**

alma heart **3,** soul **4**

almorzar *(PR, almuerzo)* **14**
almuerzo lunch **7**
alojarse *(RS, to lodge)* **12**
alquilar to rent **12**
alrededor *adv.* around **13**
alrededor de *prep.* around,
  approximately **5**
alrededores environs, surroundings **5**
altivo *adj.* haughty, proud **6**
alto *adj.* *(RS, altitude)* high-class,
  elegant **4**, tall **6**
altura *(PR, alto)* height **2**
alumbrado lighting system **7**
alumno student **16**
alveolo *(PA, alveolus)* (tooth) socket **9**
alzado *adj.* *(PR, alzar)* **16**
alzar to rise **3**, to raise **16**
ama housekeeper **4**
amable *adj.* *(RS, amiable)* **12**
amamantar *(PR, dar de mamar)* **16**
amanecer dawn **4**
amante *(PR, amar)* lover **10**
amapola poppy **15**
amar *(PR, amor)* to love **3**
amargado *adj.* embittered **2**
amargo *adj.* bitter **10**
amargura bitterness **5**
amarillo *adj.* yellow **13**
ambos *adj. or pro.* both **1**
amenazar *(PR, amenaza)* to threaten **9**
amigo de fond of **4**
amo master **4**
amoldando *(RS, mold)* **2**
amores *(PR, amor)* love affairs **4**
añadir to add **4**
analfabeto PR **9**
ancho *adj.* wide, broad **17**
anclado *adj.* anchored **14**
andaluz *(PA, Andalucian)* **16**
andar to move, to travel **4**, to walk **6**,
  to go **8**, to feel **13**
andar movement (of time) **1**, speed **14**
andén *m.* railroad platform **12**
ángulo *(RS, angle)* corner **6**
angustia *(PA, anguish)* **3**

anhelo yearning, longing **17**
animalito de compañía pet **16**
animar *(RS, animate)* **4**
ánimo spirit **3**, courage **8**
anoche *adv.* *(PR, a + noche)* last night **13**
ansia *(RS, anxious)* desire **10**
ansiado *adj.* longed for **16**
ansiedad *(PR, ansia)* **12**
ante *prep.* *(RS, ante)* before **4**, in front
  of **5**
antes *adv.* before **3**
antes de *prep.* *(RS, ante)* before **1**
antes (de) que *conj.* before **5**
antiguo *adj.* *(RS, antique)* old **5**
antojarse to have a notion to **7**
anular *(PA, to annul)* to remove **12**
apaciguarse *(PR, paz)* **16**
apagar to go out **5**, to put out **7**
aparato *(RS, apparatus)* **8**
apartar *(PA, apart)* **3**
apartarse to stand aside **13**, to
  withdraw **15**
apegado *adj.* attached **17**
apenas *adv.* scarcely, hardly **3**, rarely **5**
aplastado *adj.* *(RS, plastered)* flattened
  16
apoderarse de to take possession of **16**
apoyar to lean **10**
apoyo *(PR, apoyar)* support **16**
aprender *(RS, apprentice)* to learn **1**
apretado *adj.* *(PA, apretar)* close, thick **5**
apretar to press **3**, to squeeze **16**
aprieto *(PR, apretar)* difficult
  situation, jam, fix **4**
aprobar *(PR, a + probar; PA, to
  approve)* **12**
aprontarse *(PR, a + pronto)* **16**
apropiado *adj.* *(PA, appropriate)* **6**
aprovechar to take advantage of **2**
aproximarse RS **6**
apuntar to list **6**, to dawn **14**
apurar to use up, to exhaust **3**, to clear
  up **14**
aquel entonces that time **4**
Aquél That One (God) **1**

aquí *adv.* here **2**
araña spider **9**
árbol *m. (RS, arboretum)* tree **2**
arboleda *(PR, árbol)* grove **11**
archivar *(RS, archive)* to file **3**
arder *(RS, ardent)* to burn **7**
ardiente *adj. (PR, arder)* burning, hot **2**
arena sand **12**
argumento plot **1**
armadura *(PR, armar; PA, armature)* armor **12**
armar *(PA, to arm)* **4,** to stir up **8**
armas *(PA, arms)* arms, weapons **4**
arrancar to pluck **6,** to dislodge **6,** to drag **10**
arrastrar to drag **16**
arreglar to fix, to settle **8**
arrepentido *adj.* repentant **3**
arriba *adv.* up **14**
arriesgar *(PA, to risk)* **3**
arriesgarse *(RS, to risk)* **5**
arrodillarse *(PR, rodilla)* **16**
arroz *m.* rice **3**
así *adv.* thus **1,** so **4,** like that **5**
así como as well as **2**
así . . . como both . . . and **4**
así que *conj.* as soon as **4,** with the result that **8**
asistir a to attend, to be present at **7**
asno *(RS, ass)* donkey **4**
asoleado *adj. (PR, sol)* **7**
asomar to appear **6,** to stick one's head out **10**
asombrado *adj.* surprised **2**
asombrar *(PR, asombrado)* **8**
asperidad harshness **13**
áspero *adj. (PR, asperidad)* **15**
asustado *adj. (PR, asustar)* **16**
asustar to frighten **5**
atender a *(PA, to attend to)* **4**
aterrado *adj. (PR, aterrar)* **4**
aterrar *(PR, a + terror; RS, to terrify)* **5**
atraer *(PR, a + traer)* to attract **10**
atrapado *adj. (RS, trapped)* **9**

atrás *adv.* backward **5,** behind **16**
atravesado *adj. (PR, atravesar)* stuck **9**
atreverse a + inf. to dare to **5**
atrofia *(PA, atrophy)* **5**
auditorio *(RS, auditorium)* audience **3**
aumentar *(RS, to augment)* to increase **2**
aun *adv.* even **1**
aún *adv.* still, yet **3**
aunque *conj.* although **1**
aventajado *adj. (PA, advantageous)* excellent, outstanding **16**
averiguar to find out **3**
ávido *adj. (RS, avid)* eager **13**
avión plane **4**
avivar *(PR, vivir)* to revive **5**
¡Ay de mí! Woe is me! **15**
azul *adj. (RS, azure)* blue **2**

B

bailar to dance **10**
bajar *(PR, bajo)* to go down **5,** to get off **7**
bajo *adj.* lower, low-class **4,** down, low **8**
bajo *prep.* under **7**
balancearse *(PA, to balance)* to swing **16**
baloncesto basketball **9**
bañar to bathe **14**
banco bench **7,** bar **14**
banco postal de ahorros postal savings bank **9**
bandada *(PA, band)* flock **2**
bandera flag **15**
baño bath **10**
banquero *(PR, banco)* banker **4**
barato *adj.* cheap **5**
bárbaro *adj. (PA, barbarous)* **11**
barbero *(PA, barber)* **4**
barra *(RS, bar)* handle **14**
barrio district, local **7,** suburb **9**
basta enough **10**
bastante *(PA, bastar)* rather, enough **7**
bastar to be enough **4**

batalla *(PA, battle)* 4
belleza *(PR, bello)* 7
bello *adj.* beautiful 5
bendición *(PR, bendecir)* 15
bendije *(bendecir)* 5
bendito *(PR, bendecir)* 10
beneficio *(PR, bien; PA, benefit)* 4
besar to kiss 6
bestia *(PA, beast)* 16
biblioteca *(RS, bibliography)* library 1
bicho bug 9
bien *adv.* well 2
bien mirado all things considered, all
   in all 9
blando *adj. (PA, bland)* soft 14
blanquear *(PR, blanco)* 17
blanquecino *adj. (PR, blanco)* 3
boca abajo (mouth) face down 14
boda wedding 10
boleto ticket 12
bolita little ball 3
bolsillo pocket 3
bondad *(PR, bueno)* kindness 4
borde *(RS, border)* edge 5
borrar to erase 7
bosque woods 2
bota *(PA, boot)* 16
bote *(PA, boat)* 14
botellón *(PR, botella)* 14
breve *adj. (RS, abbreviation)* brief 1
brisa *(PA, breeze)* 14
bromear to joke, to jest 3
bronce *(PA, bronze)* 9
brotar to occur 6, to sprout, to gush 9
buen humor good mood 8
buque ship 5
búsqueda *(PR, buscar)* search 15
butaca easy chair 2

C

caballería *(PR, caballo)* 4
caballeriza *(PR, caballo)* stable 4
caballero *(PR, caballo)* knight 4
cabaña *(PA, cabin)* hut 13
cabecera *(PR, cabeza)* 3

cabecibajo *adv. (PR, cabeza + bajo)* 14
cabello hair (of head) 10
caber en sí (no) to be beside oneself 9
cada vez más more and more 9
caerse to fade 15
cafetera *(PR, cafe)* coffee pot 8
cajita *(PR, caja)* little box 3
cala cove, inlet 14
calco clone 1
cálido *adj. (PR, calor)* 16
calificar to grade, to judge 3
callado *adj. (PR, callar)* quiet 9
callar to be quiet 4, to keep quiet about
   14
callejuela *(PR, calle)* side street, alley
   2
calurosa *adj. (PR, calor)* hot 4
camarero waiter 8
cambiar to change 1, to exchange 13
campanada striking, ringing (of a bell)
   10
campo country 4, field 15
camposanto *(PR, campo + santo)*
   cemetery 11
cansancio tiredness, weariness 5
cansarse *(PR, cansancio)* to become
   tired 8
cantar *m. (PR, cantar)* song, chant 2
cantidad *(PA, quantity)* 12
canto *(PR, cantar)* song, chant 2
caña *(PA, cane)* 16
caos *(PA, chaos)* 9
capaz *adj. (RS, capable)* 9
capítulo *(PA, chapter)* 1
carbón *(RS, carbon)* coal 11
cárcel *f. (RS, incarcerate)* jail, prison 4
carecer to lack 12
carga *(PR, cargar)* 14
cargar *(RS, cargo)* to carry 12
cariño affection 2
cariñoso *adj. (PR, cariño)* affectionate
   2
cartelera billboard 8
cartón cardboard 4
casa editorial publishing house 15

casarse *(PR, casa)* to get married **4**
casi *adv.* almost **3**
castellano *(PA, Castilian)* **4**
castigado *adj. (PR, castigo)* punished **16**
castigo *(RS, to chastise)* punishment **3**
cátedra professorship **3**
cautivo *(PA, captive)* **1**
cayendo *(caer)* **3**
caza hunt, hunting **4**
ceder *(PA, to cede)* to yield **6,** to give in **11**
cedro *(PA, cedar)* **2**
cegar *(PR, ciego)* to blind **15**
celda *(PA, cell)* **6**
celos jealousy **3**
ceñir to close in on **15**
cera beeswax **9**
cerca wall, fence **15**
cerebro *(RS, cerebral)* brain **5**
cerrar el paso to block her path **16**
cerro hill, ridge **7**
certeza *PR* **7**
césped *m.* lawn **15**
cetro *(PA, scepter)* **15**
ciego blind person **13**
cielo sky **2,** heaven **16**
cifra emblem **1**
cima top, summit **17**
cintura waist **10**
circundado *adj. (PR, circundar)* surrounded **15**
circundar *(RS, circle)* **7**
citar *(PA, to cite)* **1**
ciudadano *(PR, ciudad)* citizen **12**
clamar *(PA, to clamor)* to cry out **16**
claro (está) (que) of course **3**
clase baja lower class **4**
clavar to fix, to fasten **6**
clave *f.* key **1**
cobarde coward **5**
cobrar to collect **14**
cocer to cook; to bake **13,** *PR* **15**
coger to pick up **8,** to take hold of **15**

cojo *(coger)* **13**
cólera anger **9**
colérico *adj. (PR, cólera)* **9**
colgar to hang **2,** to hang down, to dangle **8**
colina hill **5**
colocar to place **5**
columnata *(RS, column)* colonnade **13**
cometer *(PA, to commit)* **12**
cometido *(PA, commitment)* task, duty **8**
comienzo *(PR, comenzar)* beginning **5**
como *prep.* about, like **2,** as **4**
como *conj.* as **1,** as if **2**
¿cómo? how? **1**
¿cómo? pardon? **8**
complacer *(PR, com + placer)* to please **9**
complejidad *(PR, complejo)* complexity **1**
complejo *adj. (PA, complex)* **1**
compra *(PR, comprar)* purchase **7**
comprobar *(PR, com + probar)* to verify, to prove **8**
con que *conj.* that, and so **13**
concurso competition, contest **5**
conde *(PA, count)* **3**
conducir to carry **12**
conforme *adv.* as **16**
conforme a *prep.* according to, in agreement with **4**
confundirse to blend **6**
conjetura *(PA, conjecture)* **7**
conjunto *adj.* together **16**
conmigo with me **5**
conmovido *adj. (PR, con + mover)* touched, moved **10**
conocimiento *(PR, conocer)* knowledge **11**
consciente *adj. (RS, conscious)* aware **8**
conseguir to get **3**
consejero *(PR, consejo)* adviser **14**
consejo advice **4**
consigo with themselves **3**
consiguiesen *(conseguir)* **3**

consistir en *(PA, to consist of)* **1**
consuelo PR **7**
consumirse *(RS, to consume)* to waste away **3**
contenido *(PA, contents)* **3**
contentarse *(PR, contento)* to be content **4**
contento *adj.* *(PA, content)* happy, content **5**
contigo with you **5**
contorno *(PA, contour)* outline **14**
contra *prep.* against **4**
contratar *(RS, to contract)* to rent **12**
convecino *(PR, con + vecino)* neighbor **8**
convencer *(PA, to convince)* **2**
convenir *(PR, con + venir; RS, to convene)* to concur, to agree **9**
convertirse en *(PA, to convert)* **8**, to become **15**
convidarse con to treat **15**
copa drink **8**, top **15**
coraje *(RS, courage)* **5**
corazón *(RS, coronary)* heart **3**
cordero lamb **15**
correspondencia *(PA, correspondence)* harmony **13**
corrientemente *adv.* all right, regularly **16**
cortar to cut **2**
cortarse to become speechless **16**
cortejar *(RS, to court)* to woo **3**
cortísimo *adj.* *(PR, corto)* **1**
costado side **11**
costar trabajo to be hard **7**
costumbre *(PA, custom)* **2**, habit **8**
crecer to grow **7**
creencia *(PR, creer)* belief **4**
criadito servant **2**
criarse to be reared **16**
criatura little child (little creature) **16**
criollista *(PR, criollo; PA, Creole)* **14**
crispar to cause to twitch, to set on edge **8**
crítico *adj.* *(PA, critical)* **2**

crudeza *(RS, crude)* crudeness **5**
cruz *f.* *(PA, cross)* **16**
cruzar *(PA, to cross)* **2**
cuadrado *adj.* square **14**
¿cuál? what? which? **1**
cual *pro.* which **3**
cualidad *(PA, quality)* **8**
cuan how (much) **5**
cuando menos at least **12**
¿cuánto vale? How much is it worth? **13**
cubierto *(cubrir)* covered **2**
cubrirse to be covered **3**
cucharilla teaspoon **8**
cuello neck **3**
cuentista *(PR, cuento)* **3**
cuerda *(RS, cord)* cord, rope **1**, string **6**
cuerpo de policía police unit **12**
cuidar to take care of **3**
cuidar de to take care to **2**
culpa fault, blame **3**, guilt **16**
culpable *adj.* *(PR, culpa)* guilty **12**
cultivo cultivated areas **16**
cumplimiento *(PR, cumplir)* fulfillment **2**
cumplir *(RS, to comply)* to fulfill **4**, to complete **12**
cura *m.* priest **4**
custodiar *(RS, custodian)* to guard **3**
cuyo *pro.* whose **4**

CH
chapita little plate **9**
charlar to chat **7**
chiquillo *(PR, chico)* **7**
chiquito *adj.* *(PR, chico)* small **16**
chisporroteo *(PR, chispa)* **15**

D
dado *adj.* given **1**
dama *(RS, dame)* lady **4**
damnificado *adj.* hurt, damaged **9**
daño damage, harm **3**
daños y perjuicios damages **9**

dar a luz to give birth **6**
dar en to run into **12**
dar grito to shout **2**
dar la hora to strike the hour **2**
dar la vuelta to turn around **5,** to go around **9**
dar pena to be a shame **13**
dar razón to prove the correctness of **16**
darse a entender to come to light **4**
darse cuenta (de) to realize **5**
darse fe a to put faith in **2**
darse por to consider oneself, to be **12**
darse prisa to be in a hurry **4**
dato *(PA, data, datum)* **1**
de acuerdo agreed **5**
de cerca *adv. (PR, de + cerca)* close up **10**
de costumbre *(RS, customary)* usual **8**
de encima overriding **9**
de enfrente *adj.* in front **7**
de frente straight in the eye **10**
de largo by **10**
de lo contrario on the other hand **2**
de mano en mano from hand to hand **10**
de modo que *conj.* so that, and so **9**
de nuevo *adv.* again **4**
de parte de for, on the part of **6**
de pie on my feet **10**
de primera first class **12**
de prisa *adv.* hurriedly **5,** quickly **15**
de pronto suddenly **5,** quickly **9**
de prueba test **12**
de segunda second class **12**
de todas maneras at any rate **12**
de un salto with one jump
de una manera in a way **16**
de veras *(PR, de + verdad)* really **3**
de verdad *adj.* true **5**
de vez en cuando from time to time **5**
de vista by sight **7**
debajo *adv.* underneath **14**
debajo de *prep.* under **13**

deber should, ought **1,** should be **2,** to attribute **3,** must **7**
deber de + inf. probably going to, should probably **9**
deberse a to be due to **16**
debilitarse *(PR, débil)* to grow weak **9**
decir *m.* talk, words **8,** saying **15**
dejar de + inf. to fail to **4,** to stop **5**
dejarse sobornar to take a bribe **4**
del extranjero from abroad **9**
del todo *adv.* completely **5**
delante *adv.* in front **4**
delante de *prep.* in front of **7**
deleite *(PA, delight)* **13**
delgado *adj.* slim, thin **4**
demás *adj.* other **4**
demás *pro. (PR, más)* the rest, others **1**
demasiado *adv.* too **5,** too much **8**
demora delay **9**
depositario *(RS, to deposit)* recipient **8**
derecho right, authority **8**
derecho *adv.* directly **5**
derramar to pour **2**
derrota defeat **5**
derrotero course, route **14**
desacuerdo *(PR, des + acuerdo)* disagreement **6**
desaforadamente *adv.* disorderly, outrageously **12**
desalentado *adj. (PR, des + aliento)* out of breath **12**
desamor *(PR, des + amor)* dislike **3**
desarrollar to develop **1**
desarrollo *(PR, desarrollar)* **1**
descanso rest **2**
descarnado *adj. (PR, des + carne)* scrawny **4**
desconcertado *adj. (PA, disconcerted)* baffled, bewildered **10**
desconocido *adj. (PR, des + conocer)* unknown (person) **5**
descrito *adj. (describir)* **15**
descuento *(PA, discount)* **12**
desde luego of course **14**

desde que *conj.* since **5**
desdeñar *(PA, to disdain)* **15**
desdicha *(PR, des + dicha)* misfortune **8**
desdichado *adj. (PR, des + dicha)* unfortunate **9**
desencanto *(PR, des + en + canto; PA, disenchantment)* **3**
desengaño *(PR, des + engaño)* disillusionment, disappointment **11**
desenlace conclusion **1**
desentonado *adj. (PR, des + en + tono)* **2**
desesperante *adj. (PR, des + esperar)* **2**
desesperarse *(PR, des + esperar)* to become desperate **9**
desgraciado *adj.* unfortunate person, wretch **8**
desierto *adj.* deserted **2**
deslizarse to slip away **7**, to glide **13**
deslumbrante *adj.* bewildering, confusing **13**
desmayado *adj.* unconscious **16**
desmontar *(PR, des + montar)* **4**
desnudo *adj. (RS, nude)* naked, bare **10**
desoír *(PR, des + oír)* not to hear **15**
despachar to dismiss **7**
despacho shop **7**
despedida *(PR, despedirse)* **17**
despedir to fire **9**
despedirse de to say good-bye to **2**
despojado *adj. (PR, despojar)* **13**
despojar to dispossess **13**
despojo *(PR, despojar)* **13**
desquite *(PR, des + quitar)* **3**
destejer *(PR, des + tejer)* **15**
desterrar *(PR, des + tierra)* to exile, to banish **11**
desvanecerse to disappear, to vanish **7**
desventaja *(PR, des + ventaja)* **7**
detalle *(PA, detail)* **8**
detener *(RS, to detain)* to stop **5**
detenerse to stop **5**

detrás *adv.* behind
detrás de *prep. (PR, de + tras)* behind **4**
detuvo las riendas he reigned in **4**
devolver *(PR, de + volver)* to return (something) **5**
devorar *(PA, to devour)* **9**
di *(decir)* **6**
¡diablos! darn it! **9**
diamante *(PA, diamond)* **11**
dicha happiness **3**
dicho *(decir)* **3**
dichoso *adj. (PR, dicha)* happy **3**
diente *(RS, dental)* tooth **16**
diese *(dar)* **4**
dijese *(decir)* **2**
dijo *(decir)* **1**
dime *(decir + me)* **15**
Dios God **1**
¡Dios mío! My goodness!, For heavens sake! **8**
dirá *(decir)* **1**
diría *(decir)* **2**
dirigido *adj.* directed **9**
dirigirse a *(PR, dirigido)* to go to **4**, to address **9**
discípulo *(PA, disciple)* student **2**
discurso *(RS, discourse)* speech **5**
discutir *(PA, to discuss)* to discuss, to argue **3**
disfrutar de to enjoy **2**
disgustar *(PR, dis + gustar)* to dislike **4**
disiparse *(RS, to dissipate)* **2**
disparate foolishness, nonsense **9**
disponerse a *(PA, to be disposed to)* to be prepared to **8**
distraído *adj. (PR, des + traer)* distracted **7**
divertido *adj. (PR, divertirse)* amused **13**
divertirse to have a good time **8**
divisar to make out, to distinguish, to spot **7**
doblar *(PA, to double)* **14,** to bend **16**

doler to hurt **5**
doncella maiden **4**
donde *conj.* where **1**
¿dónde? where? **1**
dondequiera *adv.* wherever **15**
dorado *adj.* golden, gilded **9**
dorarse *(PR, dorado)* **15**
dormirse *(RS, dormant; PR, dormir)* to go to sleep **7**
dotar to give **16**
dramaturgo *(PR, drama)* playwright **10**
duda *(PA, doubt)* **13**
duro *adj.* hard **5**

E

ébano *(PA, ebony)* **15**
echar to throw, to cast (out) **3**, to emit, to pour out **11**
echar a + inf. to begin to **7**
echar abajo to knock down **16**
echar al olvido to forget **2**
echar mano de to fall back on **12**
echarse to throw oneself **14**
echarse a + inf. to begin to **3**
Edad Media Middle Ages **4**
educación manners, politeness **12**
efectivamente *adv.* actually, really **8**
efectuar *(PA, to effect)* to carry out **8**
eficacia effectiveness **3**
ejercitarse to practice **4**
él mismo he himself **1**
elaborar *(RS, to elaborate)* to make **9**
elegir *(RS, to elect)* to choose **9**
embajada *(PA, embassy)* **14**
emocionar to move, to thrill **13**
empeñarse en to insist on **3**
empeño *(PR, empeñarse en)* endeavor **3**
emprender *(PR, em + prender)* to undertake **2**
empresa enterprise, company **2**
empujar to push **10**
en adelante *adv.* from that time forward (on) **7**, from now on **16**

en busca de *prep.* in search of **5**, looking for **15**
en cambio on the other hand **7**
en caso de que *conj.* in case that **16**
en cuanto a *prep.* with regard to **1**
en fin in short **5**
en firme *adv.* steadily **14**
en juego *(PR, jugar)* into play **3**
en seguida *adv.* immediately **9**
en su mayor parte for the most part **12**
en torno a *prep.* around **7**
en vez de *prep.* instead of **6**
en virtud de by virtue of **12**
encaminarse *(PR, en + caminar + se)* to set out **16**
encantador *(PR, encantar; RS, to enchant; PA, enchanter)* **4**
encender *(RS, incendiary)* to light **5**, to come on **7**
encendido *adj.* bright **2**
encierro *(PR, encerrar)* encirclement **13**
encima de *prep.* on top of **1**, over, above everything **10**
encontrarse to find oneself **12**
encontrarse con to meet **5**
encubrir *(PR, en + cubrir)* to hide, to conceal **3**
enfocar *(PA, to focus)* **9**
enfrente *adv.* in front **7**
enfundar to cover **5**
engañar to deceive **3**
engaño PR **11**
enhorabuena *adv.* *(PR, en + hora + buena)* with much pleasure **3**
enjambre swarm **9**
enlazado *adj.* *(PA, interlace)* **6**
enlazar *(PA, interlace)* interconnect **12**
enmudecer *(RS, mute)* to keep quiet, to hush up **2**
enojarse to get angry **13**
enrolar *(PA, to enroll)* to sign up **14**
ensayista *(PR, ensayo)* **13**
ensayo *(PA, essay)* **6**
ensueño *(PR, en + sueño)* dream **15**

entendido *adj. (PR, entender)* expert
enterarse de to find out about **3**
entero *adj. (PA, entire)* **5**
entraña *(fig.)* heart **13**
entre *prep.* between, among **2**
entre sí among themselves **8**
entrecruzar *(PR, entre + cruzar)* to interweave **16**
entregarse to give oneself **12**
entretanto *adv.* meanwhile **9**
entretenerse *(PA, entertain)* **3**
entretenido *adj. (PA, entertaining)* **8**
envolver *(PR, en + volver)* to overcome, to get the best of **10,** *PR* **13**
envuelto *(PR, envolver)* **13**
época *(PA, epoch)* **2**
equivaler *(RS, equivalent)* **12**
equivocarse to make a mistake **1,** to be mistaken **7**
era *(ser)* **1**
era threshing floor **15**
eran *(ser)* **2**
eres *(ser)* **6**
errante *(RS, errant)* (as a) wanderer **8**
es preciso it is necessary **15**
es que the fact is that **8**
escalera *(RS, scale)* stairs **1**
escalinata *(PR, escalera)* stone steps **5**
escalón step **5**
escalonado *adj. (PR, escalera)* spaced at intervals **5**
escaso *adj. (PA, scarce)* **14**
esclavo *(PA, slave)* **4**
escrito *(escribir)* **4**
escritor writer **5**
escritorzuelo *(PA, escribir)* third-rate writer **5**
escudero squire **4**
esforzar *(PA, to force)* **2**
esfuerzo *(PA, effort)* **4**
esmaltado *adj.* enameled **3**
esmeralda *(PA, emerald)* **13**
espada sword **4**
espalda back **9**

espantado *adj.* frightened **2**
espejo mirror **10**
espía *m./f. (PA, spy)* **12**
espina thorn **15**
espino hawthorn **15**
esposo *(RS, spouse)* **10**
espuma foam **15**
esquina corner **7**
estar en marcha to be moving **12**
estético *adj. (PA, aesthetic)* **11**
estío summer **15**
estómago *(PA, stomach)* **4**
estrechar to clasp (hands) **3,** to press **15**
estrecho *adj.* narrow **6,** close, intimate **12**
estupefacto *adj. (PA, stupefied)* **13**
estuviese *(estar)* **4**
ético *adj. (PA, ethical)* **11**
evitar to avoid **12**
excomulgado *adj.* banished, excommunicated **4**
exigir to demand **5**
exija *(exigir)* **6**
éxito success **5**
expedición *(PA, expedite)* issuing **12**
expender *(RS, to expend)* to dispense **12**
exponer *(PR, ex + poner; RS, to expose)* **5**
expuesto a *(PR, exponer)* exposed to **12**
extenso *adj. (PA, extensive)* **12**
extorsionar *(RS, extorsión)* **9**
extrañado *adj. (PR, extraño)* surprised **8**
extrañar to surprise, to find strange **10**
extraño *adj. (RS, strange)* **4**
extremo *adj. (PA, extreme)* utmost **12**

F

facilidad *(PR, fácil)* ease **4**
fachada *(RS, facade)* **8**
falda foothill **1**
faltar to lack, to need **2**

familiar *(RS, family)* **3**
farol street light **7**
fatigado *adj. (PR, fatiga)* tired **2**
fatigarse *(PR, fatiga)* to get tired **9**
fe *f.* faith **1**
febril *adj. (PR, fiebre)* **15**
feria *(PA, fair)* **10**
ferroviario *adj.* railroad **12**
festejo *(PR, fiesta)* celebration **5**
fiebre *f. (PA, fever)* **5**
fiel *adj. (PR, fe)* faithful **5**
fiera wild animal **16**
figurarse to imagine **16**
fijarse to fix on **5**, to look **9**
fijarse en to notice **7**
fijo *adj.* fixedly **9**, fixed **12**, sure **13**, steady **17**
flaco *adj.* thin **4**
florecer *(PR, flor)* **9**
florido *adj. (PR, flor)* **15**
follaje *(PA, foliage)* **15**
fonda inn **12**
fondo bottom **3**, depth (of his soul) **8**, deep at heart **9**, rear (of the stage) **10**, back **16**, depth **16**
fortaleza strength, fortress **4**
forzar *(PA, to force)* **1**
francés French **1**
frente forehead **2**
frente a *prep.* in front of **5**
fresco *adj. (RS, fresh)* cool **2**, fresh **8**
frescura *(PR, fresco)* **15**
fue *(ser)* **1**
fue *(ir)* **5**
fuego fire **2**
fuegos artificiales fireworks **16**
fuente *f.* fountain **7**
fuera *adv.* outside **8**
fuera *(ir)* **4**
fuera *(ser)* **8**
fuera get out **16**, take off **16**
fuera de *prep.* outside **2**, out of **7**
¡fuera de aquí! Get out of here! **16**
fuerte *adj.* strong **3**, deep **5**
fuerza strength **3**

fuese *(ser)* **7**
fuiste *(ir)* **5**
fumar to smoke **5**
fundar *(PA, to found)* **11**
fundido *adj.* melted **15**
funesto *adj.* ill-fated, sad **3**

G

galán *(PA, gallant)* good-looking fellow **10**
gana desire **13**
ganancia *(PR, ganar)* earnings **4**
ganar *(RS, to gain)* to earn **2**, to win **5**
ganarse to earn for oneself **1**
garganta throat **9**
gastarse to fade **7**, to spend, to wear out **12**
gen *(PA, gene)* **1**
género genre **3**, kind **4**
gente *f.* people **1**
gentil *adj. (PA, genteel)* **4**
gesto *(PA, gesture)* **13**
girar *(PA, to gyrate)* **14**
golpe blow **4**
golpear *(PR, golpe)* to hit **9**, to pound on **16**
golpeo repeated striking **2**
gota drop **9**
gozo *(PR, gozar)* joy **15**
grado level **3**
gran *adj.* great **4**
gratuito *adj. (RS, gratuitous)* free **5**
grillo cricket **13**
gris *adj.* gray **5**
gritar to shout **2**
gritería *(PR, gritar)* **16**
grito *(PR, gritar)* shout **4**
grosería *(PA, grossness)* **9**
grueso *adj.* big **7**
guardagujas switchman **12**
guardar to keep **3**, to guard, to harbor **15**
guardia *m. (PR, guardar)* guard **8**
guerra war **4**
guía guidebook **12**
gustar to like **1**, to taste **15**

gusto *(PR, gustar; PA, gusto)* like **2,** pleasure **4**

H

haber de + inf. to be to **4**
había *(haber)* there was **2**
hace (algún) tiempo for some time **13**
hacer work, doing **8**
hacer burla de to make fun of **1**
hacer cautivo to take captive **1**
hacer circular to make circulate **12**
hacer creer to make believe **12**
hacer daño to damage, to hurt **5**
hacer falta to need **4,** to be necessary **12**
hacer gracia to strike as funny **13**
hacer la pesca *(PR, pescar)* to fish **4**
hacer pedazos to break into pieces **4**
hacer un papel to play a part (role) **15**
hacerle caso to pay attention to **8**
hacerse to become **4**
hacia *prep.* toward **1**
hacia arriba *adv.* up **9**
hacia atrás backwards **12**
hallarse to find oneself **8,** to be **12**
harás *(hacer)* **9**
haría *(hacer)* **3**
harina flour **15**
hártate de get tired of **14**
hasta *prep.* until **1,** to **3**
hasta que *conj.* until **4**
hay que it is necessary **9**
haya *(haber)* **1**
haz *(hacer)* **6**
hecho *adj. (PR, hacer)* made **3**
hecho fact **7**
helar to freeze **10**
herida wound **1**
herido *adj. (PR, herir)* beaten down upon **2,** wounded **11**
herir *(PR, herida)* to wound **11**
hermosura *(PR, hermoso)* **13**
hice *(hacer)* **3**
hicieron *(hacer)* **1**
hierba grass **13**

hierro iron **2**
hilar to spin **15**
hilera row, line **7**
hilo thread **10**
hinchar to swell **5**
historia story **3**
hizo *(hacer)* **1**
hogar home **2,** fireplace **15**
hoguera bonfire **10**
hoja leaf **2**
hombro shoulder **7**
homenaje *(PA, homage)* **5**
hondo *adj.* deep **2**
hondo bottom **14**
hondura *(PR, hondo)* depth **13**
hormiga ant **13**
horno oven **13**
hoy en día *adv.* nowadays **4**
hubiesen *(haber)* **3**
hubo *(haber)* **1**
hueco *adj.* hollow **5**
huelen *(oler)* **15**
huerto garden **15**
huésped *m. (RS, hospitality)* guest **1**
huida *(PR, huir)* **11**
huir to flee **4**
humeando *(PR, humo)* **16**
humeante *adj. (PR, humo)* steaming **8**
humor *(PA, humor)* mood **8**
huyan *(huir)* **4**

I

iban *(ir)* **2**
idioma *m.* language **5**
idiotez *f. (PR, idiota; PA, idiocy)* **5**
impedir *(RS, impede)* to prevent **12**
imperio *(PA, empire)* **15**
impermeable *(RS, impermeable)* raincoat **7**
implacable *adj. (PA, implacable)* relentless **9**
imponer *(PR, im + poner)* to impose **5**
inaudito *adj.* unheard of, outrageous **5**
incendio *(RS, incendiary)* fire **9**

incluso including **2**
indagar to try to discover **7**
indebido *adj. (PR, in + deber)* undue **4**
indigno *adj. (PR, in + digno)* unworthy **3**
influir en *(RS, to influence)* **3**
informe *(RS, inform)* piece of information **12**
ingrato *adj. (RS, ingrate)* ungrateful **2**
injuria *(RS, injury)* abuse, insult **9**
inquietarse *(PR, inquieto)* to be upset, to worry **16**
inquieto *adj.* anxious, worried **7**
insensible *adj. (PR, in + sensible)* insensitive, unfeeling **9**
intentar to try **3**
internarse *(PR, interno)* to take refuge in **16**
íntimo *adj. (RS, intimate)* innermost **3**
intransitable *adj. (PR, in + transitable)* impassable **12**

J

jamás never, ever **2**
jirón wisp, tatter **6**
joya jewel **11**
juguete *(PR, jugar)* toy **3**
juicio judgment **4**
junto a *prep.* next to **7**
justo *adj.* exact **7**
juzgar *(PA, to judge)* **5**

L

labrado *adj. (PR, labrar)* **13**
labrador *adj.* working, farm **4**
labrador worker, farmer **4**
ladero *adj. (PR, lado)* **15**
ladrillo brick **7**
langostero *(PA, langosta)* **14**
lanzar to let out, to erupt in **9**, to throw, to hurl **16**
lanzarse to dash, to rush, to throw oneself **2**
latigazo *(PR, látigo)* blow, strike **16**

látigo whip **16**
laúd *m.* lute **6**
leal *adj. (PA, loyal)* trustworthy **10**
lector *(PR, leer)* reader **1**
legua *(PA, league)* **2**
lejano *adj. (PR, lejos)* **9**
lenguaje *(PR, lengua)* language **16**
levantarse to get up **4**
leve *adj.* slight **8**
leyenda *(PA, legend)* **6**
libar to sip **9**
ligar to tie, to bind **10**
ligero *adj.* light **2**
linaje *(PA, lineage)* **4**
linterna *(PA, lantern)* **12**
Linneo Linnaeus, Swedish botanist **13**
lo + adj. how + adj. **10**
lo + adv. how + adv. **5**
lo cierto es the truth is **3**
lo de más allá something else **13**
lo único *(RS, unique)* the only thing **4**
locura *(PR, loco)* folly, madness **4**
lograr to achieve **4**, to get, to obtain **15**
lograr + inf. to succeed in, to accomplish **3**
lucero *(PR, luz)* bright star **14**
lucha fight, struggle **5**
luchar *(PR, lucha)* **8**
lucidez *f. (RS, lucidity)* **3**
luciente *adj. (PR, lucir)* **15**
lucir to shine brightly **13**
luego *adv.* then **1**
lujoso *adj. (PR, lujo)* **12**

LL

llama flame **6**
llamarada *(PR, llama)* **16**
llamarle la atención to attract attention **7**
llegada *(PR, llegar)* **4**
llegar a + inf. to come to **2**
(llegar) la hora the hour of death, the time to die **10**
llegar a ser to become **11**
lleno *adj. (PR, llenar)* full **4**

llevar to take **1**, to carry **3**, to wear **4**, to have been **5**
llevar amistad *(PR, llevar, amigo)* to be friends **2**
llevar razón to be right **8**

M

madrugada dawn **10**
maduro *adj.* mature, ripe **15**
maestro teacher **2**
maestro *adj.* master **4**
mal bad (thing) **13**
maldición *(PR, mal, decir)* curse **3**
maldije *(maldecir)* **5**
malhumorado *adj.* ill-humored **2**
mancha spot, stain **16**
manejar *(PA, to manage)* **9**
manotada *(PR, mano)* slap **16**
manso *adj.* gentle, meek **14**
manta blanket **3**
mantel tablecloth **10**
mantuve *(mantener)* **14**
máquina typewriter **5**, machine **13**
maquinista 12 *(PR, máquina)* engineer **12**
marcharse *(RS, march)* to leave, to go **5**
marchito *adj. (PR, marchar)* withered, faded **11**
mármol marble **5**
martirio *(PA, mártir)* martyrdom **11**
más *adv.* more, most **1**, else **13**
mas *conj.* but **4**
más allá further on, beyond **7**
más bien rather **7**
más o menos more or less **2**
máscara *(PA, mask)* **13**
mayor *adj.* greater **2**, greatest **4**
mayor *adj.* major, older **16**
me fui *(irse)* **14**
mediante *prep.* by means of **12**
medida measure **12**, method **13**
medio middle **2**, half **10**
medios means **3**
medroso *adj. (PR, miedo)* **10**

mejor que nunca better than ever **4**
menesteres chores **7**
menor *adj.* least, slightest **7**, youngest **10**
menos *prep.* except **6**
mentira *(PR, mentir)* lie **10**
mentiroso *adj. (PR, mentir)* liar **14**
menudo *adj.* common **5**, meticulous **13**
mesías *(PA, messiah)* **11**
meta goal **5**
meter to put (into) **1**
meterse en to enter **8**
mezclar to mix **2**
mientras tanto *adv.* meanwhile **12**
milagroso *adj. (PR, milagro)* miraculous **3**
millar *(PR, mil)* thousand **9**
mirada *(PR, mirar)* look, gaze **5**
misa *(PA, mass)* **8**
mitad middle **1**, half **4**
modo manner, way **4**
mojar to get wet, to soak **14**
molesto *adj. (PR, molestar)* bothersome **8**
molino mill **4**
moneda coin **10**
montar to establish **8**
monte *(RS, mountain; PA, mount)* **5**
morar to live, to dwell **15**
moribundo *adj. (PR, morir)* **15**
movedizo *adj. (PA, mueve)* shifting **15**
mozo youth (lad, lass) **4**
mudarse to move **8**
mudo *adj. (PA, mute)* **8**
muerto *(PR, morir)* dead person **6**
muestre *(mostrar)* **1**
mundial *adj. (PR, mundo)* worldwide **4**
murió *(morir)* **1**
muro wall **1**

N

nacido *adj. (PR, nacer; RS, renaissance)* born **3**
nacimiento *(PR, nacer)* birth **1**
nauseabundo *adj. (RS, nausea)* **9**

navegar *(PA, to navigate)* to move
  around 13
Navidad Christmas 15
necio fool 11
negarse *(RS, negate)* to deny 8
negarse a *(RS, negate)* to refuse 3
ni nor 4
ni siquiera *adv.* not even 3
nido nest 10
niebla mist 15
nieto grandchild 10
ninguno *adj.* any 1
ninguno *pro.* none, no one 1, anyone 4
niquelado *adj. (PA, nickel-plated)* 9
nivel level 1
¿no es así? Isn't that right? 12
no había sino there was only 16
¿no le parece? Don't you think so? 13
no obstante nevertheless 3
nombrar *(PR, nombre; PA, to name)*
  to appoint 2
noticia *(RS, notice)* news 5
novedad *(PR, nuevo)* new event 5
novelucha *(PR, novela)* cheap novel 5
nube *f.* cloud 5
nuevamente *(PR, nuevo)* again 9

O

obra *(PR, obrar)* work, piece of
  writing 1
obra mayor major work 12
obrero *(PR, obrar)* worker 4
obtuve *(obtener)* 3
ocultación *(PR, ocultar)* concealment 3
oculto *adj. (RS, occult)* hidden 2
odiar *(RS, odious)* to hate 16
oeste *(PA, west)* 5
oficio position 4
oído *(PR, oír)* ear, hearing 3
oiga *(oír)* 14
ojo eye 3, watch out 14
ola wave 6
oler to smell 8, to sniff 16
olor odor 9, scent 16
olvidado *(PR, olvidar)* forgotten 5

ondear to wave 14
opuesto *adj. (PA, opposed)* 11
oración sentence 1
oreja ear 14
orfeón choral society 2
orgullo pride 1
orgulloso *adj. (PR, orgullo)* proud 1
oriente *adj. (RS, orient)* east 15
orilla bank, shore 10
ortogar to grant 3
osado *adj.* bold, daring 11
oso bear 9
oveja sheep 7
oyendo *(oír)* 8
oyó *(oír)* 8

P

padecer to suffer 3
padrastro *(PA, padre)* stepfather 16
paisaje *(PA, país)* landscape 12
paisano *(PR, país)* fellow countryman
  14
paja straw 15
pájaro bird 2
palabra afín cognate 1
palo mast 14, rail 15
paloma dove 5
pantera *(PA, panther)* 16
pañuelo shawl 10, handkerchief 12
papel *m.* paper 5, role 9, part 15
para abajo *adv.* down 14
para que *conj.* in order that 3
¿para qué? For what purpose? 3
parada *(PR, parar)* stop 12
parecer viewpoint 8
parecer to resemble, to look like
  5
parecerse a to resemble 7
parecido *adj.* similar 1
pared *f.* wall 1
pariente relative 1
partida *(PR, partir)* departure 9
partidario *(RS, partisan)* 3
partido party, faction 13
partir *(PA, to part)* to share 2

partir *(RS, to depart)* to pull out **7,** to leave **12**
partirse to disperse **14**
pasear to walk **5,** to go for a ride **7,** to go for a walk **7**
paseo *(PR, pasear)* walk **8**
paso *(PR, pasar)* passage **1,** step **5**
pastor *(PA, pastor)* shepherd **7**
pata paw **16**
pausado *adj. (PA, pause)* calm, deliberate **8**
payaso clown **4**
pecho chest, breast **2**
pedazo piece **4**
pedir *(RS, petition)* to ask (for) **4,** to order **8**
pedrada *(PR, piedra)* rock **2**
pegar to stick **14,** to beat **16**
peinar to comb **15**
pelota ball **8**
pendiente *adj. (PA, pending)* **14**
pensar de to think of, to have an opinion about **1**
pensar en to think about **1**
pensar + inf. to plan, to intend to **4**
pensión boardinghouse **8**
penumbra half-light, semi-darkness **13**
perder el tiempo to waste time **8**
perderse *(PR, perder)* to lose oneself **7,** to sink **10,** to fade **12**
perdido *adj. (PR, perder)* **1**
peregrino pilgrim **10**
perjudicial *adj. (PA, prejudicial)* harmful **8,** prejudicial **16**
perjuicio damage **9**
perlino *adj. (PR, perla)* **15**
permanecer *(RS, permanent)* to remain **8**
personaje *(RS, person)* **2,** character, role **4**
pesar *(PR, peso)* to weigh **9**
pescador *(PR, pescar)* fisherman **14**
peseta Spanish coin of value **5**
piadoso *adj. (RS, pious)* **10**

picardía *(PR, pícaro; RS picaresque)* mischief **12**
pícaro *adj.* mischievous **14**
pico beak, bill **2**
pieza room **7**
píldora pill **3**
pinto *adj.* speckled, spotted **15**
pisada step **2**
pistolero gunman **5**
placer *(PA, pleasure)* **15**
plano *(RS, plan)* map **12**
plata silver **6**
plenamente *adv.* completely **12**
pleno *adj.* in the heart of **12**
poblar *(RS, to populate)* **2**
poblarse *(PR, poblar)* to become crowded **15**
poco a poco little by little **7**
política *(PA, politics)* **8**
político *(PA, politician)* **2**
político *adj. (PA, political)* **11**
polvo powder **3,** dust **6**
polvoriento *adj. (PR, polvo)* **15**
pompa *(PA, pomp)* pomposity, solemnity **11,** display **15**
pon *(poner)* **6**
poner to put **2,** to give **4**
poner en juego to bring into play, to put at stake **3**
poner marcha hacia atrás to back up **12**
ponerse to become **3,** to bring **8**
ponerse a + inf. to begin to **12**
ponerse de pie to stand **5**
ponerse de rodillas to kneel **4**
popa *(PA, poop)* stern **14**
por casualidad by chance **4**
por cierto for sure **4**
por completo *(PA, completely)* **12**
por conducto de by means of **5**
por debajo underneath **14**
por dentro *adv.* on the inside **10**
por dentro de *prep.* inside of **13**
por entero completely **13**
por eso *adv.* therefore **1**

por fin *adv.* finally **3**
por frente de by the front of **14**
por igual equally **12**
por la mañana in the morning **8**
por lo menos *adv.* at least **1**
por lo pronto for the time being **12**
por lo tanto *adv.* therefore **1**, for that reason **10**
por lo visto apparently **8**
por medio de by means of **3**
por otro lado on the other hand **3**
por regla general as a general rule **12**
por supuesto of course **9**
por último *adv.* finally **5**
portarse *(RS, comportment)* to behave **2**
portero *(PR, puerto)* doorkeeper **8**
portoncito *(PR, puerta)* **16**
pozo well **7**
precipitarse *(RS, precipitous)* to rush **4**, to throw oneself headlong **9**
preciso *adj.* necessary **16**
predecir *(PA, to predict)* **12**
preguntar por to ask about **7**
preguntarse to ask oneself, to wonder **9**
premiado *adj.* *(PR, premio)* award-winning **5**
premio award, prize **5**
prenda article **3**
prender to catch fire **14**, to pin, to fasten **15**
prender fuego a to set fire to **16**
preocuparse *(RS, preoccupied)* to worry **5**
presa de victim of **16**
presenciar *(RS, presence)* to witness **9**
presentarse *(RS, present)* to introduce oneself **11**
presión pressure **4**
prestar to lend, to provide **2**
prestar atención to pay attention to **2**
pretender to try to **8**
pretextar *(RS, pretext)* to pretend **7**
previsión *(PR, prever)* **12**

previsto *(prever)* **12**
primo *(PA, prime)* first **11**
prisa haste, hurry **8**
proa *(PA, prow)* **14**
probar *(RS, to prove)* **4**, to try, to taste **9**
produjo *(producir)* **1**
Prometeo *(PA, Prometheus)* a Titan who stole fire from the Greek gods.
prometer *(PR, pro + meter; PA, to promise)* **4**
propio *adj.* *(RS, property)* belonging to **1**, own **3**
proponer *(PR, pro + poner; RS, to propose)* **5**
proporcionar *(RS, to proportion)* to provide **5**
propósito *(PA, purpose)* **1**
propuse *(proponer)* **5**
proseguir *(PR, pro + seguir)* to continue **16**
próximo *adj.* *(RS, approximate)* next **1**, nearby **16**
proyectar *(RS, project)* to plan **5**
prueba *(PR, probar)* proof **3**
pudiera *(poder)* **8**
pudo *(poder)* **4**
pueblecito *(PR, pueblo)* little town **2**
pueblo people **10**
puede *(poder)* **1**
puede que *(poder)* it may be that **8**
puente bridge **12**
pues bien *adv.* well then **12**
puesto position **1**, place **10**
puesto *adj.* wearing, in place **9**
puesto que *conj.* since **15**
pureza *(PR, puro)* **16**
púrpuro *adj.* *(PA, purple)* **15**
puse *(poner)* **3**

Q

¿qué? what? **4**
¿qué cómo? what do you mean how? **5**
que se vuelvan have them return **9**

¿**qué sé yo?** How would I know? **14**
¿**qué tal?** How are things? **8**
¿**qué te parece?** What do you think
    of . . . ? **1**
quebrar to break **4**
quedar(se) to be, to remain **2**, to stay
    8
quemadura *(PR, quemar)* **16**
querido *(PR, querer)* dear, loved **2**
querrá *(querer)* he must want **14**
quiebra *(PR, quebrar)* bankruptcy
    4
¿**quién?** who? **1**
quien *pro.* who, whom **2**
química *(PA, chemistry)* **6**
quise *(querer)* **3**
quisiera *(querer)* **4**
quisiera I would like **13**
quisiste *(querer)* **1**
quiso *(querer)* **3**
quitar to take away **3**, to take **4**, to
    remove **6**
quizá *adv.* perhaps **5**
quizás *adv.* perhaps **3**

R

rabia *(RS, rabies)* anger, rage **14**
rabioso *adj.* *(PA, rabid)* **5**
racimo cluster **15**
raíz *f.* root **1**
ramo branch **4**
raras veces *(PR, raro, vez)* rarely **2**
rasgo *characteristic* **13**
realizar *(PA, to realize)* to effect **3**, to
    carry out **8**, to perform **10**
reanimar *(PR, re + animar)* to revive
    6
recaudador de impuestos tax collector
    4
rechazado *adj.* *(PR, rechazar)* **16**
rechazar to reject **5**
recobrar *(PR, re + cobrar; PA, to
    recover)* **10**
recoger to pick up **3**, to collect **9**, to
    gather **17**

recogerse *(PR, recoger)* to retire **15**, to
    gather oneself **16**
reconcentrado *adj.* *(PR, re +
    concentrar)* to be absorbed in
    thought **10**
reconocer *(PR, re + conocer; RS, to
    recognize)* **4**.
recordar *(RS, to record)* to remember
    5, to remind of **8**
recorrer *(PR, re + correr)* to go
    through **1**, to travel around **8**
recorrido *(PR, recorrer)* tour (of the
    town) **8**
recurso *(PA, resource)* **3**
red *f.* web **9**, net **17**
redondo *adj.* round **15**
referir *(PA, to refer)* to report, to tell
    2
referirse a *(PR, referir)* to refer to
    2
registrar *(RS, to register)* to examine
    14
regular *(PA, to regulate)* **12**
reinado *(PA, reino, rey)* **15**
reírse de to laugh at **16**
reja grate, bar **13**
relacionar *(RS, relation)* to relate
    (things or ideas) **9**
relatar *(PA, to relate)* **1**, to tell **5**
relato *(RS, to relate)* story **1**
remordimiento *(PR, morder; PA,
    remorse)* **3**
renacimiento *(PR, re + nacer +
    miento)* **15**
rencor *(PA, rancor)* **15**
rendido *adj.* subdued, beaten **3**
rendir to produce **9**
renombre *(PA, renown)* **4**
repartir *(PR, re + partir)* to divide
    13
repaso review **16**
repentino *adj.* sudden **2**
repleto *adj.* *(RS, replete)* full **12**
reponer *(PR, re + poner)* to replace
    9

reprimir *(RS, to repress)* **3**
repugnarse *(PA, repugnant)* to be repugnant to **3**
requisito requirement **8**
resbalar to slip, to slide **10**
resistir *(PA, to resist)* to bear, to stand **9**
resonar *(PR, re + sonar)* **14**
resplandor radiance, glare **10**
respuesta *(PR, responder)* **1**
restante *(PR, resto)* remaining **9**
resuelve *(resolver)* **1**
resumen summary **1**
retirarse *(PA, to retire)* **4**
retornar *(PR, re + tornar)* **16**
retrato portrait **3**
retroceder to draw back **10**
reunión *(PA, reunion)* meeting **8**
reunir(se) *(PR, re + unir)* to gather **7,** to meet **16**
revelador *adj. (PA, to reveal)* **13**
revista magazine **5**
riendo *(reír)* **8**
riesgo *(PA, risk)* **9**
rima *(PA, rhyme)* **6**
rimas *(PR, rima)* poems, poetry **6**
riña quarrel **6**
rincón corner **3**
rió *(reír)* **7**
río river **9**
riqueza *(PR, rico)* riches **5**
risa *(PR, reír)* laughter **4**
risueño *adj.* smiling **13**
ritmo *(PA, rhythm)* **8**
rocín nag, workhorse **4**
rodar to roll **4**
rodear to surround **5**
rodilla knee **3**
rogar to beg **4**
rojizo *adj. (PR, rojo)* **5**
ronronear to purr **16**
rueda wheel **8**
rugido *(PR, rugir)* **16**
rugir to roar **16**
ruido noise **7**

ruidoso *adj. (PR, ruido)* **12**
rumor *(PA, rumor)* rumble **14**

S

saber learning **1**
saber a to taste like **5**
sabio *(PR, saber)* wise person **10**
sabor *(RS, savory, savor)* taste **9**
sacar to take **2,** to take out **4,** to extract **12**
sacerdote priest **8**
sacudir to shake **16**
sagrado *adj. (PA, sacred)* **16**
salida *(PR, salir)* exit **1,** departure **8**
salir to leave **1,** to come out, to go out **7**
salir mal to turn out poorly **6**
saltar to jump **13**
salvar *(PA, to save)* **3,** to get over **12,** to save **13**
salvo except **9**
salvo *adj. (RS, save)* saved **9**
sangre blood **9**
sano *adj.* sound, sane **12**
sano juicio right mind **9**
¡Santo Dios! Holy God! **12**
se each other **2**
sé *(saber)* **5**
¿Se imagina? Can you imagine? **13**
¿Se le fue el sueño? Did sleep escape you? **14**
se le puso she named him **16**
¿Se lo lleva? Will you take it? **13**
se me va it all goes away **8**
sea *(ser)* **1**
secar to dry **3**
seco *adj. (PR, secar)* **3**
sed *f.* thirst **1**
seguido *adj.* immediate **5,** in a row **8**
según *prep.* according to **3**
segundo *adj.* second **2**
seguro *adj.* safe **3**
seguro que no surely not **5**
selva jungle **16**

semejante *adj. (PR, semejanza)* similar **4**
semejanza similarity **2**
sencillez *f. (PR, sencillo)* simplicity **1**
senda path **6**
seno breast **9**
sentado *adj. (PR, sentarse)* **5**
sentido sense, meaning **2,** feeling **11**
sentir to feel **5**
sentirse to feel **3**
señal signal **4,** important sign **8,** sign **12**
señalar *(PR, señal)* to point out **6**
señorío *(PR, señor)* nobility **13**
sepas *(saber)* **5**
sepulcro *(PA, sepulchre)* **3**
ser humano *(PA, human being)* **1**
serían it was probably **2**
serie *f. (PA, series)* **6**
serio *adj. (PA, serious)* **8**
si if **1**
sí itself **4,** certainly **14**
sí mismo himself **2**
sí que *(used for emphasis)* **14**
siempre *adv.* always **2**
siento *(sentir)* I detect **9**
Sierra Madre Mexican mountain range **2**
significativo *adj. (PR, significar)* meaningful **4**
sigo *(seguir)* **10**
siguiente *adj. (PR, seguir)* following **1,** next **7**
siguió *(seguir)* **1**
sílaba *(PA, syllable)* **2**
silbato whistle **4**
silbido whistle **2**
símil *(PA, simile)* **1**
sin aliento out of breath **12**
sin duda doubtless **2**
sin embargo nevertheless **4**
sin más without further ado **12**
sin que *conj.* without **3**
sin término endless **5**
siniestro *(PA, sinister)* **13**

sino *prep.* but **3**
sino cuando except when **6**
sino que *conj.* but **1**
siquiera even **9**
sirena *(PA, siren)* mermaid **14**
sitio *(PA, site)* **7**
sobre todo *adv.* especially **9**
sobrepujar to excel, to surpass **3**
sobrino nephew **4**
socorrer *(RS, to succor)* to help **4**
soledad *(PR, solo; RS, solitude)* **5**
soler to be in the habit of **7**
soltar to let go **10,** to turn loose **16**
sombra shade, shadow **2,** darkness **9**
sombrío *adj. (PA, somber)* dark **13,** somber **16**
sonar *(RS, sonar)* to sound **2,** to ring **5**
sonido *(PR, sonar)* sound **8**
sonreír to smile **3**
sonriente *adj. (PR, sonreír)* **12**
soñador *(PR, soñar)* dreamer **10**
soñar *(PR, sueño)* to dream **5**
soñar con *(PR, sueño)* to dream about **5**
soportar *(PA, to support)* to endure **8**
sorber to sip **9**
sordo *adj.* silent, muffled **16**
sorprender to surprise **2**
sostener *(RS, to sustain)* to support, to endure **5,** to maintain **9,** to hold **16**
suave *adj. (PA, suave)* soft, smooth **3**
subido *adj. (PR, subir)* turned up **7**
subir to climb **1,** to mount **4,** to get on **12**
súbitamente *adv.* suddenly **10**
suceder to happen **1**
suceso *(PR, suceder)* event **9**
sucio *adj.* dirty **9**
sudor sweat **15**
suelo *(soler)* **10**
suelo ground **12**
suelto *adj. (PR, soltar)* loose **16**
Suiza Switzerland **1**
sujeto *n. (PA, subject)* **3**

sumamente *adv.* especially **8,** exceedingly **12**
sumar *(RS, sum)* to sum up **13**
supiera *(saber)* **8**
supieras *(saber)* **5**
súplica *(RS, supplication)* entreaty, request **16**
suplicio anguish **14,** torture **16**
supo *(saber)* **4**
suponer to suppose **3**
surgir *(RS, surge)* to appear, to arise **12,** to stand out **13**
suspirar to sigh **5**
suspiro *(PR, suspirar)* **6**

T

tabla *(PA, table)* board **14**
tal such **2,** so **4**
tal como just as **12**
tal o cual one or the other **12**
tal vez *adv.* perhaps **3**
también *adv.* too, also **2**
tampoco *adv.* neither, either **5**
tan *adv.* so **1**
tan de mañana *adv.* so early **15**
tanto *adj.* bit, little **12**
tanto *adj.* so much, such **4,** such a point **4**
tanto . . . como as much . . . as **4**
tanto . . . tanto the more . . . the more **4**
tantos *adj.* so many **5**
tapa *(PA, top)* cover **3**
tapar(se) to cover **13**
tardarse *(PR, tarde)* to be slow **4**
tarde o temprano *adv.* sooner or later **16**
tarea task **2**
tarifa *(RS, tariff)* fare **12**
taza cup **2**
teclear to type, to hit the keys **5**
tela cloth **7**
tema *m. (PA, theme)* **1**
temblar *(PA, to tremble)* **11**
temeroso *adj. (PR, temer)* fearful **2**

templar to temper, to soften **12**
tenaz *adj. (RS, tenacity)* persistent **2**
tender *(RS, to extend)* to hand, to build **13,** to stretch out **13**
tenderse to stretch out **8**
tener éxito to be successful **5**
tener ganas de to feel like, to desire to **12**
tener la culpa to be to blame **9**
tener lugar to take place **2**
tener miedo to be afraid **3**
tener prisa to be in a hurry **8**
tener que ver to have to do with **14**
tener suerte to be lucky **12**
teñir to stain, to tinge **9**
tentador *adj. (PR, tentación)* tempting **3**
tentativa *(PA, tentative)* attempt **9**
ternura tenderness **10**
terreno *(PR, tierra; PA, terrain)* **7**
tesis *f. (PA, thesis)* **1**
tesón tenacity, grit **5**
tesoro *(PA, treasure)* **3**
timón rudder **14**
tintar *(PA, to tint)* **8**
tirar to throw **2,** to throw out **9**
tirarse *(PR, tirar + se)* to dive **14**
tiro shot **16**
¡Toca! Attack! Get him! **16**
tocar to sound **4,** to play a musical instrument, to land on **8,** to touch **10**
tocarle a uno to be one's turn **16**
todavía *adv.* still **2,** yet **14**
todo el correr top speed, run **4**
todo lo cual all of which **4**
todo lo demás everything else **4**
tomar en cuenta to take into account **12**
tontería *(PR, tonto)* foolishness **8**
topacio *adj. (PA, topaz)* **15**
torcer to turn **13**
torcido *adj. (PR, torcer)* twisted **17**
torno potter's wheel **13**
torpe *adj.* clumsy, awkward **13**

trabacuenta mistake, error **4**
trabajoso *adj. (PR, trabajo)* **5**
tradujo *(traducir)* **15**
traer to bring **2**
trajo *(traer)* **14**
tramo stretch **12**
transcurrir to pass **2**
tranvía *m.* streetcar **7**
tras *prep.* after **2,** behind **14**
trasladarse to move **16**
traslado movement **12**
tratar *(PA, to treat)* **16**
tratar de + inf. to try to + inf. **1**
tratar de to deal with **1**
tratarse de to be **7,** to be a question of
  7, to deal with **13**
trato *(PR, tratar de)* treatment **1**
trayecto *(RS, trajectory)* journey **12**
trayendo *(traer)* **9**
trepar to climb **16**
trigo wheat **10**
trino trill **15**
trompeta *(PA, trumpet)* **4**
trono *(PA, throne)* **15**
trozo excerpt, selection **4**
tumba *(PA, tomb)* **16**
tumbar *(RS, tumble)* to knock off
  14
turbado *adj. (PR, turbar)* **13**
turbar *(RS, to disturb)* to upset **7**
turbarse to be confused **14**
turbio *adj.* cloudy **15**
tuve *(tener)* **5**
tuviera *(tener)* **8**
tuviese *(tener)* **8**
tuvo *(tener)* **éxito** was successful **3**

U

ultraísta participant in "ultraísmo",
  a literary movement of Spanish and
  Spanish-American poets
unirse to join **16**
unos cuantos a few **3**
uña fingernail **14**
uva grape **15**

V

vacilante *adj. (PR, vacilar)* **16**
vacilar *(RS, vacillate)* to hesitate **4**
vacío *adj. (RS, vacuum)* empty **5**
vagón *(RS, wagon)* (railroad) car **12**
valla fence, barricade **13**
valor *(RS, value)* **3,** *(PA, valor)*
  courage **5**
valorizar *(RS, value)* to enhance the
  value of **13**
vano *adj. (PA, vain)* **8**
vapor *(PA, vapor)* steam **8**
varios *adj. (PA, various)* several **2**
varón man **1**
vaso *(PA, vase)* vessel **13**
velar *(PR, vela)* to keep watch, to
  stand guard **4**
velo *(PA, veil)* **15**
vena *(PA, vein)* **10**
vencido *adj. (PR, vencer)* **8**
venda bandage **16**
vendimiador harvest worker (las uvas)
  15
veneno *(PR, venenoso; RS, venomous)*
  11
venganza *(RS, revenge)* **1**
venida *(PR, venir)* coming **4**
venta inn **4,** *(PR, vender)* sale **9**
ventaja *(RS, advantage)* **7**
ventanal *(PR, ventana)* picture window
  5
ventero *(PR, venta)* innkeeper **4**
verdoso *adj. (PR, verde)* **5**
vergüenza shame **10**
versado *adj. (PA, versed)* **4**
verse *(PR, ver + se)* to find oneself **4**
vete *(irse)* **10**
vía *(RS, via)* road, route, way **11,** track
  12
viaje de prueba test trip **12**
viajero *(PR, viaje)* traveler **12**
víbora viper **11**
vidriera *(PR, vidrio)* store window **7**
vidrio glass **7**
viejecillo *(PR, viejo)* little old fellow **12**

vientecillo *(PR, viento)* little wind **2**
vientino *(PR, viento)* **15**
viera *(ver)* **7**
viese *(ver)* **4**
vino *(venir)* **1**
virtud *(RS, virtue)* power **3**
vista *(PR, ver)* sight **1**, vision **5**, view **8**, seen **9**
viuda widow **16**
¡Viva la vida! Hurrah for life! **15**
vivamente *adv. (PR, vivo)* **16**
vivido *adj. (PR, vivir)* lived **7**
vivienda *(PR, vivir)* dwelling **8**
vivo *adj. (PR, vivir)* alive **5**
vociferar *(PR, voz)* to shout insults **9**
volver to return **1**, to make to become **3**, to leave **3**, to turn **4**
volver a + inf. to do . . . again **4**
volverse to turn around **10**
voto vow **15**
voz alta aloud **2**

voz baja low voice **8**
vuela *(volar)* **2**
vuelo *(PR, volar)* flight **2**
vuelto *(volver)* **10**
vulgar *(RS, vulgar)* common, popular **7**

Y

ya *adv.* already **1**, now **5**
ya entonces at that time **5**
ya no no longer **3**
ya que *conj.* since, in as much as **8**
ya voy I'm coming now **10**
yendo *(ir)* **8**
yerno son-in-law **13**
yerto *adj.* stiff **13**
yo mismo I myself **7**

Z

zumbido *(PR, zumbar)* buzzing **9**

NTC SPANISH CULTURAL AND LITERARY TEXTS AND MATERIAL

Contemporary Life and Culture
"En directo" desde España
Cartas de España
Voces de Puerto Rico
The Andean Region

Contemporary Culture—in English
Spain: Its People and Culture
Welcome to Spain
Life in a Spanish Town
Life in a Mexican Town
Spanish Sign Language
Looking at Spain Series

Cross-Cultural Awareness
Encuentros culturales
The Hispanic Way
The Spanish-Speaking World

Legends and History
Leyendas latinoamericanas
Leyendas de Puerto Rico
Leyendas de España
Leyendas mexicanas
Dos aventureros: De Soto y Coronado
Muchas facetas de México
Una mirada a España

Literary Adaptations
Don Quijote de la Mancha
El Cid
La Gitanilla
Tres novelas españolas
Dos novelas picarescas
Tres novelas latinoamericanas
Joyas de lectura
Cuentos de hoy
Lazarillo de Tormes
La Celestina
El Conde Lucanor
El burlador de Sevilla
Fuenteovejuna
Aventuras del ingenioso hidalgo
    Don Quijote de la Mancha

Civilization and Culture
Perspectivas culturales de España
Perspectivas culturales de Hispanoamérica

For further information or a current catalog, write:
National Textbook Company
a division of *NTC Publishing Group*
4255 West Touhy Avenue
Lincolnwood, Illinois 60646-1975 U.S.A.